智元微库
OPEN MIND

成 长 也 是 一 种 美 好

# 高境界领导力

如何打造赋能型团队

（原书第3版）

[美] 肯·布兰佳（Ken Blanchard）/ 等著

慕兰 钱啸程 / 译

# LEADING
## AT A HIGHER LEVEL

BLANCHARD ON LEADERSHIP AND CREATING HIGH
PERFORMING ORGANIZATIONS（THIRD EDITION）

人民邮电出版社

北京

图书在版编目（CIP）数据

高境界领导力：如何打造赋能型团队：原书第3版 /
（美）肯·布兰佳（Ken Blanchard）等著 ；慕兰，钱啸
程译. -- 北京：人民邮电出版社，2020.7
　ISBN 978-7-115-53530-6

　Ⅰ. ①高… Ⅱ. ①肯… ②慕… ③钱… Ⅲ. ①领导学
Ⅳ. ①C933

中国版本图书馆CIP数据核字(2020)第042140号

◆　　著　　［美］肯·布兰佳（Ken Blanchard）等
　　　译　　慕兰　钱啸程
　　责任编辑　袁璐
　　责任印制　周昇亮
◆人民邮电出版社出版发行　　北京市丰台区成寿寺路 11 号
　邮编 100164　　电子邮件 315@ptpress.com.cn
　网址 https://www.ptpress.com.cn
　涿州市京南印刷厂印刷
◆ 开本：720×960　1/16
　印张：24　　　　　　　　　　2020 年 7 月第 1 版
　字数：300 千字　　　　　　2025 年 4 月河北第 6 次印刷
　　　著作权合同登记号　图字：01-2019-3990 号

定　价：69.80 元
读者服务热线：（010）67630125　印装质量热线：（010）81055316
反盗版热线：（010）81055315

献给每日努力发挥高境界领导力的所有人，

愿你们踌躇满志，大有作为。

因为你们的领导，

这个世界将变得更加美好。

# 布兰佳公司提供的服务

布兰佳公司致力于帮助领导者和组织达成更高的绩效水平。

在本书中介绍的概念和理念只是肯·布兰佳本人和他的公司，以及布兰佳国际（由世界一流的顾问、培训师和教练组成的全球网络）在帮助世界各地的组织提高工作场所生产力、员工满意度及客户忠诚度时使用过的一部分方法。

如欲获得关于如何在您所在的组织中应用这些概念和方法的额外信息，或需了解布兰佳国际提供的其他服务、项目及产品的信息，敬请通过以下方式进一步洽谈：

布兰佳（中国）

电子邮件：info@blanchardchina.com

电话：86-10-400-921-5151

布兰佳公司（全球总部）

网址：www.kenblanchard.com

电子邮件：international@kenblanchard.com

电话：+1-760-489-5005

地址：125 State Place Escondido, CA 92029

本书致谢、作者介绍详见智元微库公司网站：

www.zhiyuanbooks.com

# 于更高境界　论领导之道

时代洪流滚滚向前，社会环境与工作环境瞬息万变，无论个人、团队还是组织，都纷纷将注意力投向一个关键领域——领导力。

如果一个人没有领导力，他将如何自我驱动、自我激励、精进职业发展？

如果一个团队没有领导力，它将如何打造凝聚力、执行力、战斗力，优化团队表现？

如果一个组织没有领导力，它将如何落地执行战略，推动变革创新，实现愿景绩效，又谈何基业长青？

因此，培养优秀的员工、打造卓越的团队、创建高绩效的组织的秘诀就在于发展领导力，并且是高境界领导力。

事实上，领导活动自古有之。古今中外，卓越的领导者层出不穷。大到政府机构和企业，小到社区和家庭，到处都涌现出各种各样的领导者。作为一门现代学科，领导力从管理学中独立出来，30 多年来得到蓬勃发展。关于领导力的研究也出现了不同视角、不同流派、不同主张百花齐放的局面：有的着眼于研究领导者的特质；有的关注领导风格；有的强调领导行为……人们从不同的角度研究领导力，在不同的层次理解领导力，可谓"横看成岭侧成峰"。

在多年从事领导力培训的过程中，我深刻地认识到，真正希望系统学习、切实提升领导力的个人与组织最需要的是那些有境界、"高层次"的领导力，能打通知识藩篱的"有体系"的领导力，有助于解决难题和找到真北的"好用的"领导力。《高境界领导力》正是这样一本难得的好书，是领导力大师肯·布兰佳及其团队 40 年聚焦并深耕领导力领域的集大成之作，堪称此领域教科书级的珍贵读本，在全球范围内以多种语言数次出版，长销不衰。

本书理论深厚，体系完善，模型、案例、方法论一应俱全。最为可贵的是，作者通过本书带领读者一同飞跃山巅，通观全局，于更高的境界探讨领导力，并且强有力地解答了许多人关于领导力的不解和困惑：什么（WHAT）是领导力，为什么（WHY）领导力有效，以及最重要的——我应当如何（HOW）领导。

通常，领导力被定义为一种发挥影响力的过程，例如以下定义："当你试图影响他人的思想和行为以达成目标时，你就是在领导。"然而，为什么而领导、为什么去影响，出发点千差万别。是为一己之私，还是为更多人的利益？是为达成当期的业绩目标，还是关注人的持续发展？领导力的境界亦有高下。

在不少人仍然认为践行领导力唯一重要的目标就是财务成功的时候，《高境界领导力》开创了一种不同的领导范式，它能帮助个体和组织发挥高境界领导力。这本书还提出了新的关于领导力的定义：释放人和组织的潜能，以成就更高的福祉的能力。在这个新的定义中，关键词是"更高的福祉"，即对所有参与者来说，结果是"最好"的。这个新定义要求，领导者要将领导力作为一种崇高的使命，不仅要为完成个人利益或目标去领导，还要有更崇高的目标。

本书指出，在以高境界领导力为常规的组织中，人们擅长做好以下4件事：

- 他们着眼于正确的目标和愿景；
- 他们正确对待员工；
- 他们正确对待客户；
- 他们拥有正确的领导力。

组织不应只追求利润绩效目标，而应力求达到"四重绩效"，即成为最佳雇主、最佳客户选择、最佳投资选择和最佳企业公民。这四重绩效就是正确的目标，组织走向平庸还是卓越，区别全在于此。具备四重绩效的组织就是充满活力的高绩效组织，这样的组织不以逐利为目的，但是，当它们发挥高境界领导力，发挥了所有人（赋能的员工、忠实的客户、和谐的社群，等等）的潜力，减少了所有可能的干扰（恐惧、顾虑、不信任、抗拒，等等）时，他们的绩效得以最大化实现，利润如同因为服务好内外部客户而赢得的掌声般随之而来。这样的高绩效组织在全世界范围都存在，书中列举了诸如此类的大量案例。

随着时代的变迁、技术的飞跃、新生代员工的进场、工作方式的变化，传统意义上的管理失去了以往的效力，组织和管理者们越来越意识到，对于今天的员工，你不能去"命令"，只能去"领导"。本书相信，"人是实现战略目标和推动业务成果的关键"，如果你不能善待员工，他们也不会善待你的客户，那么别人自会代劳照顾你的客户。因此，本书将大量篇幅放在了"如何对待员工"这一部分，详细描述了"如何领导"，包括如何领导自我、如何领导他人、如何领导团队、如何领导组织、如何建立信任、如何引领变革、如何领导文化转型。未来的组织，不会依靠个别领导者的监控式管理，而会赋能员工，让员工自我领导、发挥主人翁精神、根据具体情境快速行动。领导工作的重点，将转向如何为员工创造激励性的环境、如何打造一个灵活的组织结构、如何赋能员工使其做到最好。

在未来的组织中，领导力将无处不在，不再是管理者必须具备的能力，而是组织人必须具备的能力。人人都要学习领导力，领导力也并非天赋，而是我们可以习得的东西。

领导力如此重要，我们面临的现实情况又是如何呢？光辉国际在 2015年进行了一次全球领导力调研，调查了全球 7 500 多位管理者，其中仅有17% 的受调者认为自己所在组织拥有成功执行组织战略所需的领导力。智睿咨询公司（DDI）于 2018 年推出的《全球领导力展望》调研，整合了来自全球的 25 812 名领导者和 2 547 名人力资源专业人士的数据，发现"领导们真正像团队般的运作仍然罕见，对许多企业来说，团队领导力仍然只停留在愿望阶段，尚未成为现实"。

随着组织面对的生存环境和竞争环境越来越严苛，工作场所也将经历更为深刻的变革，领导力开发将成为组织战略中日益关键的要素。重视领导力的组织将有望拥抱未来的变化并找到发展的机遇，而不重视领导力的组织将面临更为严峻的挑战。因此，我们必须站得更高，看得更远；组织应当由愿景驱动，由价值导航；领导者应强调"服务第一，领导第二"，同时关注人和结果，赋能员工，追求"四重绩效"。简而言之，学习并运用高境界领导力，方为解决之道。

最后，由于时间仓促，翻译水平有限，译稿中难免存在疏漏之处，敬请广大读者批评指正。

慕 兰

# 目 录
CONTENTS

图表索引
L<small>IST OF</small> I<small>LLUSTRATIONS</small>

**说明**

# 引 言
## INTRODUCTION

几年前，我与妻子玛吉·布兰佳（Margie Blanchard）以及其他家人和朋友们一起去南非游猎。在此之前，我们也曾多次游猎，但这次的感受与之前的大相径庭。南非的丛林似乎充满比以往更原始、更邪恶的气息，这里的生存法则就是胜者为王、你死我活。如果你听到狮子的咆哮，肯定会感到后背发凉。我们的老向导加里·克拉克（Gary Clarke）来自堪萨斯州托皮卡，他在模仿狮子吼叫时，喊出的实际是"这是我的，我的，我的，我的"。因为狮子的咆哮就是在宣示主权："这是我的地盘，别惹我！"事实上，如果狮子的孩子们胆敢挑战其父亲的领地控制权，它们就会被其父亲杀死。

对我来说，这一切比以往更加栩栩如生，因为我此行的目的是近距离感受我心目中的英雄——纳尔逊·曼德拉（Nelson Mandela）。在一次晚宴上，大家围坐在餐桌旁，分享着在这个世界上最想与谁共进晚餐的想法，我当时脱口而出："纳尔逊·曼德拉，一个身陷囹圄 28 年、历经残忍的折磨，却满怀爱心、同情心与平和心的人，我梦想与他共进晚餐。"于是，在旅途中，我开始阅读曼德拉的自传——《漫漫自由路》（Long Walk to Freedom）。

将丛林中见到的景象与曼德拉的处世之道进行比较后，我意识到，人类在很多方面与其他动物的区别只在于人类拥有智慧。因为拥有智慧，我们每日可以在"服务自己"还是"服务他人"之间做出选择。而像狮子这样的丛林动物无法做出这样的选择，它们为了保护自己的地盘，不得不杀死其他动物，它们不具备与其他物种分享的天性。然而，正如曼德拉所做的那样，作为人类，我们可以选择发挥高境界领导力，选择服务他人，而非只为一己之私。但是，环顾世界各地的领导者，无论他们掌管何种性质或规模的机构，总有些人会选择"服务自己"而不是"服务他人"。何以至此？我认为原因是他们没有别的领导力榜样，只限于在权力和控制层面思考领导力。本书的全部内容正是关于一种不同的领导范式的，我们希望帮助个体和组织发挥高境界领导力。

## 高境界领导力

什么是领导力呢？多年来，我们将领导力定义为一种影响的过程。我们曾经认为，无论何时，无论在个人生活还是在职业生涯中，当你试图影响他人的思想和行为以达成目标时，你就是在发挥自己的领导力。最近几年，我们已经不再强调"达成目标"，而是将领导力定义为"释放人的潜能，从而影响他人，以成就更高福祉的能力"。为什么这样做呢？因为如果领导力的定义聚焦于达成目标，人们就可能认为领导力仅仅关乎结果。然而，当我们谈及高境界领导力时，仅仅关注达成目标是远远不够的。在我们给出的新定义中，关键词是"更高的福祉"，即对所有参与者来说，结果是"最好"的。领导力是崇高的使命，领导者不应该只为完成个人利益或目标而去发挥其领导力，应当有更崇高的目标。

何谓"更崇高的目标"？这可不像赚钱那样以自我为中心。正如马特·海耶斯（Matt Hayes）和杰夫·史蒂文斯（Jeff Stevens）在《商业的核心》（*The Heart of Business*）一书中论述的，当利润显然成为一个合法的目标或从事商业活动的主要动因时，包括股东、高层管理人员、员工、客户、供应商和社区在内的每一个人都迅速变得自私自利起来，他们专注于一己之私和发财致富，员工的忠诚和激情也会消失殆尽，工作的本质变成用最小的努力获取最大的利益。[1]

解决这种困境的方法在于制定**更崇高的目标**，即我们在本书通篇都会提到的关键要素——**"令人信服的愿景"。在海耶斯和史蒂文斯看来，更崇高的目标选择向外聚焦，要求领导者具备牺牲精神。换言之，它优先于利润等任何短期目标，在本质上是一种光荣的使命。**

如果只强调达成目标，那么领导者可能会在短期内获得成功，然而组织的人文状况却因此堪忧：领导者不考虑士气和员工的满意度，认为只有提升经营业绩才是硬道理；这是因为他们没能抓住重点，没有找到更崇高的目标。在商业领域，相比那些认为商业就等于赚钱的想法，这种关于领导力的观点已经算是小小的飞跃了。很多领导者认为，要么关注人，要么关注结果，"非此即彼"，误以为无法"两者兼得"。

只有发挥高境界领导力，你才能具备"两者兼得"的理念。人（包括员工和客户）的发展与绩效同等重要，因此，高境界领导力聚焦于长期成果和人的满意度。发挥高境界领导力是一个过程，我们将其定义为：**为了所有人的福祉，以尊重、关心、公平的原则行事，实现有价值的结果的过程。**当这种过程得以实现时，自私自利的领导方式将不再行得通。为什么呢？

因为自私自利的领导者会认为，领导力完全是为了自己，而不是为了服务对象的最大利益；他们忘记了以尊重、关心和公平的原则对待所有参与者，他们所做的一切都是为了一己私欲。只有在意识到领导力并不是关于服务自己的能力时，你才能发挥高境界领导力。

## 我们写作本书的初心

出于多种原因，我们在 2006 年撰写了本书的最初版本。首先，撰写本书是为了了我们的梦想：总有一天，每个人都将与拥有高境界领导力的领导者一起工作，自私自利的领导者将不再存在，全世界各类型组织的领导层都将由罗伯特·格林利夫（Robert Greenleaf）所说的做到"服务第一，领导第二"的领导者组成。[2] 撰写此书正是为了实现这个梦想。

其次，肯·布兰佳公司®的愿景是专注于高境界领导力，这样的领导力通常始于一个愿景。杰西·斯托纳（Jesse Stoner）与我合著的《全速前进：实现公司和个人的远景目标》（*Full Steam Ahead! Unleash the Power of Vision in Your Work and Your Life*）一书讲的就是愿景的力量。一个令人信服的愿景会告诉你：你是谁（你的目的）、你要去哪里（你心中向往的未来），以及什么会驱动你的旅程（你的价值观）。

肯·布兰佳公司®的宗旨是帮助个人和组织发挥高境界领导力，下面的使命宣言反映了我们对领导力的新定义：

**释放人和组织的力量与潜力，以成就更高的福祉。**

下面两段话描述了我们心中向往的未来。

- 我们将员工培养成世界上最好的管理者。我们将提供领导语言及领导模型，赋能世界上最好的组织，使领导者及其服务对象的生活发生积极的变化。

- 我们相信伟大的领导者兼顾员工发展与经营结果，而不是持非此即彼的态度。因此，我们公司的价值观是以人为本与结果导向并重。

我们经营的价值观如下。

- 以人为本的价值观：

  ① 值得信赖：做正确的事。

  ② Kenship：珍视慈悲、谦逊及丰盛。

  ③ 对话：重视交流，鼓励思考。

- 结果导向的价值观：

  ① 担当：承担个人责任以确保公司的运营合理、敏捷、创新并盈利。

  ② 聚焦与清晰：为实现目标设定明确的目标并采取行动。

  ③ 做到 D4：重视高水平的绩效和胜任力。

由于这些价值观重点关注的是指导公司员工的行为，因此 Kenship 和 D4 这两个价值观使用了公司的内部语言。Kenship 是以我的名字命名的，这并非我个人的选择，但对所有推崇这些价值观的人来说，它具有特殊的意义。做到 D4 反映了我们对布兰佳 SLII® 领导力培训的目标：专业精通及最高层次的发展。

人们通常会对价值观进行排序，我们在决策时会考虑到所有的价值观，并对其进行排序。在努力取得经营成果的同时，我们也将人的重要性放在首位，尊重我们与员工、客户及供应商的关系。

你可能会说这一切听起来难免过于乐观。也许是吧，但这就是我们为自己设定的标准，也是我们希望通过本书帮助你和组织的员工达到同样的高标准。我们对帮助个人和组织发挥高境界领导力充满激情，这既是为了你的组织，也是为了我们自己。

最后，本书在很多方面阐明了我们关于领导力的观点。广泛的研究表明，高效的领导者秉持清晰的领导观点，并愿意与其他人分享关于领导力和激励他人的信念。我们希望本书能改变你关于领导力的观点。

## 本书的内容架构

多年来，我们发现，在以培养高境界领导力为原则的组织中，人们善于做好以下 4 件事：

- 他们着眼于正确的目标和愿景；
- 他们正确地对待员工；
- 他们正确地对待客户；
- 他们拥有正确的领导力。

本书分为 4 个部分。第一部分关注正确的目标和愿景，并整合了我们在四重绩效、高绩效组织的特征和创建令人信服的愿景各个领域的工作成果。

第二部分主要讲述如何正确地对待员工。在本书的早期版本中，这是第三部分，排在正确对待客户部分之后。而今天，我们相信，对企业而言最重要的客户就是员工。如果企业没有正确地对待他们，赋能他们，他们就不会照顾对企业而言第二重要的客户，即那些使用企业的产品和服务的人。如果按照这样的情形发展下去，从长远来看，企业将无法得到想要的结果。

正确对待员工这部分占据了本书最长的篇幅，因为如何对待员工将会彰显真正的领导力，这也是肯·布兰佳公司®40 年来一直关注的问题。在这部分，我们从赋能开始，然后分别考察了领导力的 4 个领域：自我领导力、一对一领导力、团队领导力和组织领导力。

第三部分强调了如何正确地对待客户，并整合了我们在传奇式服务、"疯狂粉丝"和"疯狂客户"领域的工作成果，这些都取决于拥有一支富有能力、积极进取的员工队伍。如果不能提供良好的客户服务，组织将无法长久生存。

第四部分聚焦于正确的领导力。这里所说的不是领导风格，而是领导品格与领导意图。多年服务于不同状态、不同规模的组织，我深信两件事：第一，卓有成效的领导力是由内而外的；第二，正确的领导方式是运用服务型领导力，它不基于妄自尊大或任何恐惧，而是以谦卑为基础并专注于创造更高的福祉。有了正确的领导方式，发挥高境界领导力就可能成为现实。

这部分内容还包括我们在确定关于领导力的观点时的一些想法，这将镜头调转到你自己的身上。在本书中，我们将帮助你整合学到的诸多概念，并应用到你自己的领导情境当中。

撰写本书，我们乐此不疲，它凝聚了我们从业 40 年来携手深耕领导力领域的思想精华，是货真价实的"布兰佳论领导力"。随着关于信任、协作、导师制和组织领导力等新章节的引入，此次第 3 版的内容不仅包括玛吉和我的想法，还包括我们所有创始合伙人的杰出贡献，他们是唐·卡鲁（Don Carew）、尤妮斯·帕里西 - 卡鲁（Eunice Parisi-Carew）、弗雷德·芬奇（Fred Finch）、劳伦斯·霍金斯（Laurence Hawkins）、德瑞·茨格米（Drea Zigarmi）、帕特·茨格米（Pat Zigarmi），以及那些使布兰佳公司成为"作者之家"的优秀咨询合伙人，包括兰迪·康利（Randy Conley）、凯茜·卡夫（Kathy Cuff）、加里·德马雷斯特（Garry Demarest）、克莱尔·迪亚兹-奥尔蒂斯（Claire Díaz-Ortiz）、克里斯·埃德蒙兹（Chris Edmonds）、苏珊·福勒（Susan Fowler）、鲍勃·格拉泽（Bob Glaser）、薇姬·哈尔西（Vicki Halsey）、贾德·胡克斯特拉（Judd Hoekstra）、费伊·坎达里安（Fay Kandarian）、琳达·米勒（Linda Miller）、辛西娅·奥斯特德（Cynthia Olmstead）、艾伦·伦道夫（Alan Randolph）、简·里普利（Jane Ripley）、杰西·斯托纳（Jesse Stoner），以及我们的儿子和儿媳——斯科特·布兰佳（Scott Blanchard）、马德琳·霍曼·布兰佳（Madeleine Blanchard）。我们认为，无论在工作场所、家庭还是社区，每个人都可以发挥高境界领导力。我们希望，无论你的职位如何、所在组织的规模如何、类型如何、服务于什么样的客户或人群，你都能从本书中得到一些重要的信息。我们还希望本书能够帮助你发挥高境界领导力，从而打造一个高绩效的组织，它不仅能够达成你想要的经营成果，还能成为受人欢迎的温暖港湾。希望阅读本书能为你带来裨益。

**肯·布兰佳**

**2018 年秋**

**加利福尼亚州圣迭戈**

# 第一部分

# 着眼于正确的目标和愿景

# 第 1 章
# 你的组织绩效高吗

唐·卡鲁　费伊·坎达里安　尤妮斯·帕里西－卡鲁

杰西·斯托纳　肯·布兰佳

打靶时，神枪手会告诉你一定要瞄准靶心，因为这样做，即使你打出的子弹未正中靶心，仍然可以中靶。但是，如果你瞄准的是整个靶子，一旦没打中，子弹就会脱靶。与肯·布兰佳合著了《每个人都是教练》（*Everyone's a Coach*）[1] 一书的唐·舒拉（Don Shula），是迈阿密海豚橄榄球队的一名教练，他总是告诉队员他们的目标是赢得每一场比赛，这可能吗？显然不可能，但是，如果你不瞄准卓越，就永远没有机会取得卓越成绩。这可能就是为什么舒拉成为美国国家橄榄球联盟（National Football League，NFL）迄今为止率队赢球最多的教练，他带领的 1972 海豚队仍然是目前唯一一支在整个赛季（包括超级碗在内）均保持不败纪录的球队。由此可见，瞄准什么样的目标对绩效表现来说至关重要。

当今的商业压力使许多人都认为，唯一重要的目标就是财务成功。但是，很少有人（如果有）希望他们的墓志铭中出现公司的收益，如股价或利润率，大多数人希望人们记住他们在创建高绩效组织方面的贡献。

想发挥高境界领导力的人需要了解高绩效组织的标准，以及创建高绩效组织的必要条件，他们需要瞄准正确的目标。

## 正确的目标：四重绩效

在高绩效组织中，每个人的精力不仅聚焦在一条盈亏结算线上，还集中在四重绩效上，即成为**最佳雇主、最佳客户选择、最佳投资选择**及**最佳企业公民**。这四重绩效就是正确的目标，组织走向平庸还是卓越，区别就在于此。[2] 高绩效组织的领导者洞悉其盈亏取决于员工、客户、投资者和企业的社会责任，他们深知这样一个道理：

> 如果你勇于承担企业的社会责任并帮助员工创造积极上进的工作环境，那么他们自然会帮助你照顾好客户，而利润就是你们因此赢得的掌声。

### 最佳雇主

成为最佳雇主越来越具有挑战性。由于市场对高流动性、高胜任力员工的需求旺盛，雇主必须推陈出新以吸引和留住最优秀的员工，而高薪已不再是唯一的手段。诚然，某些有能力的员工会通过跳槽赚取更高的工资。然而，今天的员工普遍想获得更多，他们物色良机，让自己的贡献得到重视和回报；他们期待被包容、被赋能，希望发展新技能，看到进步的机会，并相信自己大有可为。

今天，对管理者来讲，他们最重要的资源就是员工，这一点已毋庸置疑。我们提倡员工第一，客户第二。因为如果没有被赋能的敬业员工，公司就永远无法提供优质的服务。你不能薄待员工却期望他们厚待你的客户。

在手机问世之前，我的一位朋友在一家百货商店的经历很好地诠释了这一点。他通常在诺德斯特龙（Nordstorm）公司旗下的百货商店里购物，但他无意间走进了另外一家商店，当他感到不对劲，想给妻子打个电话时，他问男士专柜的售货员能否借用一下商店的电话，对方说"不行"。

他回答说："你没开玩笑吧？在诺德斯特龙，顾客随时都可以借用电话啊。"

营业员说："哎呀！先生，他们都不允许我在这里使用电话。我为什么要允许你这样做呢？"

受到冷遇的员工往往会将这种态度转嫁给客户。

今天，员工变得如此重要的另外一个原因是，人们用响应客户的需要及客户问题的速度来衡量一个组织的优劣。"我必须向上司请示"这样的说法不再管用。没有人会在乎你的上司是谁。客户唯一在乎的就是接电话、打招呼、写订单、送货或者回应投诉的是谁。他们想要的是顶级的服务，而且是越快越好的服务。这意味着你需要为员工创造一个充满激励性的工作环境，打造一个足够灵活的组织结构，赋能他们使他们做到最好。

## 最佳客户选择

成为客户的最佳选择同样具有挑战性。新竞争对手的意外涌现使竞争异常惨烈，客户的要求越来越高，对客户来讲，更多更好的选择要唾手可得。如今，说了算的是买家，而不是卖家，为客户提供传奇式服务的重要性已毋庸置疑。实际上，当公司发现下面这个新规则时，就会产生改变的动力。

*如果你没有照顾好客户，他人自会代劳。*

谢尔登·鲍尔斯（Sheldon Bowles）和肯·布兰佳在《顾客也疯狂®：客

户服务的革命性方法》(*Raving Fans®: A Revolutionary Approach to Customer Service*) 一书中指出：今天，要想留住客户，你不能仅仅满足他们的需求，[3]你必须创造"疯狂粉丝"群体，提供传奇式服务，让客户如痴如醉、津津乐道，把他们变成你的销售队伍中的一员。让我们来看一个简单有力的案例。

如今，美国酒店的叫醒服务是什么样的呢？最常见的是，电话在指定的时间响起，你接听时却无人应答，不过酒店方至少做到了在指定的时间用机器叫醒你。另一种常见的方式是录音叫醒，但同样无人在线。现在，如果接听叫醒电话时发现是真人叫醒服务，你反倒无所适从了。不久前，我们的一位同事住在奥兰多的万豪酒店，他订了早上 7:00 的叫醒服务。电话响了，他接了起来，听到一位女士说："早上好，我是特蕾莎 (Teresa)，现在是早上 7:00。今天奥兰多的气温是 75 华氏度（约 23.9℃），天气很好，不过您的机票显示您会在今天离开，您要去哪里呢？"

同事愣了愣，结结巴巴地说道："去纽约。"

特蕾莎说："让我看一下《今日美国》的气象地图。哦，不巧，今天纽约的气温只有 40 华氏度（约 4.4℃），有雨，您不能多待一天吗？"

现在，你觉得我的同事下次再到奥兰多时会住哪里呢？他很可能会下榻万豪酒店，以便早上能与特蕾莎聊上几句。能为客户提供远超竞争对手甚至超出客户预期的服务，这样的公司就能盛产"疯狂粉丝"。他们的日常工作就是给客户制造惊喜，然后将坐享由"粉丝"自发营销带来的业务增长。

## 最佳投资选择

各类型组织的增长或扩张都需要融资。所有组织都需要通过证券、贷款、补助或契约的方式获得资金来源。只有在相信一个组织的生存能力和长期表现的前提下，人们才会对其投资。他们需要对组织的领导力、员工素质、产品与服务、管理实践及组织韧性充满信心。

如果组织的财务成功取决于收入减去支出，就可以通过降低成本或增加收入优化财务状况。首先，让我们看一下成本。在当今竞争激烈的环境中，那些可以用最少的资源获得最大收益的组织将会获得成功。今天，越来越多的组织断定，提高财务效率的唯一办法就是精简人员。毫无疑问，在每个人必须有一名助理，而助理还要有一名助理的大型官僚机构，裁减一些人员是必要的。然而，精简人员本身也是一种能量消耗，而且绝不是管理成本的不二之选。

越来越多的人意识到，另一种有效的成本管理方法是让所有员工成为你的业务合伙人。比如，在有些公司中，如果新员工不能读懂公司的资产负债表，不明白个人努力将如何影响公司的损益，他就不能得到加薪。员工只有明白了组织如何赚钱、如何花钱的商业模式，才能主动帮助公司控制成本。

通常而言，管理者不愿意共享财务信息。然而，目前许多组织采纳了财务信息共享的管理方式，因为它们意识到共享所谓"敏感的数据"会带来经济利益。例如，在与一家餐饮公司合作时，我们的咨询合伙人很难说服餐厅总裁同意共享财务信息的优点。为了消除餐厅总裁对共享财务信息的成见，一天晚上，这位合伙人在营业结束后去了这家公司旗下最大的一家餐厅，他将所有员工（厨师、洗碗工、服务生、传菜员、接待员）进行分组，按照5 ~ 6人一组的方式划分，让每个小组就以下问题达成共识："你认为这家餐厅每1美元的销售额中，有多少钱会进入最终盈利，可以作为利润返还给投资者或者对业务进行再投资呢？"

各小组猜测的最小值是 40 美分，有几个小组猜测是 70 美分。然而，这家餐厅的现实情况是，如果能在 1 美元的销售额中留下 5 美分的利润就已经谢天谢地了，如果能留下 10 美分，那简直就像中了彩票！你能想象吗，当员工以为公司是印钞机时，他们对食品成本、人工成本和破损量会持有什么样的态度？在得知餐厅的利润空间只有 5% 之后，厨师说的一番话令餐厅总裁印象深刻，他说："这意味着我们从售价 20 美元的牛排中只能赚取 1 美元！因此，如果我烧焦了一块牛排，花了餐厅 6 美元，我们就必须卖掉 6 块牛排才能弥补我的失误。"很显然，他现在知道该怎么做了。

如果你让员工充分知情并发挥他们的聪明才智，那么他们在成本管理方面的重大作用绝对会让你大吃一惊。

这一点在充满不确定性的时代尤其重要。如果你培养有担当、被赋能的员工，那么他们不仅会帮助你管理成本，还会帮助你增加收入，以上这些如何实现呢？答案是员工会通过创造"疯狂粉丝"客户帮助你。"粉丝"客户就是公司销售部或公关部的非正式员工，他们要么有助于增加销售额，要么有助于提升知名度，或者兼而有之；他们会使你的组织更具有投资吸引力。培养有担当、被赋能的员工之后，你就是一个高绩效组织的领导者。

## 最佳企业公民

在当今世界，人们之间的联系越来越紧密，人口持续增加，而资源却在持续减少。人们更加认同，组织在赚钱之外，还应肩负社会责任。商业活动应当平衡利益相关方的需求与环境的需求，并且以道德和尊重的态度对待受其影响的人们。

《企业责任》杂志发布的"100 位最佳企业公民"榜单，根据公开披露的信息将公司按以下七个类别进行排名：环境、气候变化、员工关系、人权、管理、财务和慈善事业。

今天的高绩效组织必须是优秀的企业公民。无论是保护地球、为慈善事业做出贡献、维护人权、维护道德准则，还是参加公益宣传活动，对追求卓越的组织来说，承担社会责任责无旁贷。

## 高绩效组织无往不胜

最佳雇主、最佳客户选择、最佳投资选择和最佳企业公民（四重绩效的要素）构成了正确的目标。如果只针对其中某一个要素，那么你将无法实现目标，组织也将无法维持高绩效。领导者了解了目标的重要性之后，一些问题自然会浮现，例如"什么是高绩效组织？""达成目标的高绩效组织有什么标准？"

为了回答这些问题，唐·卡鲁、费伊·坎达里安、尤妮斯·帕里西–卡鲁和杰西·斯托纳进行了一项广泛的研究，通过这项研究定义和识别高绩效组织的特征。[4] 他们首先定义了"高绩效组织"。尽管组织迅速崛起后，有的裹足不前，有的大厦将倾，但仍有一些组织得以继续蓬勃发展，重塑自我，顺势而为。研究人员专注于后一类组织，并创建了以下定义：

高绩效组织是与时俱进、持续以最高的员工满意度和对成功的承诺度产出卓越经营业绩的企业。

由于其灵活性、敏捷性和快速响应机制，高绩效组织不仅会在今天取得成功，获得尊重，还会为未来的成功蓄势。高绩效组织的经营成果必将能够历经时间的考验。

## HPO SCORES® 模型

经过研究，卡鲁、坎达里安、帕里西－卡鲁和斯托纳几位博士创建了 HPO SCORES® 模型。SCORES 是首字母缩写词，代表了每个高绩效组织显而易见的 6 项要素（见图 1-1）。高绩效组织无往不胜，始终都能击中目标，因为它展现出以下 6 项要素。

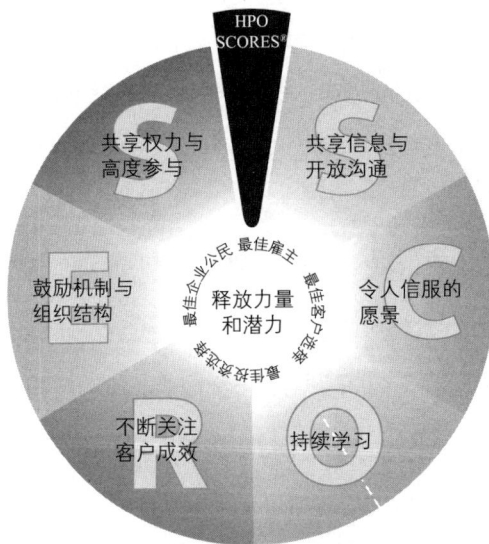

图 1-1　HPO SCORES® 模型

## 共享信息与开放沟通 （S）

在高绩效组织中，做出明智决策所需的信息随手可得并被人们公开交流。共享信息并促进开放沟通可以建立人们之间的信任关系，并鼓励人们以主人翁的姿态行事。鼓励对话减少了争夺地盘的危险，并使组织保持健康、敏捷、灵活的运转。

## 令人信服的愿景 （C）

令人信服的愿景是高绩效组织的标志。当每个人都支持这样的组织愿景（包括组织的宗旨、未来和价值观）时，组织就会创建一种从容审慎且高度专注的企业文化，从而推动经营成果朝更高的福祉发展。在这些组织中，员工被愿景赋能，为之激动，为之奉献，拥有创造能量、聚焦能量的崇高使命感；个人价值观与组织价值观高度一致；人们能够清晰地描述想要创造什么样的未来。人人步调一致，朝着同一个方向前进。

## 持续学习 （O）

高绩效组织会不断地致力于通过学习机制提高能力、积累知识资本并在整个组织范围内传递知识。

组织学习不同于个人学习，高绩效组织对这两者都很关注。无论个体还是组织，都在不断地努力，使其变得更好。

## 不断关注客户成效 （R）

无论身处何种行业，高绩效组织都会了解其客户（包括内部客户和外部客户），并相应地衡量组织的商业结果。高绩效组织会产出卓越的经营业绩，其中部分原因是对商业成果的执着追求。然而，真正核心的原因的是，它们会从客户的视角关注这些成效。

## 激励机制与组织结构（E）

高绩效组织中的机制、结构、流程与实践保持一致，共同支持组织的愿景、战略方向和目标的达成，使人们更易于完成工作。激励性机制与组织结构提供了平台，以快速应对组织遇到的阻碍和机遇。测试系统与组织结构是否具备激励性的检验标准是，它使工作变得更轻松，还是变得更困难。

## 共享权力与高度参与（S）

在高绩效组织中，权力和决策权并非局限在组织等级金字塔结构的顶层，而是由整个组织中的各个层级共享。参与、协作和团队合作是一种生活方式。当人们感到自己的贡献受到重视和尊重，可以自主做出影响自己生活的决定，并有权获得信息以做出明智的决策时，他们就有能力、有意愿为组织的宗旨和愿景做出宝贵的贡献。在高绩效组织中，个体权力感与集体权力感共存。

## 领导力是引擎

要成为一个高绩效的组织，领导力就是引擎。HPO SCORES® 模型描述了高绩效组织的特征，而领导力是使组织朝那个方向发展的动力。

在高绩效组织中，正式的领导力与传统组织中的截然不同。高绩效组织依靠的不是培养一个伟大非凡的领导者，而是建立一个超越个别领导者的、由愿景驱动的组织。领导者的角色从特权地位和权力本身转变成更具复杂性、参与式、长期化的发挥其领导力的过程。正如本书不断强调的那样，领导者一旦确立了愿景，就会践行服务型领导者的态度和行为。

在高绩效组织中，实践领导力可以促进人们的协作和参与，组织的每一级别都将体现领导力。高层领导者将践行组织的价值观，以身作则并鼓励探究和发现精神，帮助他人进行系统性思考，充当老师和终身学习者的角色。他们的领导力有目共睹，并且有能力坚持战略性业务决策和价值观，他们调动组织中每个人的精力都集中在达成卓越目标的靶心上。

在高绩效组织中，领导力并不是正式的领导者或少数绩优者的特权，领导力无处不在。在整个组织中，具备专业知识的个体随时会自告奋勇地站出来。

## HPO SCORES® 测验：你的组织得分如何

要了解你的组织得分如何，你需要花一些时间完成以下测验。该测验基于 HPO SCORES® 测验（作为研究项目的一部分而开发的组织评估工具）中的一些问题，[5] 以及有关领导力的一些补充问题。

## HPO SCORES® 测验

以 1 ~ 7 分为评分标准，你在多大程度上反对或同意以下的陈述？

　　1 = 强烈反对

2 = 反对

3 = 略有不同意见

4 = 中性

5 = 基本同意

6 = 同意

7 = 极为赞同

## 共享信息与开放沟通

1. 员工可以轻而易举地拿到高效工作所需的全部信息。_____

2. 组织的计划和决定会被及时传达，以便员工清晰地理解。_____

## 令人信服的愿景：目标和价值观

1. 领导力与共同的愿景和价值观保持一致。_____

2. 员工对于共同的目标和价值观充满激情。_____

## 持续学习

1. 员工发展新技术和新能力会得到积极的支持。_____

2. 组织不断地将新的学习内容纳入经营的标准方式。_____

## 不断关注客户成效

1. 每个人都遵循最高的质量和服务标准。_____

2. 所有工作流程设计旨在让客户更易于与我们合作。_____

## 激励机制与组织结构

1. 机制、结构、正式和非正式的实践都得到整合统一。_____

2. 机制、结构、正式和非正式的实践都使人们易于完成工作。_____

## 共享权力与高度参与

1. 员工有机会参与涉及自身利益的决策。_____

2. 团队被当作完成工作并影响决策的载体。_____

## 领导力 [6]

1. 领导者认为发挥领导力是服务而不是被服务的过程。_____

2. 领导者消除障碍，帮助人们专注于自己的工作和客户。_____

## 你的组织得分如何

每一项要素和有关领导力的补充问题的分数，最高可达 14 分。

将每项要素的分数相加，就可以确定你的组织在该要素中的实力。

12 ～ 14 分 = 高绩效水平

9 ～ 11 分 = 平均水平

8 分或 8 分以下 = 有提升空间

## 如何使用测验结果

尽管本测验可以帮助你确定所在组织的绩效是否良好，但在此处安排测验的主要目的是指导你阅读本书。尽管本书章节的顺序设置合理，但未必与你和所在组织对章节内容的重要性排序相对应。如果你的组织在 HPO SCORES® 测验的任何一项要素得到 8 分或 8 分以下的分数，则你可能需要首先特别关注该要素。

尽管对我们来说，首先专注于第一部分"着眼于正确的目标和愿景"完全合理，但也许对你来说，从第四部分"拥有正确的领导力"开始更有意义。有些组织历来拥有正确的目标和愿景，但近年由于一些自私型领导者的领导，组织崇尚的愿景和价值观与实际行为之间产生了差距。另外一些组织虽然理解正确的目标和愿景，但是出现了未能正确对待客户的文化；如果你的组织出现了这种情况，那么你可能要从第三部分"正确对待客户"开始阅读。

如果你不存在特定的问题，那我们建议你从头开始看起，按本书的章节顺序逐步学习如何打造一个高绩效的组织。

# 第 2 章
# 愿景的力量

*杰西·斯托纳 肯·布兰佳 德瑞·茨格米*

当站在更高层次上的领导者理解四重绩效就是正确的目标——最佳雇主、最佳客户选择、最佳投资选择和最佳企业公民时，他们就准备好了将每个人的能量都集中在令人信服的愿景上。

愿景呼唤组织做到真正的伟大，而不仅仅是击败竞争对手、获得经营业绩上的成功。宏伟的愿景会描绘出人们的希望和梦想，会触动人们的内心和精神，并帮助人们认识到如何做出贡献，它让每个人都朝着正确的方向前行。

## 愿景的重要性

为什么愿景对组织如此重要？因为：

> 领导力是关于去哪里的。如果你和员工都不知道要去哪里，那么领导力也就无关紧要了。

在《爱丽丝漫游仙境》（*Alice in Wonderland*）的故事里，爱丽丝明白了这个道理。在寻找走出仙境的路时，她遇到了岔路，于是问那只笑脸猫："你能告诉我应该走哪条路吗？"笑脸猫答道："这取决于你想去的地方。"爱丽丝说："其实无所谓。"笑脸猫也毫不含糊地说："那你走哪条路也无所谓。"

杰西·斯托纳进行的广泛研究，证明了愿景和领导力对组织绩效会产生重大影响。[1] 她从 500 多位领导者的团队成员那里收集了信息，结果显而易见：具有强大愿景的领导者拥有最高绩效的团队；具备良好管理技能但缺乏愿景的领导者，其团队绩效处于中等水平；缺乏愿景和管理技能较弱的领导者，其团队绩效不佳。

大多数管理人员之所以无法成为出色的领导者，是因为他们缺乏明确的、令所有人为之振奋的愿景。在杰西访问的组织中，只有少于 10% 的组织，其成员清晰地了解组织的愿景。缺乏共同愿景使人们无所适从，人们会迷失于多重优先级、重复工作、贸然开始和浪费精力之中，这其中任何一项都不支持四重绩效。

愿景为最终的成功构建了信任、协作、互依、动力和共同担当，帮助人们以终为始做出明智的选择。当目标完成后，关于"下一步是什么"的答案自然明朗。愿景使我们以积极的姿态采取行动，朝着向往的方向前进，而不是被动远离不想要的目标。愿景赋予我们力量并激发我们追求真正想要的东西。正如已故的管理大师彼得·德鲁克所说："预测未来的最佳方法是创造未来。"

## 有效与无效的愿景宣言

许多组织都拥有愿景宣言，但是当你审视其中大多数组织及其发展方向时，你会发现它们似乎与其愿景宣言毫不相干。愿景宣言的宗旨是打造高一致性的组织，使每个人都朝着相同的目标努力。

愿景为日常决策提供指导，使人们对准正确的目标，而不会导致工作目标相互冲突。

如何知道你们的愿景宣言是否有效呢？这里一测便知：你们的愿景宣言是隐藏于被遗忘的文件，还是挂在墙上充当装饰？如果真是如此，那愿景就是无效的。愿景宣言是否被积极地用于指导你们的日常决策？如果答案是肯定的，则说明你们的愿景宣言是有效的。

## 创建真正有效的愿景

为什么没有更多的领导者拥有愿景呢？我们认为是因为他们缺乏与愿景相关的知识。许多领导者说他们没有"愿景"，他们承认愿景值得拥有，但不确定如何创建愿景。对这些领导者来说，愿景似乎难以捉摸，只有少数幸运儿才能妙手偶得。杰西·斯托纳与德瑞·茨格米合作研究了使领导者拥有愿景的可能性，确定了令人信服并指明方向的愿景的关键要素。杰西·斯托纳与德瑞·茨格米在《从愿景到现实》（*From Vision to Reality*）一文中指出了令人信服的愿景的 3 个关键要素。[2]

- 有意义的目标：你从事的是什么事业？
- 可描绘的未来：如果获得成功，未来将是什么样的？
- 清晰的价值观：指导你们每日行为和决策的是什么？

愿景必须包括上述 3 个要素才能鼓舞人心并持久不衰。让我们通过一些实际案例探讨这些要素。

## 有意义的目标

令人信服的愿景的第一个要素是有意义的目标。组织存在的理由是更崇高的目标，它回答了"为什么"，而不仅是解释"做什么"，它从客户的角度澄清了你们真正从事的是什么样的事业。

沃尔特·迪士尼（Walt Disney）以清晰的宗旨开始了他的主题公园事业。他说："我们的事业是制造快乐。"这与"从事主题公园业务"的目标大相径庭。清晰的目标会驱动演职人员（员工）对待客人（客户）的一切行为。从事快乐事业的宗旨有助于演职人员了解他们在公司中的主要作用。

在美国佛罗里达州奥兰多市，有一个名为"给孩子一个世界"的奇妙组织，它是"许愿基金会"（Make-A-Wish Foundation）的一个运营机构，它会帮助那些久病不愈的儿童有机会实现去迪士尼乐园、海洋世界或奥兰多其他景点的梦想。自 1986 年以来，该组织为 160 000 多名儿童及其家人提供了奥兰多一周免费游的服务。之所以安排全家人都来到奥兰多，是因为该组织认为患病儿童是整个家庭需要面对的问题。当询问该组织的员工从事的是什么事业时，他们会说"我们从事的是回忆事业"，他们想为这些孩子及其家人创造美好的回忆。

我们的同事有一次参观"给孩子一个世界"组织。在那里，他看到一个正在修剪草坪的男子，他想看看员工是否普遍理解组织的使命，于是他问道："你们'给孩子一个世界'究竟是做什么的？"

男子笑了笑，说："我们创造回忆。"

他接着问道："如何创造回忆呢？你不过是在修剪草坪呀。"

男子说："我当然不会就靠修剪草坪来创造回忆了！如果有一家人来到这

里，我肯定可以看出谁是那个生病的孩子，我会问他本人或者他家里的兄弟姐妹'谁想做我的帮手'。这不就是值得回忆的美好经历吗？"

这难道不是一种最美好的心态吗？这心态让他始终专注于为客人服务。

**伟大的组织具有深刻而崇高的使命，即可以激发人们的激情和承诺的、有意义的目标。**

当工作富有意义并且联结你真正想要的东西时，你就可以释放超乎想象的生产力和创造力。但是，仅仅靠目标驱动是不够的，因为它不能告诉你要去哪里。

## 可描绘的未来

令人信服的愿景的第二个要素是可描绘的未来。愿景实现的最终画面不应该是抽象的，而应该是实际可以看到的心理意象。许多运动心理学家已经描述了意象的力量，其中包括查尔斯·加菲尔德（Charles Garfield）在《巅峰表现：世界上最伟大的运动员的心理训练技术》（*Peak Performance: Mental Training Techniques of the World's Greatest Athletes*）中的阐述。大量研究表明，心理意象不仅可以增强外在表现，还可以增强内在动机。[3]

沃尔特·迪士尼所描绘的未来体现在给予每位演职人员的职责上："让人们离开公园时保持和进门时一样的笑容。"迪士尼不在乎客人在公园逗留2小时还是10小时，只想让他们始终保持欢笑。毕竟他们做的是制造快乐的工作。你所描绘的未来应当专注于最终结果，而不是达成目标的过程。

"给孩子一个世界"组织所描绘的未来是，在孩子们生命的最后一周，他们仍然会和家人谈论一起在奥兰多共度的美好时光。

## 清晰的价值观

令人信服的愿景的第三个要素是具备清晰的价值观。高绩效的组织具备清晰的价值观。价值观定义了领导力以及员工在工作中的日常行为。

价值观指导人们在追求自己的目标和未来时如何前进，回答了"我要践行怎样的价值观"和"如何做到"这两个问题。我们需要对价值观进行清晰的描述，以便确切地知道哪些行为体现了价值观。若要践行价值观，人们就需要始终如一地付诸行动，否则愿景只是美好的意愿。此外，组织的价值观还需要与个人的价值观产生共鸣，以便人们真正地选择践行这样的价值观。

价值观需要支持组织的目标。罗伯特·约翰逊（Robert Johnson）创立了强生公司，旨在减轻人们的疼痛和病情。强生公司的宗旨和价值观反映在其信条中，并持续指导着公司的行为。强生公司利用其价值观指导决策制定，在 1982 年芝加哥地区发生的一次个案中毒事件后，它迅速召回了美国全境所有的泰诺胶囊。如此大规模召回的直接成本相当高，但由于不确定事件波及的范围，它不想让任何人冒安全的风险。最后，强生公司坚持了四重绩效原则，事实证明，强生公司在声誉和盈利能力方面取得了长期的回报。

许多组织拥有过多的价值观。肯·布兰佳和迈克尔·奥康纳（Michael O'Connor）所做的研究表明，当真正影响行为的价值观超过 3 个或 4 个以上时，员工就无法聚焦注意力。[4] 他们还发现，对于某些组织而言，对价值观进行排序可能有益。为什么？因为生活本身充满不同价值观之间的冲突，当冲突出现时，知道应该关注哪些价值观会对组织有所帮助。

例如，迪士尼主题公园有 4 个按序排列的价值观：安全、礼貌、表演和效率。为什么安全排在第一位呢？因为沃尔特·迪士尼知道，如果游客被担架带离公园，那么他们的笑容不可能像进门时那样灿烂。

排在第二的价值观是礼貌，即游客期待迪士尼主题公园的工作人员抱持的友好态度。为什么知道礼貌第二重要呢？假设一位迪士尼主题公园的员工正以友善、礼貌的方式回答游客的问题，此时听到来自乘坐过山车的游客的尖叫。如果员工按照公园的价值观顺序行事，就会立即失陪游客而向尖叫声传来的方向跑去。为什么呢？因为第一价值观在呼唤。如果价值观没有按序排列，员工在与游客愉快互动时听到尖叫声，他可能会说"他们总是在公园里大喊大叫"，他不会朝着尖叫声传来的方向跑过去。当事后被问及"你离尖叫声最近但为什么没有采取行动"时，他可能会说："我正在履行礼貌的价值观啊。"在这个情境中存在价值观冲突，员工无法同时遵循两种价值观并采取行动。

尽管对迪士尼这样的公司而言，排序价值观会对其有所帮助，但这并非总是必要。正如我们在引言中讨论的那样，在我们公司中，我们信奉"两者兼得"的原则，因此，我们有 3 个以人为本的价值观和 3 个结果导向的价值观。在每个类别中，每个价值观都同样重要。

因此，我们决定在决策时需要考虑所有的价值观。

为了使愿景经久不衰，需要所有 3 个要素——有意义的目标、可描绘的未来和清晰的价值观来指导日常行为。马丁·路德·金在名为《我有一个梦想》的演讲中通过描述一个世界勾勒出他的愿景。在这个世界中，他的孩子"不会因肤色被歧视，而是因内在品格被尊重"。他创造了强有力而具象的画面，这个画面源于四海之内皆兄弟、尊重所有人和尊重自由的价值观，这些价值观与美国立国的价值观相呼应。马丁·路德·金的愿景继续鼓舞、指导着其身后的人们，因为它阐明了有意义的目标，提供了可描绘的未来，并阐述了与人们的希望和梦想共鸣的价值观。

## 令人信服的愿景能创造伟大的企业文化

令人信服的愿景可以创建一种伟大的企业文化，使组织中每个人的能量聚集在一起，从而带来信任、客户满意、热情忠诚的员工队伍及盈利能力。相反，当组织无法履行其标榜的价值观时，员工与客户的信任和承诺就会受损，从而对组织的全方位经营结果产生负面的影响。例如，福特汽车公司在2000年犹豫召回"探险者"运动型车有缺陷的火石轮胎事件上，其宣称的价值观"质量第一"遭到质疑，因此丧失了信誉和市场份额。[5]

## 愿景是起点

研究表明，共同的愿景或核心理念会对组织的长期财务表现产生巨大的影响。克林斯和波拉斯（Collins and Porras）研究的高绩效组织，其累积股票回报率是所考查的一些"成功公司"的6倍，并且在50年中是一般市场水平的15倍！[6] 因此，如果想改善组织的HPO SCORES® 并达成组织目标，那么愿景就是起点。

一次又一次的研究表明，伟大领导者的一个基本特征，就是有能力动员人们共同实现美好的愿景。[7]

如果不能服务于共同的愿景，那么领导者就可能变得自私自利，领导者会认为员工在为他们服务，而不是为客户服务。组织可能成为自私的官僚机构，领导者将精力集中在赞誉、权力和地位上，不顾及组织更高的福祉和目标，这类行为带来的结果历来都是显而易见的。

领导者在阐明和分享愿景之后，就可以专注于为员工的需求服务并及时做出响应，就可以了解领导力的作用就是消除障碍并帮助人们按照愿景行动。最伟大的领导者通过共启愿景汇聚人才、激励人心。有时，领导者未必从一开始就理解这一点，但是，伟大的领导者最终都会做到这一点。

小路易斯·郭士纳（Louis Gerstner, Jr.）为我们带来一个完美的案例。郭士纳于 1993 年掌舵 IBM，当时公司的业绩连年下滑，年度净亏损达到了创纪录的 80 亿美元，他讲过一句话："IBM 最不需要的就是愿景。"许多人曾问我们对这句话的看法，我们说："这取决于他如何定义愿景。如果他认为愿景是'天上掉馅饼'之类的梦想，那么他可能是完全正确的，因为他们的大船已经在下沉。但是，如果他所做的只是堵塞漏洞，那么船怎么也走不了。"两年之后，我们欣喜地读到《纽约时报》[8]的一篇文章。郭士纳在文中承认，IBM 输掉了桌面操作系统的商战，并坦承对 Lotus①的收购表明，公司没有为未来做好适当的计划，他说自己和管理团队正在"花大量的时间向前看"。一旦郭士纳明白了愿景的重要性，事情便发生了令人难以置信

---

① Lotus 软件（被 IBM 收购前名为 Lotus Development Corporation）是一家美国软件公司，总部设在马萨诸塞州的剑桥。这家公司最著名的软件是 Lotus 1-2-3 试算表软件，曾是 IBM PC 平台上被称为杀手级的应用软件。1995 年，这家公司被 IBM 以 35 亿美元并购。在 IBM 的管理下，Lotus 积极开发针对企业市场的组群协作软件平台。其中以 Lotus Notes 为客户端的 Lotus Domino 平台为众多企业所采纳，成为该公司目前的旗舰产品。

的转变，他清楚地看到，公司的实力将来自集成解决方案，于是他全力顶住了将公司进行拆分的压力。1995 年，郭士纳在计算机行业贸易展览会上发表了主题演讲，阐明了 IBM 的新愿景，即网络计算将推动行业发展的下一阶段，并将成为公司的首要战略。同年，IBM 开始了一系列收购，将服务项目定位成公司增长最快的部分，每年以超过 20％ 的速度增长。这一非凡的转变表明，IBM 最需要的正是愿景，一个共享的愿景。

如果组织的愿景令人信服，则可以服务于组织的四重绩效，其影响远远超出单纯的经济回报。因为在这种情况下，人们会感到有所作为，知道自己在做什么和为什么而做，拥有强烈的信任感和尊重感，所以愿景可以让人们产生巨大的能量、兴奋感和激情。管理者不再试图管控，而是让他人承担责任；员工知道自己是整体中的一部分，会对自己的行为负责，对自己的未来负责，而不是被动坐等。创造力和冒险精神有其用武之地。人们用各自的方式做出贡献，而这些差异也得到尊重，因为大家知道在同一条船上，一个更大整体的每一部分都在"全速前进"！

## 愿景在组织中无处不在

你不必坐等别人创建组织的愿景。实际上，这是组织中各个级别的领导者的职责所在。即使组织中的其他部门还没有愿景，部门或团队的领导者也可以为本部门创建共同的愿景。我们曾为一家《财富》500 强公司的税务部门提供服务，这位部门领导者说过这样的话。

*我们开始了解自己和彼此的希望和梦想，并发现它们原来如此接*

近。我们找到了更有效的合作方式，并开始更加享受工作。我们发现了自己真正从事的事业——"提供财务信息以帮助领导者做出良好的商业决策"。因此，我们开始与业务部门的领导者进行更有效的合作，我们的部门在公司获得了更高的信誉，其他部门开始向我们请教实现这一转变究竟需要做什么，他们也开始为自己的部门创建愿景，果不其然，近朱者赤。

大多数情况下，领导者抱怨因为上级组织没有愿景，所以他们也无法拥有愿景。我们再次重申，你没有必要等待别人为你创建愿景。无论你身处组织中的哪个岗位，愿景的力量对你和你的团队都有用。

## 使愿景变为现实

在《全速前进：实现公司和个人的远景目标》一书中，肯·布兰佳和杰西·斯托纳将愿景定义为"了解你是谁，你要去往何处，以及什么将指导你的旅程"。[9]"了解你是谁"意味着你拥有有意义的目标；"去往何处"意味着你拥有可描绘的未来；"清晰的价值观"将指导你的旅程。但是，仅凭愿景是不够的。为了使领导者能够将愿景变为现实，即能够让愿景真正激励人心、团结人心，肯·布兰佳和杰西·斯托纳确定了领导者必须遵循的 3 个重要指导方针：如何创建愿景、如何沟通愿景以及如何践行愿景。

### 如何创建愿景

创建愿景的过程与愿景表达的内涵同样重要。与其让高管们闭门造车然后公之于众，不如鼓励所有人针对愿景进行对话。高层领导者固然有起草组织愿景的责任，但需要建立机制，让其他人也有机会亲身参与构建愿景这个过程。

部门或团队的愿景有可能通过团队合力共创。尽管领导者必须对前进的方向做到心中有数，但更重要的是，他必须相信并善用团队员工的知识技能，以共创最佳的团队愿景。

无论愿景最初是如何被起草的，重要的是，在最终确定愿景之前，领导者应向有关员工征求意见，询问他们以下问题："你想为拥有这一愿景的组织工作吗？你能看到自己在实现愿景的过程中可以发挥作用的地方吗？它能帮助你分清主次吗？它能为你的决策提供指南吗？它令人兴奋、激励人心吗？我们遗漏了什么？我们应该删除什么内容？"参考以上做法，让人们参与其中，加深他们对愿景的理解和承诺，共同创建更美好的愿景。

## 如何沟通愿景

无论为组织或部门还是为工作和生活创建愿景，都是一次旅程，并非一蹴而就。

在某些组织中，墙上可能挂着愿景宣言，但是这些愿景没有任何指导性，更糟糕的是，它们甚至与组织的现实情况完全脱节，令人生厌。沟通愿景是一个持续的过程，要让愿景深入人心，不断地谈论愿景至关重要。赫曼·米勒（Herman Miller）公司的传奇前董事长、《领导力是一门艺术》（*Leadership Is an Art*）的作者马克斯·德普雷（Max Depree）说，他当年负责沟通愿景的工作时，不得不像教 3 年级学生的老师一样反复述说愿景，直到人们都能完全正确地理解。对愿景关注得越多，它就会变得越清晰，人们的理解也就越深入。实际上，人们对愿景内容的认知可能会随着时间的推移而改变，但其本质不变。

## 如何践行愿景

一旦确定了愿景，就要身体力行，你的行动必须与愿景一致。当其他人看到你在身体力行践行愿景时，他们会相信你的诚意，这将有助于加深他们对愿景的理解和投入。以下两种策略将支持践行愿景的努力。

- 始终专注于愿景。愿景应当是组织的基础。如果某些障碍或意外事件使你们偏离了行动路线，那么你可能必须更改短期目标，但愿景应当是持久的。变化必将发生，意外定会出现，在践行愿景的路上，你需要找到方法去重新审视眼前面临的究竟是挑战还是机遇。
- 表现出承诺的勇气。真正的承诺始于采取行动。恐惧在所难免，你必须直面感受并保持前进。创造愿景需要勇气，践行愿景更需要勇气。用歌德的话说："无论你能做什么、你的梦想是什么，开始行动吧。勇气中蕴含天赋、力量和魔法。"

## 愿景与领导力

探讨愿景总是要回到领导力上来，因为员工会期待领导者给出愿景和方向。尽管领导者应当让员工参与方向决策，但最终负责领导力中"愿景"和"方向"部分的人仍然是领导者。领导者在这一点上责无旁贷，这也是传统的组织等级金字塔模型有效的地方（见图2-1）。

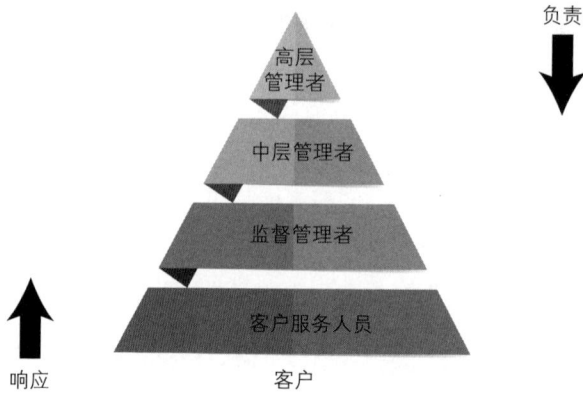

**图 2-1　领导者创建愿景的作用**

　　创建愿景不是可以从清单中划掉的一个事项，而是成功的领导者最关键的持续性任务。无论对整个组织、部门还是团队而言，这都意味着高绩效和平庸绩效之间的差异。

　　一旦领导者和员工就愿景达成共识，领导者将转向推动愿景执行的角色，以确保人们对愿景做出响应。现在，组织等级金字塔倒过来了，因为领导者要支持员工去实现愿景（见图2-2）。

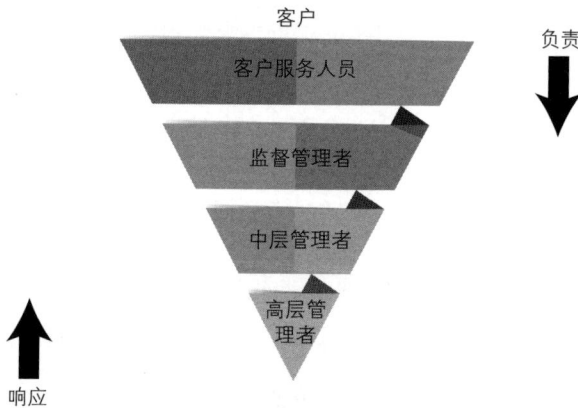

**图 2-2　领导者践行愿景的作用**

领导者通过消除障碍支持员工，通过确保政策、实践和系统使员工更容易践行愿景，并让自己、同事和员工采取与愿景一致的行为，领导者以此确保每个人都在为愿景服务，而不只是领导者自己在这样做。

在《共好：一种激活组织激情和能力的革命性方法》（*Gung Ho! Turn on the People in Any Organization*）一书中，肯·布兰佳和谢尔登·鲍尔斯描述了令人信服的组织愿景得以实现的 3 个因素。[6]

第一，人们需要做有价值的工作。在许多方面，这就是本章所讲的。人们需要更高的宗旨和共同的价值观指导所有计划、决策和行动。有价值感的工作使人们每天都充满活力。

第二，人们需要对实现目标有掌控感。当人们知道为什么工作以及要去往何处时，就会用心工作。担当责任要求人们做到最好，让他们像主人翁一样学习和行动。

第三，为了持续制造正能量，人们需要相互鼓励。多年来，在我们讲授的所有内容中，无论多么强调敢为人先、积极向上的作用都不过分。

后两个因素正是第二部分"正确对待员工"所关注的。在这部分，我们将探讨领导力的两个方面：共启愿景／指引方向的作用（重在目标设定）和实践愿景的作用（重在目标达成）。

# 正确对待员工

# 第 3 章

# 赋能是关键

艾伦·伦道夫　肯·布兰佳

世界上经营业绩最好的公司为什么总能击败竞争对手？因为员工队伍对公司的愿景感到兴奋，感到有动力在更高的层次上为客户服务。如何创造这样动力十足的队伍呢？赋能是关键。

赋能意味着让人们开动脑筋，利用自身的知识、经验和动力创造健康的四重绩效。在那些经营业绩最好的公司，领导者深谙赋能员工会产生的积极结果，而这样的结果在那些权力仅在上层、管理者担负成功的全部责任的组织中是不可能产生的。

> 员工拥有知识和动力并具备充足的力量，赋能的关键是释放这种力量。

在理想的情况下，员工的力量不仅会集中应用在创造组织的成果（例如出色的客户服务和财务目标）上，还会集中于创造更高的福祉。

我们认为，当组织可以依靠个体贡献者发挥其主动性，超越"发现问题"，达到"主动解决问题"的境界时，组织运转就会达到最佳状态。然而，大多数人只经历过等级制的组织，因此，组织若要转向建立赋能文化，就还需要学习很多东西。

## 什么是赋能

赋能是释放员工自身的力量（员工的知识、经验和动力），并集中这些力量为组织取得积极成果的过程。建立赋能文化仅需几个关键步骤，但由于它挑战了大多数人的设想，对管理者和下属而言，这些步骤通常具有一定难度。

组织要建立赋能文化，人们就需要在态度上发生重大转变。最关键的转变必须发自每个领导者的内心。

为了成功赋能，领导者必须敢作敢为，与习惯和传统做斗争。例如，大多数管理人员仍将赋能定义为"赋予员工决策的权力"。也许正是这个误导性的定义导致很多公司难以让员工全身心地投入。将赋能定义为"赋予员工决策的权力"的做法，仍然将管理者视为控制者，并且搞错了重点。实际上，人们在利用知识、经验和内部动力上已经具备强大的力量。关于赋能，我们更推崇以下的定义。

赋能是创造一种组织氛围，释放员工已有的知识、经验和动力。

遗憾的是，这说起来容易做起来难，一些人可能会阻止这种力量的释放，一些过往的强大力量通常会抑制组织走向赋能文化的转型。

与此同时，下属们也误解了赋能的定义。其中许多人认为，一旦被赋能，他们将有自由支配权，就可以在自己的工作中做出所有关键的决定。而他们往往未能理解的是，自由支配权的代价正是分担风险和责任。在萨班斯—奥克斯利法案（Sarbanes-Oxley）关于会计失察和企业责任相关规定实施后的大环境下，这一点尤其如此。[1]

确实，与等级文化相比，赋能文化需要下属承担更大的责任，而恰恰正是这些惊人增加的责任吸引着人们，并使人们感到满足。赋能带来的机会和风险会同样激发下属和管理人员释放自己的力量。

## 赋能的力量

赋能在现实世界中起作用吗？当然！多位研究人员发现，当员工被赋能时，组织将因此整体受益。例如，爱德华·劳勒（Edward Lawler）发现，如果赋予人们更多的控制权和责任感，公司获得的销售回报率（10.3％）比未赋能员工的公司的销售回报率（6.3％）高出很多。[2]美国乔氏超市（Trader Joe's）是食品行业的小众零售商，它们以将决策赋能到店铺一级而远近闻名。在8年的时间里，不但其年度销售额增长幅度从15％提高到26％，每家商店的销售额每年增长10％，而且店铺的数量几乎增加了100％。此外，乔氏超市的总体销量增长了500％以上。尽管也存在其他因素促成了这些销售额数据的增长，但赋能员工被视为乔氏超市成功的主要因素。[3]

有明确的证据表明，赋能与绩效之间存在正向关系，并且包括托马斯·马隆（Thomas Malone）在内的学者们也认为，对于希望在新的知识经济中取得成功的公司来讲，赋能至关重要。[4]

## 过去是如何阻碍赋能变革的

大多数人有在外部指导和管理的情况下工作的经历。以下两个问题对我们来说太熟悉了。

在学校：为了让我取得好成绩，老师想要我做什么？

在公司：上司要我做什么？

长期生活在等级化思维的框架里，我们已经不习惯应对以下两个问题。

在学校：我想从这堂课中学到什么？我怎么知道自己学到了什么有用的东西？

在公司：我需要做些什么来帮助公司取得成功？

当组织文化开始支持赋能时，人们就会提出诸如此类的问题，并且会追问答案。

许多人都拥有来之不易的育儿、教学和管理技能，这些技能满足了等级责任体制下对于特定角色的期望。确实，我们通常会觉得父母、老师或管理人员的责任是要告诉人们做什么、怎么做以及为什么需要这样做。我们认为，问孩子、学生或下属这样的问题是一种推卸责任的行为。

**你认为需要做什么？为什么它很重要？**

**你认为你的目标应该是什么？**

**你认为应该如何实现自己的目标？**

因为管理者知道他们仍将对结果负责，所以许多人都不情愿将控制权下放给下属。这种不情愿形成了抵制赋能的主要根源之一，即那些认为自己的控制权受到了威胁的管理人员。具有讽刺意味的是，只有通过发展能够自我指导的个人和团队代替等级制度，管理人员才能最轻松地担当作为教练、导师和团队领导者的新的赋能角色。

# 开发员工的力量和潜力：一个真实的例子

从等级文化发展到赋能文化存在一个学习周期，但这样做的好处值得付出努力，如以下案例研究所示。

一家大型组织的管理团队正在纠结于员工通勤途中存在的严重的交通问题。有一条通勤道路横穿 4 英里[①] 的湿地保护区，因此，人们无法在不严重影响环境的情况下将道路拓宽。每天早晨，通往工作地的交通工具堵塞了整条 4 英里长的道路，使通勤时间增加了 1 小时，由此造成的迟到情况加剧，生产力水平随之显著下降。

3 年前，管理团队通过聘请交通顾问解决这一问题，他们着眼于在未来拓宽道路，这看起来很有希望，但是他们设计短期解决方案的尝试却以失败告终。最后，管理层只能决定组建一支由工程师、文职人员、生产线工人和工会代表组成的团队，由该团队负责研究短期解决方案。这个团队每周开会两次，一个月后，该团队提出了一系列非常实用的建议。

并且，团队提出的建议简单到让管理层吃惊。例如，研究小组建议禁止卡车在 6:00-9:00 送货，因为这个时间段车辆很多。此举一出，立即消除了那些通行最慢、最麻烦的交通阻塞状况。此外，其他的建议也有助于缓解交通阻塞。最终，交通情况几乎因此立即得到了改善。

一开始，管理层怀疑该团队能否解决问题。毕竟，专家们已经花了两年的时间研究这个难题。然而，在求助于自己的员工时，他们激发了员工身上隐藏的知识、经验和动力，并且找到了解决方案。

---

① 1 英里 =1609.344 米。——编者注

## 学习赋能的语言

如果组织要转向赋能文化，人们就需要学习一种新的语言，需要了解命令—控制结构与赋能文化之间的差异。请思考以下词语。

| 等级文化 | 赋能文化 |
| --- | --- |
| 计划 | 愿景 |
| 命令与控制 | 为了实现绩效而进行合作 |
| 监督 | 自我监督 |
| 个人响应 | 团队责任 |
| 组织等级金字塔结构 | 跨职能结构 |
| 工作流程 | 项目 |
| 管理者 | 教练／团队领导者 |
| 员工 | 团队成员 |
| 参与式管理 | 自我领导团队 |
| 按指令执行 | 拥有自己的工作 |
| 服从 | 良好的判断 |

当比较上面两列词汇时，那些在态度、期望和相关行为方面的差异会变得清晰。例如，"计划"这个词暗示着按部就班的受控过程；"愿景"则意味着采取更全面、更包容的方法。"命令与控制"暗示着管理者告诉我们该思考什么和做些什么；"为了实现绩效而进行合作"则表明，如何实现愿景的讨

论和建议权向每个人开放。"监督"暗示着某个人（通常是管理者）应检查员工的绩效，并提供绩效评估和反馈；"自我监督"则表明每个人都拥有明确的目标，知道如何评估，并对相关数据拥有使用权；这样一来，他们就能检视自己的表现，并能为了达到目标而做出行为调整。"按指令执行"展现了人们对外在承诺的态度：一旦被告知要做什么，你就可以做了，但是请不要发挥聪明才智或展现判断力，也不要太在意结果，因为那是管理者的工作。而另一方面，"拥有自己的工作"展现了人们对内在承诺的态度：你关心结果，并运用聪明才智和判断力决定如何实现个人、团队和公司的成功。

最后一个例子可以更好地阐明赋能文化与等级文化之间的主要区别。在后者的组织中，员工按指令执行，直到失败，即使他们知道某项任务没有以最佳的方式完成或者完全就是错误的任务，他们也可能本着有害的服从精神继续做下去。为什么？因为他们凭此得到报酬，这也是他们在等级制度下被期望去做的。

在赋能文化中，个人的反应截然不同。他们会冒着风险去挑战那些不符合组织最大利益的任务和程序，以对工作的自豪感和对经营成果的归属感为动力。人们会考虑在这种情况下怎样做才有意义，并采取既为客户服务又实现组织目标的方式行事。

## 赋能的 3 个关键要素

通向赋能的旅程需要强大的领导力，领导力会支持赋能这一变革。肯·布兰佳、约翰·卡洛斯（John Carlos）和艾伦·伦道夫在他们的著作——《赋能不只需要一分钟》（*Empowerment Takes More Than a Minute*）中指出，领导者必须使用 3 个关键要素指导组织向赋能文化的过渡：共享信息、设置边界、摒弃旧的等级制度并让个人和团队 [5] 发挥自主性。

## 赋能的第一个关键要素：共享信息

帮助人们建立信任感和责任感的最好方法之一，就是共享信息。组织应该向团队成员提供所需的信息，使他们能够做出良好的业务决策。共享信息有时意味着披露被认为是特权的信息，包括敏感和重要的话题、未来的业务计划和战略、财务数据，以及行业问题或存在问题的领域。组织为员工提供更完整的信息可以传达信任感和"我们在一起"的感觉，可以帮助员工考虑组织大局以及各个小组、资源和目标之间的相互关系。通过有助于了解全局的信息，员工可以更好地理解他们如何配合同事、其他部门以做出贡献，以及他们的行为如何影响组织的方方面面。所有这些都会引导员工以负责任的、与目标相关的方式释放各自的知识、经验和动力的力量，这与等级制管理方式大相径庭，它主要基于以下前提。

没有准确信息的人不能采取负责任的行动；掌握准确信息的人理当采取负责任的行动。

举一个感同身受的例子，肯·布兰佳公司与许多企业一样，深受 2001 年"9·11 事件"的负面影响。实际上，公司当月亏损了 150 万美元。为了使 2001 年度不出现财务赤字，公司每月必须削减约 35 万美元的开支。

管理团队需要做出一些艰难的决定。一位管理者建议至少减少 10% 的人员配置，目的是阻止亏损并帮助公司做到年度盈利，这也是大多数公司所采取的典型应对措施。

与做出任何重大决定一样，管理团队的成员照例检视了裁员的决定，审视这与公司当时的价值观（包括合乎道德的行为、人际关系、成功和学习）是否相符。在如此艰难的时刻，裁员的决定是否符合道德呢？对许多人来说，答案是否定的。人们普遍认为，因为员工的贡献，公司才有今天，在这样的时刻，裁员并不是正确的选择。裁员的决定是否兑现了公司在人际关系上的崇高价值观呢？不，没有。但究竟如何是好呢？公司无法一边亏损一边获得成功。

管理团队知道"我们当中没有人比所有人加起来更聪明"，因此决定利用全体员工的知识和才能。于是，在全公司的会议上，管理团队将账簿公之于众，向所有人展示公司正在遭受怎样的亏损以及亏损从何而来。这项财务开放政策让员工产生了源源不断的好想法，并让他们更加坚定对公司的承诺。他们组织了小型工作队，寻找增加收入和削减成本的方法。这种全员参与方式使全公司各部门找到了各种各样的方式进行开源节流。作为公司的"首席精神官"，肯·布兰佳为了给大家打气，宣布公司渡过危机后，大家将一起去夏威夷度假庆祝。尽管当时许多人对此表示怀疑，但还是报以微笑。

在接下来的两年中，公司财务状况逐渐好转。到 2004 年，公司创造了史上最高的销售额纪录，超过了年度目标。2005 年 3 月，全公司 350 名员工都飞往毛伊岛进行了为期 4 天的庆祝活动。

在重要信息被共享后，人们很快就开始像主人翁一样行事，开始创造性地解决问题，这使得之后的庆祝胜利也变得更特别。相反，不愿共享信息的管理者永远不会将员工作为合作伙伴一起经营一个成功的、赋能的组织。

## 共享信息有利于建立信任

共享信息的另一大好处是，提高了员工对组织的信任度。官僚组织中的信任度通常几乎不存在，因为在这种组织中，下属往往不信任管理者，管理者也不信任下属，人们会耗费大量的精力寻求自保。即使是坏消息，分享也很重要。如果管理者尚未做出决定，那么就共享有关讨论内容的信息。通过共享有关市场份额、真实成本、潜在裁员和公司真实绩效的信息，换言之，就是公开报表让所有人看到，管理层将开始让员工知道他们被信任，员工也会将这种信任回报给管理者。

一位高级管理者告诉我们，起初他不敢分享这样的敏感信息，但是当他冒险这样做时，人们表现出更多的理解，并且感激自己被告知。他后来评论说："共享信息赋予了员工主人翁责任感，结果远远超乎我们的想象。员工们开始提出通过变换工作和重组部门节省资金的想法，而之前管理层害怕提出这些想法。"

## 共享信息有利于促进组织学习

共享信息最有效的方法之一是组织学习，这是高效组织的关键要素之一。[6] 我们在这里谈论的不仅仅是获取信息，而是从该信息中学习并将知识应用于新的情境。

高绩效组织通过不断地审时度势、把握客户的需求、追踪竞争对手、调研市场以及关注全球事件寻求新知，不断收集数据，使用数据进行矫正并开发新的方法。高绩效组织还会寻求有关内部表现的新知，将错误和失败视为重要数据从而寻求突破。这就是惠普公司的"惠普之道"中包含"我们保留犯错的权利"这一说法的原因。[7]

高绩效组织通过鼓励对话、提问和讨论传递知识，这与传统组织的做法背道而驰。在传统组织中，人们为了自保而私藏信息，并以此建立权力基础。高绩效组织让信息唾手可得，因为它们懂得，当数据不可用或不易检索时，员工很难学习，也会错失良机，知识共享对于成功至关重要。于是，它们创建了诸如跨职能团队之类的组织，教会员工如何传递所获得的知识。

在研究为何最初的金牛座汽车设计团队如此成功的过程中，福特汽车公司的新车研发人员吸取了这个教训。遗憾的是，没有人能告诉他们为什么，没有人记住或记录过使这项工作如此特别的原因，在金牛座汽车设计项目中获得的知识永远丢掉了。[8]

高绩效组织不断寻求如何将知识整合到新的经营方式中。当你认识不到什么是知识或不能分享知识时，就无法直接将知识应用到工作中。对此，微软公司前首席财务官迈克尔·布朗（Michael Brown）说过这样一句话。[9]

今天，唯一的竞争办法是领先他人，更新你的智力资本。

## 赋能的第二个关键要素：设置边界

在等级文化中，边界就像铁丝网，旨在通过让人们留在某些地方或远离其他地方进行控制。而在赋能文化中，边界更像橡皮筋，可以随着人们的成长和发展以及承担更多的责任而扩展。

与等级文化的限制性边界不同，赋能文化的边界告诉人们他们可以在哪些方面自主负责，而不是告诉他们不能做什么。边界取决于人们的技能水平。例如，缺乏相关能力的员工在制定预算时就会设置消费上限。在赋能文化中，员工还会得到为了获得更多的自主权所需的培训和技能发展机会。建立赋能文化最矛盾的一面就是，管理者必须首先创建更多的机制。

就像网球场上的边界线一样，赋能文化的边界可以帮助人们持续"得分"并提升"比赛"水平。

最近有一个很好的例子能说明设置边界的问题。我们认识的一位主管，每次他的团队成员提出申请时，他都要为他们订购小工具和材料。尽管从行政角度来看这很重要，但是这项工作不仅耗时，还没有最大限度地发挥他的才能，这不免令他十分沮丧。本着赋能的精神，他开始教授团队成员如何自己下单，并允许他们无须其批准即可直接提交小额订单。最初，他为订单设置了边界（费用上限为 100 美元），后来由于大家彼此都很认可，他又拓宽了边界。因为有权订购所需耗材而不必耽误时间等待主管批准，团队成员感到非常高兴，于是他们更加注意只订购那些真正需要的材料，因此团队的供应成本降低了 20%。

边界可以帮助人们阐明整体与局部的关系。正如我们在第 2 章中看到的，组织需要创建一个令人信服的愿景，以此激励和引导员工。

组织愿景就是整体，边界可以帮助员工明白自己的那块拼图如何嵌入整体。

阐明边界会将全局的愿景转变为具体的行动，使人们可以设定目标并帮助实现组织愿景。这些目标不是终点，而是共同设定的前进的里程碑。

阐明边界还需要管理者澄清**新的决策规则**。起初，团队成员可能会认为赋能意味着"我们必须做出所有决定"。这通常会发生两种反应：第一，当管理者继续做出战略决策而只将运营决策留给员工时，团队成员会感到失望；第二，团队成员意识到需要对自己所做的所有决定（包括好事和坏事）负责时，就会退缩。

**赋能意味着人们有行动的自由，同时意味着他们要对结果负责。**

在赋能文化中，管理者要继续做出战略决策。随着员工承担决策附带的风险的能力逐渐提升，他们在制定运营决策上的参与度也会逐渐加深。当员工逐渐开始对决策及其后果承担责任时，管理者必须逐渐放开对决策的参与，新的决策方针容许管理者和员工在其新定义的角色中自由运作。

阐明界限还要求管理者创建新的绩效评估流程。在培养赋能文化的过程中，大多数公司的绩效评估过程几乎不可避免地失去了作用，因此，管理者必须重新设计。评估的重点必须从管理者对员工的评估转移到员工与管理者之间的协作。正如管理者曾经告诉我们的那样："评估员工绩效和进步的最佳人选是员工本人。"当然，这种文化转型并不容易。在第 7 章中，我们将详细讨论组织将如何过渡到新的绩效评估流程。

如前文所述，阐明界限要求管理者提供大量的培训。要想掌握赋能的新技能，包括谈判绩效计划、进行决策、解决冲突、管理能力、制定预算和发展技术专长，员工就需要接受定期培训。只有不断地学习，员工才能在发展赋能的文化中发挥作用。员工必须摆脱在官僚主义组织中的工作习惯，学习在赋能文化中所需要的新技能和新态度。持续学习是高效组织不可或缺的一部分，不是什么分外的技能，也并非必要之恶。

从等级文化过渡到赋能文化应当是一个循序渐进的过程，一般的规律是：人们不能一次应对太多的变化，也不能一次应对太大的变化。我们将在第 15 章中进一步讨论这些问题。

## 赋能的第三个关键要素：摒弃旧的等级制度并让个人和团队发挥自主性

如果员工想通过使用共享的新信息和相应的边界进行自主管理，就必须摆脱对等级制度的依赖。但是，什么可以取代等级制度的清晰有序和相互支持呢？答案是自我领导的个人和团队，即具有强大自我管理技能的互动式小组。[10] 组织持续精简规模会减少管理层级并扩大管理者的控制范围，这迫使今天的公司赋予个人和团队权力。公司要想取得成功，就必须填补这一决策空白。

> 在商业组织中，上下级之间的分野不但不再有用，实则恰恰与成功背道而驰。今天的成功取决于个人和团队的努力。

今天的成功真的取决于赋能的个人和团队吗？我们与许多组织的大量合作表明，答案是肯定的。接下来，我们分享两个案例。

### 自我领导的个体的力量

作为世界上最大的餐饮企业之一，百胜集团在全球 135 个国家和地区拥有 45 000 多家餐厅，其领导者深谙自我领导的个体能够拥有多大的能量。[11]

在百胜集团，培训工作着重于赋予员工解决客户提出的问题的能力。如果某位服务员遇到客户提出问题，公司就会鼓励他立即解决问题，而不是将问题上报给管理者。实际上，团队成员可以决定如何维护客户，这听起来似乎有点疯狂，但百胜集团就是喜欢这样做。

几年前，在肯德基（百胜旗下公司之一）的一次会议讲话中，肯·布兰佳讲述了丽思卡尔顿酒店的做法——它向一线服务人员授权 2 000 美元的全权支配金的使用权，一线服务人员无须向任何人报备便可以直接解决客户提出的问题。百胜集团当时的董事长兼首席执行官戴维·诺瓦克（David Novak）非常喜欢提供全权支配金的想法，后来他告诉我们："我们的'疯狂客户计划'现在包括赋能团队成员立即处理客户的投诉，解决以往必须请示餐厅总经理才能解决的问题。现在，他们可以使用多达 10 美元的全权支配金，用来回应客户的问题。"

他又说："组织中有些人说：'嘿，如果让团队成员这样做，我们最终会破产，因为我们将放弃所有的利润。'但是，自从我们推出'疯狂客户计划'以来，我们的利润率创下新高，人们根本不会趁机谋利，也许会有一两名员工这样做，但是这项政策对团队成员产生了极大的影响，他们感受到被尊重和赋能，客户也因此认为我们的响应速度变得更快了。"

在一家快餐厅，向一线员工授权 10 美元的全权支配金使用权，这笔支配金累加起来将是一笔巨款。在提供高端服务的丽思卡尔顿酒店，向一线员工授权 2 000 美元的使用权，这笔资金累加起来也是一笔巨款。这样做的关键是，当最接近客户的员工个体有权解决问题时，全权支配金将成为组织的一项竞争优势。

### 自我领导的团队的力量

位于北卡罗来纳州蒙丘尔的美国联合信号公司光纤工厂（the Allied Signal Fibers Plant）的案例说明了自我领导的团队的力量。轮班组长（以前称为工头）对自己的工作感到沮丧、愤怒和困惑。该工厂最近将其制造业务的工作人员重组为工作团队。轮班组长被要求后撤一步，让团队成员进行自我管理。实际上，这种做法不仅让轮班组长感到沮丧，而且导致团队成员的士气低落，结果是，产品的产量下降且每磅①的成本上升。那么，解决方案是回到旧的工作方式吗？有些人想知道为什么不这样做呢。光纤工厂素有出色的劳资关系。但是，管理层认为，如果团队中的所有人都能够学会正确地做事，组织将有机会提升到更高的层次。

公司派轮班组长巴尼（Barney）和引导师道恩（Dawn）和格洛丽亚（Gloria）参加了 HPO　SCORES® 研究人员之一——唐·卡鲁协助推出的高绩效团队培训。道恩和格洛丽亚受训后兴奋地回到蒙丘尔，并说服了工厂负责人在整个工厂实施团队技能和团队领导力培训。

唐·卡鲁与轮班组长和总负责人一起制订了为期一天的课堂培训计划，由他们各自的轮班组长为每个产品团队进行培训。24 位轮班组长接受了交付该计划的培训。在接下来的两年中，他们为工厂的所有团队（59 个）提供了为期一天的初始培训计划。从前近乎绝望的轮班组长现在有了全新的目标感和全新的技能；他们的角色也很明确，那就是在教室和车间内专注于培养人才和团队。工厂员工的工作气氛从沮丧低落变得热情洋溢。此外，他们的生产力提高了 5%，成本下降了 6%。[12]

## 应对领导力真空现象

在组织从等级文化走向赋能文化的过程中，管理者和团队成员都会经历幻想破灭和意志消沉的阶段。在此阶段，团队成员常常感到自己缺乏与赋能文化相对应的能力，而管理者也和员工一样不知道下一步的工作是什么，甚至连实施赋能流程的高层管理者通常也不清楚该怎么做，我们称这种现象为

---

① 1 磅 =0.4536 千克。——编者注

领导力真空。别忘了，管理者和团队成员都来自实行等级制度的环境，他们的头脑中都是陈旧的想法，他们都习惯了在等级组织结构中工作。在那种组织结构中，管理者会做出决策，团队成员会执行决策。因此，在组织从等级文化走向赋能文化的过程中，他们还有很多东西需要学习，而这种学习常常伴随着挫败感。

一旦人们承认自己缺乏管理知识，就会发生翻天覆地的转变。当管理者开始承认他们的困惑，但仍继续坚持赋能的清晰愿景，并保持顺畅的沟通和信息传递时，事情就会开始发生变化，赋能的火花就会开始在个人和团队中闪现，一些人可能会提出有吸引力的建议，之后更多人会提出更多的想法。突然，几乎在人们反应过来之前，领导力就会从意想不到的地方——团队成员当中涌现出来。随着时间的推移，赋能行为的闪现变得更加频繁。

令人不安的领导力真空现象反而倒逼团队成员去发挥才能并解决组织面临的问题。最终，领导力真空现象促进了组织中赋能文化的培养。

赋能之旅需要管理者与团队成员共同挑战关于组织运作的一些基本假设。只是简单地宣布目的地是远远不够的，组织中的各级人员必须掌握新技能，并学会相信自主的个体和团队就是决策主体。我们在第 5 章将详细讨论自主型个体的发展，在第 7 章和第 11 章讨论高绩效团队的发展。但我们还是先转到第 4 章，本章探讨的是领导者在赋能他人方面的作用。

# 第 4 章

# 布兰佳 SLII® 领导力：整合的概念

## 创始合伙人：

肯·布兰佳　玛吉·布兰佳　唐·卡鲁　尤妮斯·帕里斯－卡鲁

弗雷德·芬奇　劳伦斯·霍金斯　德瑞·茨格米　帕特·茨格米

赋能是企业正确对待员工之道，也是激励员工正确对待客户的关键。因此，能将管理者从上司和评估人转化为合伙人和啦啦队队长的战略必不可少。然而，正确的战略或领导风格究竟是怎样的？

长久以来，人们认为只存在两种领导风格：专制和民主。事实上，人们常常走向极端，抱有一种风格肯定比另一种风格更好的执念。民主风格的管理者常常被指责过于软弱和随意，专制风格的管理者往往被诟病过于强硬和跋扈。

我们认为，将自己局限于任一极端风格的管理者必定是无效的"半个管理者"；"全面管理者"则很灵活，他们可以根据情境调整自己的领导风格。这一策略是布兰佳 SLII® 领导力的精髓。布兰佳 SLII® 领导力模型最初由保罗·赫塞和肯·布兰佳于 1968 年在俄亥俄大学创建，并由两人写入 1969 年出版的经典文本《组织行为管理》中，该书现在已经是第 10 版。

在 20 世纪 80 年代早期，肯·布兰佳和布兰佳公司的创始合伙人——玛吉·布兰佳、唐·卡鲁、尤妮斯·帕里斯－卡鲁、弗雷德·芬奇、德瑞·茨格米、帕特丽夏·茨格米创建了一个改进版的模型，名为布兰佳 SLII® 领导力。这个模型体现了管理和激励的有效方法。[1]它开启了沟通之门，培育了领导者与其支持并依赖的员工之间的伙伴关系。布兰佳 SLII® 领导力的精要就是以下这句我们耳熟能详的话。

*以人为本，因材施教。*

布兰佳 SLII® 领导力基于两个信念：第一，人们能够并且想要有所发展；第二，对于这样的发展，没有所谓最佳的领导风格。因此，你应当根据具体情境选择自己的领导风格。

## 布兰佳 SLII® 领导力领导者的 3 项技能

要想有效使用布兰佳 SLII® 领导力，你必须掌握 3 项技能：目标设定、分析诊断和适当匹配。这些技能都不难学，如果你能经常练习这些技能，就会熟能生巧。

### 目标设定：第一项技能

布兰佳 SLII® 领导力领导者的第一项技能是目标设定，这意味着明确需要做什么以及何时去做。所有高绩效的组织和个人都始于明确的目标。明确的目标包括确保人们明白两件事：第一，他们被要求做什么，即负有哪些责任；第二，高绩效是什么样的，即评估绩效的标准。

## 分析诊断：第二项技能

要成为有效的布兰佳 SLII® 领导力领导者，你必须对下属在每个目标或任务上的发展水平做出诊断。但是，究竟如何实现这一目标呢？关键是着眼于两个因素：胜任力和投入度。

胜任力是个人就完成特定目标／任务所具备的知识与技能的总和。确定胜任力的最佳方法就是考查一个人的绩效。下属在执行特定任务时，他的计划能力、组织能力、解决问题能力和沟通能力如何？能否准确、及时地完成既定的目标？胜任力可以从系统的正规教育、在职培训和工作经验中获得，并且可以在适当的指导和支持下，随着时间的推移而进一步发展。

诊断下属的发展水平时，领导者需要考量的第二个因素是投入度，即个人对目标或任务抱有的动机和信心。下属对某项工作的感兴趣程度、热情程度以及自信度如何？他们相信自己有能力完成目标或任务吗？如果他们的动机水平和信心水平都很高，那么他们的投入度就很高。

领导者有两件事需要记住。

第一，胜任力和投入度存在不同的组合，确切地说，胜任力和投入度的 4 种组合构成了我们所谓的"4 个发展水平"：热情高涨的新手（D1：低胜任力，高投入度），从理想到现实的学习者（D2：低—中胜任力，低投入度），有能力但谨慎的执行者（D3：中—高胜任力，变化的投入度）和自力更生的成就者（D4：高胜任力，高投入度）（见图 4-1）。

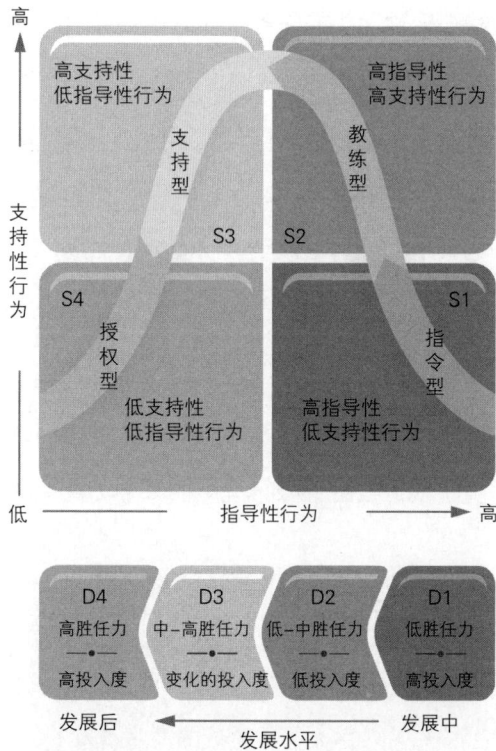

图 4-1　布兰佳 SLII® 领导力模型

第二，认识到个体的发展水平对于特定的目标或任务而言是至关重要的。人们可以在一项任务上处于一个发展水平，而在另一项任务上处于另一个发展水平，这就是分析诊断如此重要的原因。

## 适当匹配：第三项技能

要成为有效的布兰佳 SLII® 领导力领导者，你还必须将自身的领导风格与下属的发展水平适当匹配。如图 4-1 所示，布兰佳 SLII® 领导力模型有 4 种基本的领导风格：指令型（S1）、教练型（S2）、支持型（S3）和授权型

（S4）。下属是不是刚刚接触手头的任务，缺乏相关经验？如果是，那就要求领导者对其进行更多的引导和指导（S1）。下属是不是有积极性、经验丰富且技术娴熟？如果是，那就要求领导者减少手把手地监督（S4）。事实上，对在特定时间开展的特定工作而言，所有人都处于不同的发展水平。

过度监督或监督不足，即给予员工太多或太少的指导，都会对其发展产生负面的影响，这就是领导者的领导风格与下属的发展水平相匹配如此重要的原因。

为了为 4 种发展水平适配恰当的领导风格，你可以从诊断得出的某个发展水平开始向上垂直画线，与四象限模型中的领导力曲线相交（见图 4-2），

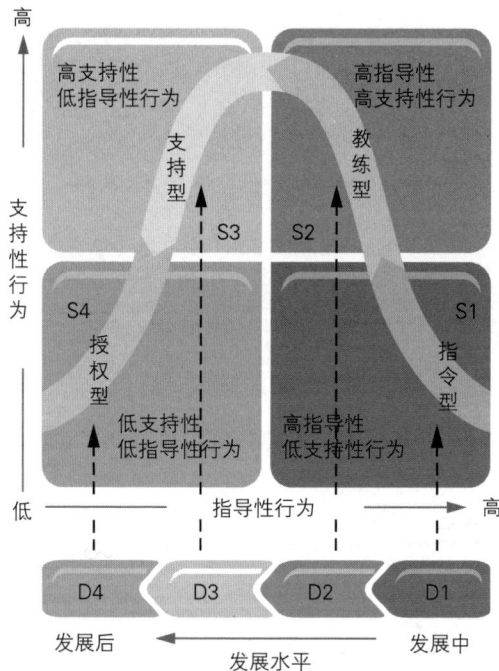

**图 4-2  适配发展水平与领导风格**

该发展水平适合的领导风格就是垂直线与曲线相交的象限所代表的领导风格。

使用这种方法，我们可得出：热情高涨的新手（D1）与指令型（S1）领导风格相对应；从理想到现实的学习者（D2）与教练型（S2）领导风格相对应；有能力但谨慎的执行者（D3）与支持型（S3）领导风格相对应；自力更生的成就者（D4）与授权型（S4）领导风格相对应。

在确定何种领导风格匹配何种发展水平时，你只需记住以下信条。

**领导者需要做的是下属当前没有能力做到的事情。**

为了向你展示这个模型在现实世界中的运作方式，我们还是从你的孩童时代说起。还记得你是什么时候开始学习骑自行车的吗？虽然那时的你还不知道怎么骑自行车，但你时常兴奋得难以入眠。那时的你，就是典型的热情高涨的新手，需要被指导。

你还记得自己第一次从自行车上摔下来的场景吗？从地上爬起来时，你可能会怀疑自己为什么要学习骑自行车，以及是否真能学会。那时，你到了从理想到现实的学习者阶段，需要被辅导。

一旦可以在父母的加油、助威下把自行车骑起来，你就开始想着在没有鼓励和守护者的陪伴下独自骑着自行车出去兜风，你不免有点心虚，这时，你就是一个有能力但谨慎的执行者。最后，你的车技炉火纯青了，你甚至不假思索就能骑好自行车，你成了自力更生的成就者，父母可以放心地让你尽情享受骑车的乐趣了。

现在，让我们看看如何将下属的发展水平与领导者的领导风格相匹配的规律运用于工作场所。

## 热情高涨的新手与指令型领导风格相匹配

假设你最近新聘用了一位 22 岁的销售员。通常，在电话销售这项本职工作之外，合格的销售员还需要承担 3 项关键职责：客户服务、行政管理和团队贡献。由于曾经在酒店做过夏季实习生，这位新人似乎具有丰富的客户服务经验。此外，他曾是美国一所大学的男生联谊会的财务人员，并且担任过大学足球队的队长，在行政管理和团队贡献方面也有些经验。因此，你最初将培训重点放在教授他一些销售技能上。此时，他是一个热情高涨的新手，尽管缺乏技能，但跃跃欲试。出于对成为一名优秀销售员的高度投入，他对销售业务充满好奇，既乐观又兴奋。此时，这位新员工需要的是指令型领导风格的领导者。从如何处理销售电话到如何达成交易，你要教给他全套的销售流程，带着他进行电话销售，让他了解如何进行销售流程，明白怎样才算干得漂亮。之后，你要为他的自我发展制定按部就班的发展规划。换言之，你不仅要把试卷发给他，还要把答案告诉他。你要具体指导并密切监督其销售表现、规划制定及轻重缓急事项的处理，向他展示老练的销售高手如何行事，并允许他在低风险的销售情境中练手。所有这些都是适合这位热情高涨的新手的领导方式。

## 从理想到现实的学习者与教练型领导风格相匹配

现在，假设新员工接受了几周的销售培训，在了解了销售的基本知识后，他发现这比预期的更难掌握。你注意到他对销售工作的热情有所减退，有时甚至有点气馁。虽然比新手更了解销售情况，并且开始展现真正的能力，但他有时会因应接不暇而感到沮丧，这降低了他对工作的投入度。在这个阶段，他是从理想到现实的学习者，需要的是教练型的领导风格，即高指导性与高支持性并重的领导风格。你需要继续指导并密切监督他的销售工作，你可以和他进行更多的双向对话，反复讨论你的建议，以及他的问题和想法。在这个阶段，你要大加赞美、支持他，因为你要帮助他增强信心，恢复之前的投入度，并鼓励他发挥主动性。你必须考虑他的销售想法，因为你们是在服务真实的客户，所以要记住，你是那个最终拿主意的人。

## 有能力但谨慎的执行者与支持型领导风格相匹配

时间快进几个月，现在，新招的年轻人已经熟知销售岗位的日常职责，并且掌握良好的销售技巧。然而，没有你或其他同事的支持，他有些怀疑自己能否独立做好。尽管你说他可以，并且了解他的能力，但他仍然缺乏自信。尽管对销售过程了如指掌，与客户的合作也保持良好状态，但他对独当一面仍有迟疑，有些自我挑剔，甚至不愿意相信自己的直觉。在这个阶段，他是一个有能力但谨慎的执行者，对销售的投入状态由兴奋转为不安。这时，他需要支持型领导风格的领导者。由于已经掌握销售技巧，他在这方面需要很少的指导，但他需要领导者给予更多的支持以增强信心。你要多支持他的努力，听取他的想法和建议，并始终支持他与客户和其他同事的互动。你要对他多鼓励、多赞美、少指导。支持型领导风格更强调协作性，领导者向员工提供反馈的过程变成双方之间的平等交流。你要通过提问帮助他拓宽思路，鼓励他承担风险，并帮助他找到他自己的销售解决方案。

## 自力更生的成就者与授权型领导风格相匹配

随着时间的推移，曾经的新人成了团队的骨干。他不仅承担了销售任务、掌握了销售技能，还成功地对接了颇具挑战性的客户。在工作中，他既能预见问题，又有办法解决；他在销售领域的表现值得骄傲，不仅能独当一面，还能激励他人。在这个阶段，他在销售工作方面是自力更生的成就者，你可以指望他达成销售目标。对处于这个发展水平的人来说，授权型领导风格是最好的。在这种情况下，你要让他自主工作，将日常决策和解决问题的责任交给他，通过允许和信任他独立行动赋能，认可他的出色表现，并为他提供做好工作所需的一切资源。在这个阶段，重要的是让他挑战成为高绩效的销售人员，继续提高销售力，并鼓励他达到更高的销售水平。

## 发展水平因目标和任务而异

前面的例子再次强调了发展水平不能一概而论，而是基于特定任务的。我们可以同时跟踪那个销售员在服务、行政管理或团队贡献方面的进展，但是，他在那些方面的发展水平将是完全不同的。你需要重点牢记，不要将"人"归入任何发展水平。事实上，发展水平针对的不是人，而是个人在从事特定的目标或任务时的胜任力和投入度。换言之，我们不能说某个人处于某个发展水平。我再次重申，发展水平因目标和任务而异。一个人可以在一个目标或任务上处于某个发展水平，而在另一个目标或任务上处于不同的发展水平。

例如，凯茜在消费品行业工作。在她负责的营销部分，她是推出新产品和开拓新市场的天才，显然是一个自力更生的成就者，正如之前成功的营销计划证明的那样。然而，在设置数据库以跟踪客户人口统计学方面的信息及购买模式时，除了电子邮件和文字处理，凯茜几乎没有什么经验。根据她对这项任务的积极性，她可能是一个热情高涨的新手或从理想到现实的学习者。

这个案例表明，你在匹配领导风格时不仅要做到因人而异，还要做到因事而异，具体取决于你在特定时间关注的特定目标或工作的特定部分。

## 因材施教

有些人认为，要用一种方式管理某些人，但要用另一种方式管理另一些人，这不免前后矛盾。但是，我们并没有将一致性定义为"以同样的方式对待所有人"，而是定义为"在类似情况下使用相同的领导风格"。对于那些认为以不同方式对待下属有失公允的人，我们认同美国最高法院法官费利克斯·法兰克福特（Felix Frankfurter）的说法，具体如下：

**没有什么比平等对待不平等更不平等的。**

当你能自如地运用各种领导风格时，你就实现了灵活性。当下属从一个发展水平转到另一个发展水平时，你的领导风格也应做出相应的改变。然而，我们的研究表明，大多数领导者都有其偏好的领导风格。[2]

事实上，54%的领导者倾向于只使用一种领导风格，35%的领导者倾向于使用两种领导风格，10%的领导者倾向于使用三种领导风格，只有1%的领导者使用四种领导风格。为了管理的有效性，领导者必须能够使用所有四种领导风格。

我的朋友亲身经历了领导风格僵化的弊端。当他的儿子到了8岁上三年级时，学校方面给出的反馈是，孩子在阅读方面表现超群，但在数学方面的表现远远落后于人。最初，他不明白"怎么会这样？一个孩子怎么能在阅读方面表现得如此优秀，却在数学方面表现得如此糟糕呢？"后来想想确实有道理，有些孩子在社会学方面表现优秀，但在科学方面的表现就很差；很多人擅长做某些事，但不擅长做另外一些事。当我的朋友了解到现实情况和背后可能的原因时，他去见了儿子的一位老师。之所以说"一位老师"，是因为他的孩子在一所开放式学校上学，班上有110个孩子，由四五个老师在一个大的开放空间里给他们一起上课。

朋友说："我没有别的意思，就是想问一下，为什么我的儿子阅读能力这么出色，数学能力却这么差呢？你们在教他阅读和数学时的方法有什么区别吗？"

老师说："在这面墙上有一组文件。每个孩子都有自己的阅读文件。上阅读课时，孩子们会去取文件，然后回到自己的课桌前，继续阅读余下的部分。他们有问题时就会举手，我们当中的一个老师就会过去帮忙。"

朋友问："对我儿子来说，这种教学方式的效果怎么样？"老师说："超级好，他的阅读能力很强。"

朋友说："好，坚持下去，你们在阅读方面的教学很棒！"

在阅读课上，老师对这个孩子用的是什么领导风格呢？答案是授权型领导风格——由学生取出文件，决定何时需要帮助。这种风格为什么有效呢？因为这个孩子在阅读方面是一个自力更生的成就者，他喜欢阅读并且有能力阅读。

朋友又问："现在请跟我说说你们是怎么教数学课的。"

老师说："在另一面墙上，我们有一组数学文件。在数学课上，孩子们去拿他们的文件夹，回到课桌前，继续做余下的数学题。他们有问题时就会举手，老师会过去帮忙。"

朋友说："对我儿子来说，这种教学方法的效果怎么样？"

老师说："不太好。他在班上成绩垫底。"

在数学课上，老师对这个孩子用的是什么领导风格呢？答案是授权型领导风格，与教授他阅读的领导风格相同。事实上，这就是这所开放式学校常用的教学方式。在数学课上使用授权型领导风格的问题是，这个孩子的数学水平远低于阅读水平。在这方面，他是一个从理想到现实的学习者，他没有能力、兴趣或信心学好，老师们却听之任之。

因为那个朋友对布兰佳 SLII® 领导力了如指掌，所以他问了老师一个问题："你们没有学习过应当在教学中对同一个孩子的不同科目使用不同的教学风格吗？"他们显然没有接受关于这方面的培训。于是，在开放式大教室里，他问那些老师："你们当中哪一位是'传统型老师'？"一位年长的女老师笑了，她在这个学校教学长达 35 年，朋友也听说过她。她对孩子们密切督导，以严厉的教学风格而闻名。朋友意识到这种教学风格正是他的儿子所需要的，他问道："如果是您，您会怎么教授我的儿子关于数学方面的知识呢？他学得不好。"在告诉你她说了什么之前，我们先插播几句关于这位老师的故事。我们的另一位同事曾去这位老师任教的小学，她在来到这所开放式学校之前就在那里教学了。在那所小学，一位老师需要独立带 30 名三年级学生。因为学校不够大，没有餐厅，所以孩子们不得不在教室里吃午餐。有一天，我们同事在 12:15 路过她的教室，当时门是敞开的，30 名三年级学生静静地坐在教室里吃午餐，老师正用录音机播放贝多芬的乐曲。我们的同事见状忍不住笑了，并自言自语道："这不就是所谓的'管控'嘛。"

这个教室的对面是另一位老师带的三年级班级，教室的门关着，不过，人们可以透过窗户看到里面俨然像一个动物园。孩子们到处乱跑、登梯爬高；老师边跳舞边拥抱他们；整个教室看起来就像一个游乐园。在教授阅读方面的知识时，这位老师会成为我的那位朋友的儿子的好老师吗？当然，因为孩子根本不需要阅读老师。如果你并不需要人管，那么不妨选一位温柔可亲的老师。但对孩子来说，这位老师会是很好的数学老师吗？不，她不会。

现在，将话题拉回到那位指令型风格的老师身上。她对我的朋友说："如果我从一开始教你儿子数学，那会容易得多。我看他现在有些灰心、气馁，因为数学比他想象中难，他并没有学好。因此，到上数学课时，我会跟他说，'现在是数学时间'。然后我会带着他一起去拿他的文档。我认为他有时甚至不会去拿他自己的文档，而是怀着恶作剧心理去拿缺勤孩子的文档。接着，我会带着他回到课桌前，让他坐下来，对他说'做第 1 ~ 3 题，5 分钟内我回来检查。如果我们这样一起努力，我相信你会在数学方面表现得更好'。"

朋友说："太棒了！你能从现在开始教他数学吗？"她答应了。你认为那个孩子在教练型风格老师的指导下会有所进步吗？信不信由你！你觉得他喜欢这种风格吗？不见得。抓得松可比抓得紧要容易得多。他之前已习惯自己做题，尽管那样效果不好，但他并不欢迎突然间开始被密切督导。然而，如果人们不知道哪里出了问题和自己为什么气馁，就必须有人指导他们。请注意，那个教学有方的数学老师澄清了期望和目标，会观察并监督孩子的表现，并给予他反馈。

幸运的是，那个学年只剩下 3 个月了。为什么说"幸运"呢？因为这位老师很难从指令型 / 教练型风格转变为支持型 / 授权型风格，她很擅长辅导处于最初学习阶段的孩子，而一旦孩子掌握了技能，她的教学风格就会出现问题，她不能让孩子对自己的学习负责。3 个月后，朋友的儿子从她的班级转了出来，来到一位更加人性化的支持型老师管理的班级。孩子现在数学能力比较强，可以和热情友好的老师和谐相处。其实，这些老师在特定的角色中是超级棒的。但是，你必须确保他们在合适的时间去教授合适的孩子。倘若可以使用各种领导风格，无论是指令型的老师还是支持型的老师，工作都会更加有效。对管理者和领导者来说，亦是如此。你必须具备足够的灵活性，根据员工的发展水平而调整你的领导风格；否则，你的领导就会失效。

*所有人都具备最佳表现的潜力，你需要知道个中缘由并因材施教。*

## 与员工建立伙伴关系的重要性

布兰佳 SLII® 领导力旨在发展领导者与下属之间的合作关系，合作可以促进双方的沟通，提高对话的质量和数量，我们称之为"共识对话"，也就是领导者与下属之间就工作目标、发展水平和领导风格达成共识。

当我们刚开始教布兰佳 SLII® 领导力时，管理者在结束培训时往往摩拳擦掌、跃跃欲试。然而，我们发现，问题随之而来，因为管理者将理论应用在员工身上，但员工不明就里，还常常误解管理者的意图。

例如，假设你诊断出某位员工在发展水平上是自力更生的成就者，于是你决定让她独立自主地工作，但是，你没有告诉她这是为什么。过了一段时间，当她在办公室找不到你的人影时，她可能会感到困惑，可能会想："我究竟做错了什么？为什么再也找不到经理的人影了？"

假设你的另一位员工是个新人，你断定他需要指令型的领导风格。于是，你总是坐在办公室监督他的工作。过了一段时间，他可能会开始怀疑："为什么老板不信任我，总是监视我？"

在上述两种情况下，你可能都做出了正确的诊断，但员工不理解你采取相应做法的原因，误解了你的意图。通过这些经验，我们意识到以下这一点：

> 领导力不是体现在你要对人们做什么，而是体现在你要和人们一起做什么。

这就是建立伙伴关系的原因，即"获得员工的允许，使用与其发展水平相匹配的领导风格"。正如你将在下一章中学到的那样，与员工建立伙伴关系，有助于他们提出自己需要的领导风格。由于这种伙伴关系涉及领导者与追随者之间的平等交流，我们将等到你完全理解自我领导力之后，在第 6 章中深入探讨这一主题。

## 掌握卓有成效的领导力是一场蜕变之旅

布兰佳 SLII® 领导力是一个整合的概念。为什么？因为随着时间的推移，我们意识到这些策略不仅适用于领导个人，还适用于领导团队、组织，最重要的是，它们适用于领导你自己。事实上，我们发现掌握有效的领导力是一场历经四个阶段的蜕变之旅，包括自我领导力、一对一领导力、团队领导力和组织领导力。[3]

自我领导力是第一阶段，因为有效的领导力始于内心。在希望领导他人之前，你必须先了解自己，了解你与成功之间存在哪些差距，自我认知会给出答案。

只有当领导者拥有领导自己的经验时，才能准备好领导别人。一对一领导力的关键是能够与他人建立信任关系。如果你不知道自己是谁，不知道你的优点和缺点是什么，或者你不愿意展现自己脆弱的一面，那么你永远不会与他人建立信任关系。对于共同合作来说，你和你领导的人之间存在信任关系至关重要。

领导者蜕变之旅的下一阶段是团队领导力。领导者一旦在一对一的领导中与人们建立了信任关系，就为团队发展和社群建立做好了准备。从事团队工作的高效能领导者知道，如果要服务于并肩奋斗的员工，并激发他们的能力和动力，就必须尊重个体多样性的魅力并认可团队合作的力量，这将给领导者带来一场更加复杂的挑战，但结果可能令人非常满意。

组织领导力是领导者蜕变之旅的最后一个阶段。领导者能否充当组织领导者，能否督导多个团队的员工，取决于领导者蜕变之旅的前三个阶段获得的思考力、信任关系和社群影响力。发展高绩效组织的关键是，创造既重视信任关系，又重视产出结果的环境。

当今领导者常犯的一个主要错误是，在受命领导者之时，未能首先确保他们在自我领导力、一对一领导力或者团队领导力层面已经建立足够的信誉，反而虚掷了大量的时间和精力试图在组织层面做出改进。

当你在蜕变之旅的每一个阶段倾注时间时，布兰佳 SLII® 领导力都将发挥重要作用。在下一章，我们将探讨如何将这个模型应用于蜕变之旅的第一个阶段：自我领导力。

# 第 5 章

# 自我领导力：赋能背后的力量

苏珊·福勒　肯·布兰佳　劳伦斯·霍金斯

正如我们在第 3 章中讨论的那样，传统的领导层级已经演变为一种新秩序——赋能于个体。当自我领导者主动获取成功所需的资源，且领导者也回应这样的需求时，他们就释放了赋能的力量。于是，众所周知的组织等级金字塔就会颠倒过来，领导者开始为被领导者服务。

领导者必须学会摒弃发号施令式的领导风格，因为这种领导风格在未来是行不通的。在 20 世纪 80 年代，一位管理者通常会管理 5 个人；换言之，一位管理者的管理幅度是 5 位直属员工。如今在大多数公司，极度精简的组织结构导致管理幅度大大增加。现在，一位管理者负责 25 ～ 75 位直属员工的情况司空见惯。除此之外，虚拟组织的出现带来了完全不同的工作环境——管理者需要监督甚少谋面甚至未曾谋面的员工。今天的事实是，管理者再也不能扮演传统的领导角色，即告诉人们需要做的每一件事、何时做，以及如何做。他们根本没有时间那样做，而且在多数情况下，员工比管理者更了解实际工作如何开展。组织的成功比以往任何时候都更依赖于被赋能的个体的积极行动。[1]

许多员工在这种赋能的环境中如鱼得水，但也有一些人变得裹足不前。在没有经理的指令时，有些人不知道应当如何采取行动。你怎么能让员工做到独立自主地工作呢?

## 打造赋能的员工队伍

正如领导者必须摒弃发号施令式的领导风格,并与员工建立伙伴关系一样,被领导者必须从"听令行事"的做法转为主动领导自己。如果布兰佳 SLII® 领导力领导者的关键作用就是成为员工的合伙人,那么员工的新角色就是成为领导者的合伙人,这就是自我领导的全部意义所在。

**想要赋能成功,组织和领导者必须在员工中培养主动而为的自我领导者。**

人们需要接受关于自我领导的培训。虽然许多组织教会管理者如何"授权"和"放权",但却不够重视培养个人解决问题并做出决策的能力。一些领先的组织已经意识到,发展自我领导者是积极影响组织四重绩效的强有力的方式。

例如,我们的一家客户——奔达克制造公司(Bandag Manufacturing)在设备出现重大故障后体验到了员工进行自我领导的价值。当时该公司没有解雇任何一名员工,而是选择培训员工进行自我领导,之后有趣的事情发生了:员工们开始让他们的管理者负起责任,并要求管理者展示领导能力,他们向管理者寻求指导和支持,并敦促管理者澄清目标和管理期望。这样一来,管理者突然之间开始研究起那些生疏的技能,并开始加倍努力地工作。

公司在把这家工厂的恢复期与过去经历类似故障的其他 8 家工厂的恢复期进行比较时发现,加利福尼州的工厂比历史上任何其他工厂都更快地恢复到故障前的生产水平。与此同时，该公司也研究了其他措施的作用，最后的结论是：工厂成功恢复生产水平的决定性因素是员工的积极行为，员工全然投入并具备了自我领导力。

一个由自我领导者组成的组织就是一个拥有赋能队伍的组织。

## 通过个体学习塑造自我领导者

个体学习是高绩效组织的关键要素之一，对于自我领导力的培养来讲，它至关重要。[2] 不鼓励员工学习的组织不太可能获得高绩效，因为组织的技能就等于员工的技能。除非个体能主动进行学习，否则该组织无法成为一个学习型组织。

高绩效组织认识到，支持员工的成长和知识经验的提升不仅是正确的事，也是一种竞争优势。这些组织通过正式培训、导师制和在职支持等培养其员工的技能和胜任力。

虽然自我领导者应当对自己的学习负责，但他们不应该独自承担重任；管理层应当支持员工发展自身的知识和技能。幸运的是，关于组织支持个人学习和自我领导者发展的例子很多。作为必胜客、塔可钟和肯德基等公司的母公司，百胜公司格外支持自己的企业大学。在这里，员工学习与创造"疯狂客户"文化有关的技术、业务和人际关系技巧。[3] 无论课程对当前工作是否有用，约翰逊维尔食品公司都通过鼓励所有员工参加培训课程促进员工持续学习。[4] 通用电气公司的学习计划为员工设置了实际的跨职能工作，有助于员工打破学习的障碍。[5] 此类案例比比皆是。

赋能是领导者给员工什么。自我领导力是员工做什么使赋能更有效。

# 自我领导者的 3 项技能

如果要颠倒组织等级金字塔，那么你不能只是告诉员工让其接受责任并主动行动，而是要积极地培养员工的自我领导力，并教给他们培养赋能的技能和心态，使其成为自我领导者。[6] 在《自我领导力和一分钟经理人》（*Self Leadership and the One Minute Manager*）一书中，肯·布兰佳、苏珊·福勒和劳伦斯·霍金斯讲述了自我领导者的 3 项技能：挑战假想绳、激活权力点和主动行动。[7] 组织要鼓励个人贡献者掌握这 3 项技能，并且管理者应当以身作则。

## 自我领导者的第一项技能：挑战假想绳

假想绳究竟是什么意思？

假想绳是基于过往经验的、束缚当下和未来体验的限制性想法。

针对大象的训练是说明假想绳的典型例证。通常训练人员会将小象拴在一条又大又重的链子上。尽管小象左拖右拽，却怎么也不能挣断链条，最终，它停止了尝试。而当小象长成一头六吨重的大象时，它完全可以轻松地将固定链条的整个桩子拉出地面，但是，它甚至连想都没想过这样做，它的头脑认为的无法挣脱链条的束缚性想法并不正确，因此，这种想法就是一条假想的绳子。

想一想大象的故事与你自己的工作经验有什么关联。对于下面这些说法，你是不是听起来很熟悉？"我为什么要自找麻烦？不管怎样，上司都不会赞成。他们从来不听别人的想法。从来没有女性担任过这个职位。我从来就不擅长这一点。"这些都是假想绳的例子。在某种程度上，这些说法或许是正确的，但是它们不应该成为定义你的工作经验的事实。

在被假想绳束缚时，你可能会有几种表现，包括负面的内心对话、借口以及指责性陈述。大多数人经常认为，没有直接权力或职位权力，就不能成为领导者，也不能影响结果，这是工作场所中最常见的假想绳之一。从比尔·盖茨到特蕾莎修女，这些成功的传奇人物都是能够超越假想绳并实现自己目标的人。例如，特蕾莎修女——一个讲英语的阿尔巴尼亚裔人，并没有以显赫的社会地位和权威开始她令人叹服的职业生涯。她利用自己的力量实现了为穷人带来尊严的目标，之后，社会地位和认可随之而来。

这并不是说所有人都不受外部力量的限制，我们可能受到时间、资金或权力地位的限制。然而，自我领导力教诲我们，限制本身不是问题；问题出在我们认为这些东西是我们仅有的力量源泉。几乎所有的成功人士都说过，他们的生命中有一个关键的时刻，在那个时刻，他们放弃了假想绳，认识到自身的力量，开始了自我领导。这为我们引出了自我领导者的第二项技能。

## 自我领导者的第二项技能：激活权力点

自我领导者的第二项技能是激活权力点。其实，每个人都有权力，尽管许多人没有意识到这一点。

各个年龄段的人都纠结于权力的概念。有权势之人可能会滥用权势强迫他人；拥有社会和政治权力的人可能会自私自利。这一切使普通人厌恶权力，更不要说使用权力了。而自我领导力教会我们，人人都有权力点。我们帮助人们认识并接受权力点，因为我们认为，"权力的唯一优势就是能够做更多的好事"。[8]当自我领导者接受并挖掘自身拥有的权力时，就可以为自己、家人、社区、组织和同事做出更多的好事。

权力的来源有 5 个，分别是职位权力、个人权力、任务权力、关系权力和知识权力（见图 5-1）。

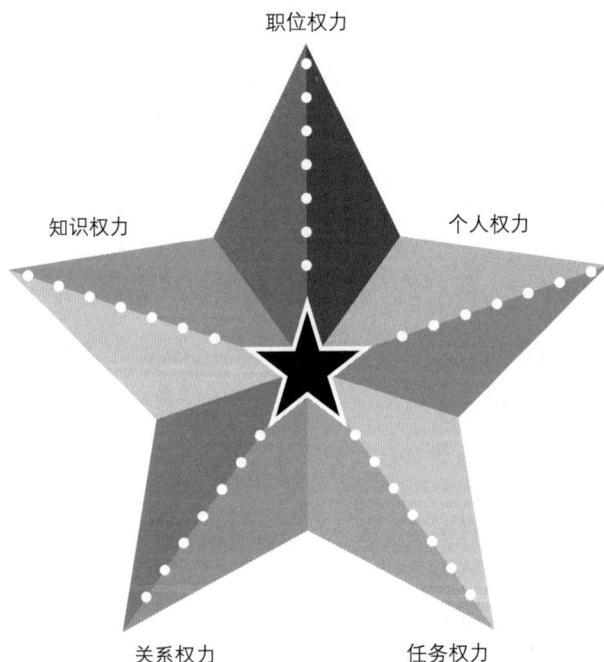

职位权力

知识权力

个人权力

关系权力

任务权力

图 5-1　权力点

82

　　职位权力是广为人知的权力点，是由一个人职位的权威性带来的。当你的名片上印的头衔表明你有权管理人员或调配资源时，你就拥有了职位权力。

　　个人权力来自个人特质，如品格力量、激情、毅力、魅力或智慧。而强大的人际交往能力，如沟通能力和说服力会增进个人权力。

　　任务权力涉及特定的任务或工作，体现在能够帮助他人完成任务所需的程序／步骤；当然，它也可能会阻止／推迟他人完成任务。例如，总裁或首席执行官的执行助理通常就拥有任务权力，可以影响哪些事项被添加到或被删除出总裁或首席执行官的工作日程。

　　关系权力来自与他人联结的力量。通过建立友谊、了解同事、培养关系或建立私人关系，你都可以获得关系权力。导师或拥护者也可以给你带来关系权力，或者让你接近这样的权力。

　　知识权力来自拥有特殊的专业知识或技能，一般通过某些学位或特殊培训的证书可以证明。通常，你可以将知识权力从一份工作转移到另一份工作，从一家公司转移到另一家公司。每个人都擅长其做的某些事情，所以我们都拥有某种形式的知识权力。

　　关于这5种权力，每个人在一定程度上都拥有，不过通常大小不一。我们发现很少有人会想到他们拥有什么样的权力，更少人会问别人对这个话题的看法。如果他们真的这样做了，就可能会惊奇地发现别人是如何看待他们的工作、地位、个性和能力的。

　　获得关于权力点的反馈可能是一种启发性的体验，你很可能会对得到的回答感到惊讶和满足。通过加强对自身权力的认识和关注，你会意识到如何利用自己的权力获得更大的优势。你可能也会意识到，当你把拥有某些权力视为理所当然时，不免会忘乎所以。增强个人权力基础的最好方法是，让你的身边聚集那些拥有你所没有的权力点的人。

> 要打破这样一种限制性想法——职位权力是唯一有效的权力。

一旦了解了自己的权力点，你就可以开始激活它们了。如果你在某些方面拥有强权或弱权，不要被假想绳捆绑，认为余生只好如此。例如，如果你由于具备计算机专业知识而具有很高的知识权力，但由于人际交往能力较弱而缺乏个人权力，那么你可以考虑参加戴尔·卡耐基"如何赢得朋友并影响他人"的培训课程。你应该尽一切努力成为自我领导者，并请别人帮助你学习。

## 利用"我需要"的力量

当你将权力点与"我需要"结合起来时，你就可以最大限度地利用你的权力。许多人都不肯直接说出自己需要什么，而是去问一些蠢问题。例如以下这则故事。一名男子在乘坐纽约的地铁时，发现车厢里只剩下一个空座，而这个空座上有些脏东西。他不想弄脏自己的裤子，所以就把报纸铺在这个空座上，然后坐下来。几分钟后，一位女士拍了拍他的肩膀，她没有直说"我需要坐一会儿"，而是说："对不起，先生，你是在看报纸吗？"这简直是这名男子听到过的最蠢的问题。于是，这名男子无奈地站了起来，翻了一下报纸，然后又坐了回去，回答道："是的，女士，我是在看报纸。"

这个故事固然有趣，你可能会回想自己是否也问过这样的蠢问题。其实，我们都问过。例如，假如有一位同事像只没头苍蝇一样跑来跑去，这时你恰好需要有人帮忙，于是，你问她："你这会儿忙吗？"这就是一个蠢问题，她当然很忙。因此，她回答说："白天的时间总是不够用。"你听了这句话后立刻会感到内疚，于是慌了神儿，决定不再打扰她，你不想再增加她的负担。

替代蠢问题的方法就是，简单诚实地向同事说明你的需求："我需要用15分钟来讨论这个项目。如果你现在没有时间，我可以3点钟再过来。"

是什么让"我需要"3个字拥有如此强大的力量呢？当你告诉别人"我想要"时，对方通常会先想到"我们都想要一些无法拥有的东西"。然而，当你使用"我需要"的说法时，你就站在了一个相对有利的位置上，这说明你已经考虑过取得成功的必备要素，而且你在正式请求帮助。这正是抓住了人类天性中喜欢被需要、感到可以帮助别人的感觉。

有些人拥有你没有的权力，你不要害怕向他们提出你的需求。通过这种方式，你可以通过采取主动行动，消除"受害者"的思维。请记住，说出"我需要"的结果只有两种：要么会得到你需要的，要么没有得到，即维持现状。如果有人和你说去黄石公园游玩，最差的结果是维持现状，那么你会有多么兴高采烈呢？你肯定会急忙地赶下一班飞往黄石公园的飞机，马上去游玩一番。如果你大胆地说出了自己的需求并且得到了帮助，你就赢了。如果你说出了自己的需求却没有得到回应，你也没有损失什么，因为你压根儿不曾拥有。大多数人都因为害怕被拒绝而不敢提出自己的需求。请记住，当人们拒绝你时，他们拒绝的只是你的想法而已，实际上，唯一可以拒绝你的人是你自己。

对许多人来说，"我需要"三个字是不可抗拒的，这是主动行动的关键词。

## 自我领导者的第三项技能：主动行动

自我领导者的第三项技能是主动行动，即主动为实现目标找到方向和支持。

在第 4 章中，我们介绍了 4 种发展水平以及与之相匹配的领导风格。

通过自我领导，员工可以诊断自己在特定目标或任务上的发展水平，并主动从领导者那里获得成功所需要的领导风格（见图 4-1）。

为了详细地说明这一点，让我们回到第 4 章中 22 岁销售新人的案例。假设销售新人的经理做的第一件事就是训练新人进行自我领导，那么，当他们围绕 4 个关键职责领域（电话销售、客户服务、行政管理和团队贡献）设定目标时，销售新人就可以积极、主动地诊断自己的发展水平，确定每个发展水平需要的领导风格，而不是依靠经理来完成所有的工作。这不仅会增强他的自尊心，加快他的赋能之旅，而且通过成为一个好伙伴，他也将减轻经理的一些管理负担。在这个过程中，领导者可以更容易地颠倒组织等级金字塔，成为一个鼓励者和支持者，而不是指导者和控制者。

一旦这个销售新人了解自我领导力，他就可以诊断出自己在电话销售领域是热情高涨的新手（D1）。他知道自己还没有拥有这方面的能力，没有获得实现销售目标所需的知识和技能。然而，为现有客户提供优质服务的想法激发了他的兴趣，使他投入度很高。作为销售新人，他应该认识到自己匹配的是高指导性和低支持性的指令型（S1）领导风格，应该积极、主动地要求经理教授他所有关于销售过程（从第一次接触客户到完成整个服务）的知识。

在行政管理领域，特别是提交电子报告方面，这位销售新人意识到自己是一个从理想到现实的学习者（D2），需要教练型风格（S2）的领导者的辅导。在参加了关于如何使用公司销售软件的课程之后，他认为自己关于行政管理领域的工作正在步入正轨。然而，在没有辅导的情况下使用软件，他仍然信心不足。这位销售新人应该向经理承认，尽管自己已经掌握一些功能的操作方法，但对另一些功能仍感到很困惑。他认识到自己需要在这个领域得到更多的指导和支持，因此，这位销售新人应该主动询问经理，请经理实时解答他应用所学内容时出现的问题。他还应该向管理者寻求支持，以增强自信心并鼓励自己继续学习。

在电话销售工作方面，这位销售新人还算训练有素。虽然他在工作过程中遇到了一些麻烦，但在了解具体步骤后，在训练期间以及之后的前几周，他的工作已经取得了一些进展。然而，在过去的几周里，他的电话销售工作几乎没有取得任何业绩，于是他开始怀疑自己是否拥有这方面工作所需的能力。他还记得几周前自己对电话销售业务感到多么兴奋并认为自己可以胜任，现在他意识到自己是一个有能力但谨慎的执行者（D3），需要支持型（S3）领导风格的领导者的帮助，他应当主动要求经理倾听他的担忧和问题，并通过经理的鼓励重塑自信。

在客户服务方面，这位销售新人非常清楚自己是自力更生的成就者（D4）。在酒店行业工作的经历，让他为这份新工作带来了令客户满意的服务技能，客户自然而然地愿意找他。通过预测客户需求并交付超出期望的服务，他已经赢得了一些大客户的认可。在这个工作领域，这位销售新人应当让经理知道最适合他的是授权型（S4）的领导风格，让经理允许他在这个领域进行日常决策，通过相信他能很好地完成工作、为他提供所需要的资源给予他最好的支持，并且不断挑战他提供更高水平的造就"疯狂粉丝"的服务。

主动行动不仅限于针对你的直属上级。你可以通过诊断自己的发展水平从无数领导者那里寻求适当的领导风格。此处的领导者包括任何可以指导和支持你实现目标的人。

你是否认为领导者没有时间或不会帮助你实现目标？通过摆脱这种束缚并寻求帮助，你可以释放自我领导的力量。

现在，你已经了解了自我领导力。在下一章，我们将介绍一对一领导力，这将帮助你成为有效的布兰佳 SLII® 领导力领导者。

# 第6章

# 一对一领导力

弗雷德·芬奇　肯·布兰佳

布兰佳 SLII® 领导力的最佳境界是创造一种伙伴关系，即共同努力实现共同目标的两个人之间的相互信任关系。领导者和追随者相互影响，随着手头任务的变化，以及谁更胜任、更投入，领导力在双方之间自如转换。在确定如何完成任务方面，双方都在发挥作用。

本章提供了创造这种肩并肩工作的领导关系的指南。我们所说的发挥一对一领导力是一个过程，旨在提高领导者及其所支持并依赖的员工之间的对话的质量和数量。这些沟通对话不仅可以帮助人们表现更佳，还可以让每个参与者对自己和对方的感觉更好。

## 建立有效的绩效管理系统

当领导者能够充分发挥一对一领导力时，一对一领导力就成为有效绩效管理系统的一个组成部分。

该系统由以下 3 个部分组成。

- 绩效计划：每个人在清楚地了解组织的愿景和方向后，就可以开展绩效计划。在此阶段，领导者与下属就应该关注的目标和宗旨达成一致。传统的等级制度仍然可以运行。如果领导者和下属关于目标存在分歧，谁说了算呢？肯定是领导者，因为他的目标代表了组织的目标。

- 绩效辅导：在这个环节，传统的等级结构会倒转过来。现在，领导者会尽其所能地帮助下属取得成功。领导者会为下属服务，赞美下属取得的进步，纠正下属错误的表现。

- 绩效评估：这是领导者和下属坐下来评估过往绩效的环节。

对于绩效计划、绩效辅导和绩效评估这3项工作，大多数组织投入时间最多的是哪一项呢？答案是绩效评估。我们走访过一家又一家的组织，常常听到人们说："你会喜欢我们新的绩效评估表。"对此，我们只能报之一笑，因为其中大部分表格都可以被扔掉。为什么呢？通常，这些表格衡量的是没有人知道应当如何衡量的东西，例如"主动性""愿意承担责任"或者"晋升能力"，这些本身就是无稽之谈。当没有人知道如何通过绩效考核时，员工就会将大部分精力集中在改进其与领导者的关系上。毕竟，如果你与领导者的关系融洽，你就有可能得到好的评估结果。

一些组织在绩效计划方面做得很好，并设定了非常明确的目标。但是，在设定目标后，你认为这些目标会怎样呢？大多数情况下，这些目标会被束之高阁，无人理会，直到绩效评估的时候，所有人又开始跑过来忙着去找当初设定的目标。

在有效的绩效管理系统的3个组成部分中，人们投入时间最少的是哪一个呢？答案是绩效辅导。然而，在管理员工绩效方面，这是最重要的一环。因为在绩效辅导期间，反馈应当是持续发生的，包括表扬员工取得的进展以及指导其纠正不当行为。

在《帮员工赢在工作："与其忙着打分，不如助我做到优"的经营理念》（*Helping People Win at Work: A Business Philosophy Called "Don't Mark My Paper, Help Me Get an A"*）一书中，肯·布兰佳和WD-40公司的首席执行官盖瑞·瑞基（Garry Ridge）详细地讨论了有效的绩效管理系统的运作方式。[1] 布兰佳写作这本书的灵感来自他十多年来作为大学教授的经验。那时，他总是遇到各种各样的麻烦。他做什么事让同事们最为抓狂呢？原来是他在开始教授每门课程时就把期末考题发送给学生，同事们惊闻此事时不禁问他："你到底在做什么？"

布兰佳说："我认为我们应当把知识教给这些学生啊。"

同事们说："是啊，但你不能提前给他们期末考题啊！"

布兰佳说："我不仅要提前把期末考题给他们，我还会在整个学期中教给他们答案。这样，他们在参加期末考试时就会得到优。你懂的，生活不就是为了得优吗？不是为了什么愚蠢的正态分布曲线！"

说真的，你会雇用失败者吗？你会到处去说"去年，我们失去了一些最好的失败者，所以让我们雇用一些新的失败者填补正态分布曲线的低点"吗？不会的！你雇用了优胜者或潜在优胜者，你不会为了适应正态分布曲线而雇人。你想用最好的人才，并希望他们发挥自己最高水平的能力。

提前发给学生期末考题就相当于为他们设置绩效计划，让学生确切地知道自己应满足哪些期望。教给学生答案就是绩效辅导的全部意义。如果你看到学生做得对，就说一声："好样的！"如果他们做错了，你也不会揍他们一顿，或将你的反馈意见留到最后的绩效评估阶段。相反，你会说："你答错了，你认为正确答案是什么？"也就是说，你会及时地让他们调整方向。最后，在绩效评估时，你给学生的考题与他们年初拿到的一模一样，这有助于他们获得好评。全年或半年的绩效评估应当不存在任何的意外惊吓。每个人应当都知道要测试什么，并且在全年当中得到获得高分所需的所有帮助。使用正态分布曲线评估员工的表现，这种做法意味着一定比例员工的评估结果必须是平均值或者更低，你会因此失去许多人的信任，因为现在，所有人关注的都是第一名。

了解这一理念之后，盖瑞·瑞基采纳了"与其忙着打分，不如助我做到优"作为其公司的核心理念。他特别强调这个理念，当发现一名管理者没有帮助绩效差的员工得到优时，他不会解雇绩效差的员工，而会解雇那名管理者。

并非所有的管理者都像盖瑞·瑞基那样。许多人仍然认为需要使用正态分布曲线，将一些人评为高分，将少数人评为低分，将其余人评为中等。通常，这些管理者和组织不愿意放弃正态分布曲线的原因是，如果不给一些人打低分，他们就不知道如何改进。如果将一大批人评为绩优者，那又该如何奖励这么多人呢？随着人们的职位升迁，升职的机会少了吗？我们认为这些问题非常天真。如果你正确对待员工并帮助他们在目前的工作岗位取得成功，他们往往会利用创造力提出新的商业理念，扩大你的愿景并为组织发展做出贡献。保护组织等级金字塔结构不会对你的员工或组织有任何好处。

拉尔夫·斯特耶（Ralph Stayer）与吉姆·贝拉斯科（Jim Belasco）合

著了《水牛的逃离》（*Flight of the Buffalo*）一书。这本书讲述的一个精彩的故事印证了这一点。斯特耶从事香肠生产的业务。有一天，他的秘书带着一个好主意来找他，建议他开辟产品目录订购业务，因为当时他们的香肠都是直销给杂货店和经销商。他说："太棒了！你为什么不拟定一个商业计划并负责这件事呢？"于是，他曾经的秘书很快就开始经营公司的一个重要的新部门，并且为员工创造了各种就业机会以及为公司创造不菲的营业收入。[2]

强调评判、批评和评价的领导力已经过时。今天，发挥高境界领导力就是给员工需要的方向、支持和鼓励，并帮助他们做到优。

## 一对一领导力与绩效管理系统

为了让你更好地了解一对一领导力如何发挥作用，我们将分享一个策略，帮助你理解如何将之融入正式的绩效管理系统。虽然你可以在没有事先培训的情况下实施这个策略，但是，只有当所有参与者（包括领导者及其下属）都理解布兰佳 SLII® 领导力和自我领导力时，这个策略才会更加有效，并确保每个人都讲同一种语言。

### 绩效计划：绩效管理系统的第一部分

如图 6-1 所示，绩效管理策略有 4 个步骤：目标设定、分析诊断、适当匹配和交付。你会注意到前 3 个步骤与成为有效的布兰佳 SLII® 领导力领导者所需的 3 项技能相同，正如我们在第 4 章中所述。

从这里开始

**目标设定**
**需要与伙伴达成共识**

**1.责任领域/目标**

**2.绩效评估/标准**

（1）我想影响哪些领域/目标?
（2）我如何知道工作已完成（衡量）?
（3）哪些是该目标的良好绩效（标准）?

转移到

**分析诊断**
**需要与伙伴达成共识**

胜任力

投入度

| D4 | D3 | D2 | D1 |
|---|---|---|---|
| 高胜任力 | 中–高胜任力 | 低–中胜任力 | 低胜任力 |
| 高投入度 | 变化的投入度 | 低投入度 | 高投入度 |

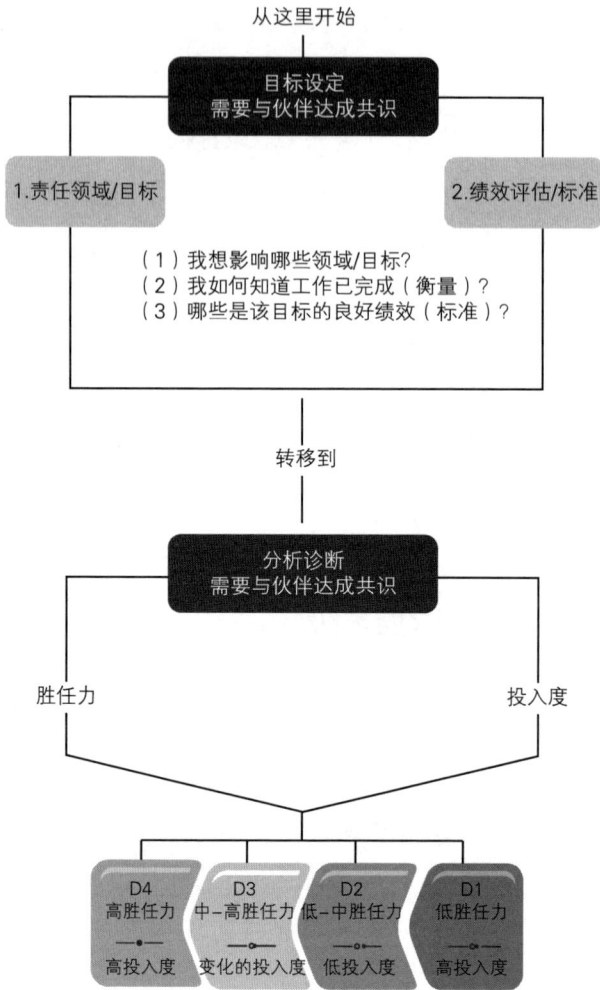

图 6-1　绩效管理策略

目标设定是绩效管理策略的第一步。这是一个非常重要的概念，我们将在第 7 章中详细讨论。在这里总结一下，良好的目标设定可以确保员工清楚地了解自己负责的任务及评估工作的标准。

接下来确定

适当匹配
需要与伙伴达成共识

| D4<br>授权型<br>S4 | D3<br>支持型<br>S3 | D2<br>教练型<br>S2 | D1<br>指令型<br>S1 |

交付

适当的领导风格
需要与伙伴达成共识

高绩效　　　　　　　　　　　　　　低绩效

有进步　　　　　　　　　　　　　　有退步

前进到　　　　　　　　　　　　　　退回到

多支持少指导　　　　　　　　　　　更多支持

指令型（S1）-教练型（S2）　　　　授权型（S4）-支持型（S3）
或　　　　　　　　　　　　　　　　或
教练型（S2）-支持型（S3）　　　　更多指导
或　　　　　　　　　　　　　　　　支持型（S3）-教练型（S2）
最终减少支持　　　　　　　　　　　或

支持型（S3）-授权型（S4）　　　　最终减少支持

教练型（S2）-指令型（S1）
如有必要

推进成功-　　　　　　　　　　　　回到起点，
设定新目标　　　　　　　　　　　　回顾澄清，
　　　　　　　　　　　　　　　　　就目标达成共识

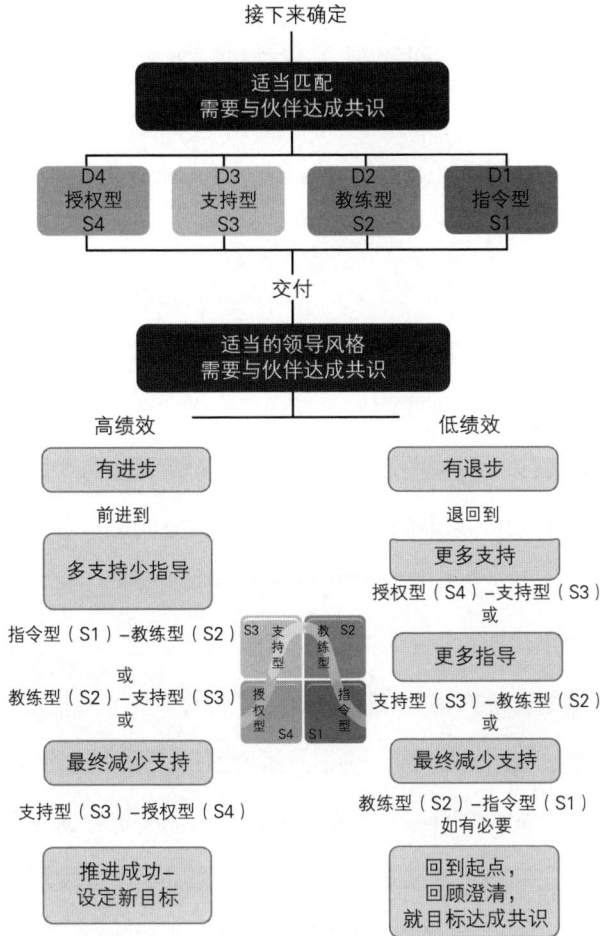

**图 6-1　绩效管理策略（续）**

　　分析诊断是绩效管理策略的第二步。首先，领导者要对下属在每个目标领域的发展水平进行一对一的诊断。"一对一"的意思是领导者和下属找一个安静的地方坐下来，然后领导者分别诊断下属在每个目标领域的发展水平。双方通过提出以下两个问题确定胜任力和投入度。

- 为了确定胜任力，每个人都应该问："对方 / 我知道怎么做这项任务吗？"

- 为了确定投入度，每个人都应该问："对于这项任务，对方 / 我有多兴奋？"

合作双方都做好了诊断功课之后，就应该回到确定谁先来谈的问题。如果下属先说，那么领导者的工作就是倾听对方的诊断。然后，在谈及其他方面之前，领导者必须告诉下属自己听到了什么，直到对方完全认可这是他说过的话。当轮到领导者说时，领导者要说出对下属在每个职责领域发展水平的诊断。下属要倾听并反馈自己听到的内容，直到领导者完全认可这是他说过的话。为什么我们会建议这样的程序呢？因为这将确保双方的看法都能被对方理解。如果没有这样的程序，或者如果两个人中的一个比另一个更健谈，那么更健谈的那个人将主导整个谈话。

双方在互相倾听之后，接下来应当讨论各自诊断中的相似性与差异性，并努力达成共识。如果领导者与下属之间就发展水平的诊断存在分歧，并且无法解决，谁说了算呢？答案是下属。争论下属处于什么发展水平不是领导者的工作。但是，领导者应该让下属对此负责，这意味着领导者要问下属："在这个目标领域，你能在一两个星期内向我证明为什么你是对的吗？"即使双方尚未达成共识，领导者还是应该同意下属的看法。我们发现，下属总是会努力工作以证明他们是对的，而这正是你希望他们去做的。如果下属的绩效不符合双方商定的期望，那么领导者就要重新考虑诊断结果，并给予下属更多的指导和支持。

适当匹配是绩效管理策略的第三步。一旦下属的发展水平明确，并且双方都了解布兰佳 SLII® 领导力，双方就应该准备好讨论下属需要哪种领导风格的领导者。适当匹配这一步将确保领导者提供下属执行任务所需的领导风格及支持行为，同时将增加下属的投入度。

虽然一旦确定下属的发展水平，领导者就应当明确采用何种领导风格，不过，这只是开始。当你从事一对一领导时，你不会只是说说你会使用授权型或教练型的领导风格，你还必须更具体地说明如何领导。对领导者来说，这为我们"获得使用领导风格的许可"提供了机会。

"获得使用领导风格的许可"具有双重目的。第一，通过确保自己提出的风格正是下属认可的、需要的领导风格，领导者可以创造清晰度。第二，领导者获得许可将会确保下属对该领导风格的支持，并增加下属的投入度。例如，如果下属是热情高涨的新手，没有太多的相关知识和技能，但对完成任务充满热情，那么他显然需要一种指令型的领导风格。领导者可能会说："我相信，如果我为你制定一个年度任务目标，就会激发你的潜力。你完全可以实现这个目标，因为我会为你制订行动计划，帮助你达成目标。之后，我会定期与你见面讨论进展，并且在你开始行动后提供你需要的任何帮助。这对你尽快进步有帮助吗？"如果下属认可，他们会进步很快。

另一方面，假设下属在特定目标领域是自力更生的成就者，则领导者可以使用授权型领导风格。领导者可能会说："工作的决定权在你，但是请随时让我知情。你如果有任何疑问，就给我打电话。除非得到你的消息或者有消息告诉我不对劲，否则我会默认你的工作进展得很顺利。如果并非如此，请你尽早给我打电话，不要等一切太迟了，这样对你来说可行吗？"如果下属说"可行"，那就让他独立自主，除非其表现不佳或者在与其沟通时你发现有什么不对劲。在上述两个事例中，无论下属是热情高涨的新手，还是自力更生的成就者，如果下属不同意领导者的建议，领导者应当怎样做呢？答案是领导者需要与下属进行进一步的讨论，直到双方就领导风格达成共识。

我们从上述示例可以看出，一旦确认采用何种合适的领导风格，领导者仍然需要提供工作指导，这可能涉及建立明确的绩效期望、制订行动计划、制定检查进度的流程，并表达对下属可以完成绩效计划的信心。

作为该流程的一部分，基于商定的领导风格建立监督流程至关重要。在这个环节中，领导者和下属会承诺召开预定的会议（又称进度检查会议），一起讨论完成绩效计划的具体情况。

例如，如果你认为下属需要指令型领导风格的领导者，你就会经常与他见面，并且可能会让他参加一些正式的培训。如果你为下属选择了教练型领导风格，那么你可能会说："让我们每周召开会议，每次至少两小时，以此帮助你完成目标。我把会议安排在周一和周三的 13：00-15：00，怎么样？"如果你采用支持型领导风格，你可能会问："怎样表彰你的进步才是最好的方法呢？我们每周共进一次午餐怎么样？"如果双方同意共进午餐，那么你就要在午餐时倾听并支持下属的工作。如果你采用授权型领导风格，而且下属是一个自力更生的成就者，那么你就可以等下属提出请求后再对其进行指导。

## 绩效辅导：绩效管理系统的第二部分

双方在商定采用何种领导风格之后，就可以确定领导者与下属召开进度检查会的次数、频率和形式等细节。随着会议的开始，双方就进入了绩效辅导阶段，即领导者赞扬合作伙伴／下属的努力或者帮助他们重新调整方向的阶段。

通常，领导者认为自己与下属之间就工作方向达成共识，无须跟进，或者由于自己太忙而无法抽出时间跟进。如果你想节省时间并减少痛苦，请务必安排进度检查会。这样的话，你就可以在一个小问题演变成大问题之前尽早发现，还能显著提高下属完成目标、符合预期表现的可能性。如果领导者没有安排进度检查会，就可能会造成下属无法达成目标，这也印证了我们最喜欢的一句话：

**检查得多，你就可以期待得到更多。**

虽然这听起来可能令人反感，但事实并非如此。正如肯·布兰佳、萨德·拉辛纳克（Thad Lacinak）、查克·汤普金斯（Chuck Tompkins）和吉姆·巴拉德（Jim Ballard）在《鲸鱼哲学：一个与人打交道的绝妙方法》（*Whale Done: The Power of Positive Relationships*）中指出的那样：进度检查应当强调发现人们做对了的事，而不是去挑做错的事。领导者在赞扬进步和重新指导时，应当从强调积极的一面开始。领导者应当在赞美之后重新指导，以帮助下属不断进步。如果下属没有取得进步，换句话说，如果下属的绩效没有得到有效改善，那么领导者应当直接重新指导以阻止下属的绩效进一步下滑。

交付（适当的领导风格）是绩效管理策略的第四步。让我们再看一下布兰佳 SLII® 领导力模型，看看绩效改善时会发生什么。

当你重新检查图 4-1 时，你可能想知道这 4 种风格的曲线意味着什么。我们有充分的理由称之为绩效曲线。

**绩效引发领导风格的改变。**

随着员工的发展水平从热情高涨的新手（D1）转到自力更生的成就者（D4），曲线显示了领导者的领导风格如何从指令型（S1）转到授权型（S4），首先是支持的增加（S2）和指令的减少（S3），直到最终支持也减少（S4）。自力更生的成就者（D4）可以自我指导和支持自己进行越来越多的工作。对此，领导者的目标应当是，随着时间的推移改变自身的领导风格，以帮助下属提高绩效。

为了自由运用不同的领导风格，你可以把绩效曲线想象为一条铁轨。4 种领导风格中的每一种都代表了绩效曲线上的一个节点。如果你在管理一个热情高涨的新手（D1）时开始使用指令型风格（S1），并且想最终让他发展为自力更生的成就者（D4），换而言之，你最终想对其采用授权型领导风格（S4），那么你必须经停在这条路的哪两个节点上？答案是教练型（S2）和支持型（S3）节点。

你会注意到并没有直接从指令型（S1）节点到授权型（S4）节点的轨道。如果快速行驶的火车脱轨，乘坐火车的人们就会受伤。对管理者而言，因为管理的是员工的高绩效之旅，所以重要的是不要跳过某一节点。通过保持在轨道上行驶并在所有的车站停靠，你将在很少或者几乎没有监督的情况下，引导员工靠自己达成良好绩效，正如老子的名言：

**功成事遂，百姓皆谓我自然。**

我们在马萨诸塞大学进行的一项实验说明了布兰佳 SLII® 领导力模型在

发挥一对一领导力方面的实力。我们与 4 位讲师一起讲授管理基础课程。前两位讲师只是讲课或者主持讨论。换句话说，他们使用指令型和教练型风格进行授课。我们将这两位传统讲师视为实验的控制组。

我们教给另外两位讲师布兰佳 SLII® 领导力领导模型，并向他们展示如何在 8 周内改变其教学风格。前两周，我们让他们使用指令型风格授课，也就是让他们只是讲课。接下来的两周，我们让他们引导学生就教学内容进行讨论，实质上，他们使用的是教练型风格。再接下来的两周里，我们展示了如何通过限制他们的课堂参与使他们的领导风格转变为支持型风格；他们在课堂上只做了一些关于流程的评论，比如"每个人都有机会发言吗"，或一些支持性的评论，例如"这是一个非常有趣的课程"。在最后的两周里，我们向他们展示了如何使用授权型领导风格；他们要求学生自己上课，同时告诉学生自己会在隔壁的教室里为商业期刊写一篇文章。

在课程的最后一天，一位助手进入 4 个班级并在白板上写了一句话："老师今晚病了，不会来上课，请像往常一样继续上课。"

你认为由老师讲课或主持讨论的那两个班的学生（控制组）会怎么样？5 分钟之内，他们都走了。因为没有老师在那里，他们不知道该怎么做。

而在讲师领导风格不断变换的两个班（实验组）中，没有人离开。学生们说："讲师都两周没有来过了，这没什么大不了的。你怎么看待这种情况呢？"其中一个班的学生在教室待的时间甚至比原定的时间还多半小时。

在学期结束时，实验组的总体表现优于其他两个班（控制组）：学生们知道得更多，更喜欢这门课程，而且没有迟到或缺席。在讲师最后两周根本没有露面的情况下，他们是怎么做到的呢？因为讲师始终在正确的领导轨道上，并且逐渐改变教学风格——从指令型到教练型，再到支持型和授权型。在此过程中，学生随着时间的推移从依赖转向独立，从热情高涨的新手转变为自力更生的成就者。

## 绩效下滑

我们很少发现由胜任力下降导致的绩效下滑。除非职场中存在阿尔茨海默病，否则如果下属起初具备胜任力或接受过培训，他们通常就不会丧失相应的能力。绩效的变化要么是因为工作本身或涉及的必要技能发生了变化，要么是因为人们不再积极投入。

**应对下属工作不投入的现象，即应对下属动机或信心的变化，是领导者面临的最大挑战之一。**

在大多数情况下，领导者会避免与工作不投入的下属打交道，因为结果往往令人不快，使领导者感到不知所措。而当领导者确实开始着手解决问题时，通常又会使事情变得更糟：把工作不太投入的下属彻底变成了极度不合作的下属。通常而言，下属工作不投入的主要原因是，下属受到领导者或组织的不公平对待。

我们认为，下属失去投入感主要与领导者或组织的行为有关。在通常情况下，领导者或组织做过的或没能做的事是侵蚀下属投入感的主要原因。

通常，不投入工作的下属没能拥有符合他们需求的领导者，下属要么被监督不足，要么被过度监督。下属工作不投入还有许多其他潜在的原因，包括：缺乏反馈、缺乏认可、缺乏明确的绩效期望、不公平的标准、被谩骂或被指责、领导者违背承诺、过于劳累，以及承受过大的压力。不能积极投入工作会影响一个人的大部分（如果不是全部）工作。

人们通常会认为，工作不投入现象主要发生在组织的基层，即一线员工的身上。事实并非如此，它实际上发生在组织的各个层面。

目前，绝大多数关于"处理绩效问题"的文献和培训计划都将注意力投向一线员工，设想一线员工是问题所在。"处理绩效问题"这个说法本身就表示"有问题的人"是问题所在。大多数文献和培训计划强调的是不可接受的员工表现或行为、绩效问题、制定组织政策以解决问题、员工辅导、淘汰表现不佳者、矫正辅导和加强纪律。[3]

总体来说，这些都是加剧失败的双输策略，是下下策。通常，这些策略被称为"指责受害者"。一个不能解决问题起因的程序肯定起不到作用，尤其是在那个指责当事人的领导者本身对结果就负有责任时。如果领导者和组织对造成问题负有责任，则必须确定他们在其中所起的作用，并让他们参与制订解决方案。

### 推卸责任：纯属下策

首先，让我们假设，领导者或组织对下属不投入工作的问题负有一定的责任。当然，情况并非总是如此，但有证据表明，绝大多数工作不投入的情况都是这样。接下来，我们假设问题已经存在了一段时间。同样，我们有证据支持这一假设。当我们要求组织中的领导者确定"有绩效问题"的下属并告诉我们这种情况发生了多长时间时，他们答复的时间范围居然从6个月到10年不等。仅凭这些答复，我们就可以将领导者视为问题的造成者，说明问题根本就没有得到解决。

通常，处理下属不投入工作的问题是费力不讨好的过程。如果问题持续了一段时间且没有得到妥善解决，领导者和下属的关系可能会变得高度紧张。领导者会指责下属，而下属会指责领导者或组织。

在这种情况下，领导者需要有高超的人际交往能力与大公无私的心态，才能有效地解决问题。如果领导者不愿意承认自己或者组织的行为对这个问题负有一部分责任，则不太可能解决问题。

## 处理工作不投入问题

当下属的表现或行为与领导者的期望存在差距时，就会出现下属工作不投入的现象。出现这种差距主要有两个原因：一是下属曾展现过不错的能力，但当下却表现不佳，或者出现负面行为；二是下属不愿意学习改善绩效或行为的知识和技能。

我们看到，解决这一问题有以下 3 种策略。

- 听之任之。

- 尽早发现问题。

- 采用支持型领导风格（高支持性 / 低指令性领导行为）。

如果你选择第一个策略——听之任之，那么结果也会与以前一样：愤怒加剧、沮丧和无解。

最有效的策略是在第一次发现问题时，在局面失控之前尽早解决。尽早发现问题使你和下属更容易识别原因并解决问题。

正如绩效的改善促使领导力风格曲线向前演进一样，如果下属的绩效下降，则领导者需要沿着曲线向后调整领导风格。如果你授权的员工的绩效开始下降，你想了解原因，那么你的领导风格就需要从授权型转变为支持型，你可以倾听员工讲述并收集相关资料。如果双方都认为下属仍然处于最佳状态，可以解释绩效下滑的原因并能尽快恢复绩效，那么你还可以回归到授权型的领导风格。但是，如果双方都认为这种绩效状况需要你多加关注，那么你现在可以采用教练型领导风格，更密切地监督下属。实际上，领导者必须一路退回到指令型风格的情况比较少见，即使我们不排除这种可能性。

当下属工作不投入问题已经持续一段时间时，我们可以采用第三种策略——谨慎地采用支持型领导风格。对那些想直接跳转回指令型风格的、缺乏耐心的管理者来说，这似乎不太合适。让我们探讨一下为什么支持型领导风格是更好的选择，以及其中的机制。

### 第一步：准备工作

准备工作应包括选择一项你们认为适合共同处理的、具体的绩效 / 行为问题。不要试图一次性解决所有问题。

确定了要关注的绩效 / 行为问题之后，你要从自己的角度去收集所有相关的信息。如果它是绩效问题，你就需要收集绩效下降的具体量化信息。如果它是行为问题，你就要亲自观察，不要在未观察之前做出假设或人云亦云，否则会引发当事人的防御心理。何况你可能无法识别出那究竟是哪些人的看法，因为提出这些看法的人通常并不想被指名道姓。另外，请尽可能地使用最新的信息。接下来，识别你 / 组织做过的任何可能造成下属工作不投入的事情。实事求是，勇于担当，这是找出解决方案最重要的因素。

对于以下问题，请扪心自问，并确定你在其中扮演了什么角色。问题如下：你的绩效预期是否明确？你有没有和当事人谈过他的绩效／行为问题？当事人知道做好工作的标准吗？是否有什么因素妨碍了绩效达成？你一直在使用正确的领导风格吗？你是否向当事人就绩效／行为提供了反馈？当事人是否因为不恰当的绩效／行为而获得奖励？（通常，组织中的人会因为不良行为而获得奖励，这种奖励就是：没有人站出来说什么。）当事人是否因为良好的绩效／行为而受到惩罚？（人们会因良好的绩效／行为而受到惩罚，这种惩罚就是：他们的绩效良好，但其他人捞到了功劳。）工作制度是否支持预期的绩效？例如，有没有学习所需技能的培训？培训时间是否充裕？

一旦完成了全面的准备工作，你就可以进行第二步了。

### 第二步：安排会议，陈述会议的宗旨并设置基本规则

安排会议至关重要。你可以通过陈述会议的宗旨和设置基本规则开始会议，以确保双方在没有防御心理的状态下听取彼此的意见。在绩效／行为方面有严重问题的当事人很可能会争辩并产生防御心理。在开始会议时，你可以参考以下示例的内容。

"吉姆，我想谈谈我认为比较严重的一个问题，希望得到你对有关信息的回应。我想就如何进行讨论设置一些基本规则，以便我们都能够分享各自的全部看法。希望我们共同努力，确定问题并就成因达成共识，以便我们能够通过制定目标和行动计划解决问题。

"首先，我想分享一下我对这个问题的看法，以及我认为可能导致这个问题产生的原因。我希望你只是倾听，先不要回应。当然，如果你有不清楚的地方，你可以提问。然后，我希望你复述我说的话，以确保我知道你理

解了我的观点。我说完以后，也想听听你的想法，所以我也会遵循相同的规则，复述你说的话，直到你知道我理解你的观点为止。你觉得咱们这样开始可以吗？"

使用会议开始前设置的基本规则，双方就可以开始了解彼此对目前存在的绩效问题的想法了。确保双方的想法都被听到，是减少防御心理、解决问题的良策。

为会议设置基本规则后，即可开始执行第三步。

### 第三步：就绩效问题及其成因达成共识

下一步是就存在的问题及其成因找出双方的共识和分歧。你在这一步的主要工作是促进双方相互理解，以便解决问题。在大多数冲突情境中，双方不太可能就所有事情达成共识。你需要发现双方在解决问题方面是否有足够多的共同看法。如果没有，你就要重新审视那些阻碍因素，重申你的立场，看看能否达成理解和共识。

如果你认为可以继续推进工作，则可以提议："你是否愿意与我一起解决这个问题？"

如果你无法继续推进工作，你就需要采用指令型领导风格，设定明确的绩效期望和实现目标的时间框架；制定明确且具体的绩效标准和追踪绩效进度的时间表；阐述未能履行目标带来的影响。你需要了解的是，这是可以解决绩效问题的最后一招，但不能解决下属工作不投入的问题。

当对方承诺与你共同努力解决问题时，你的正常反应是感到宽慰并认为问题得以解决，但其实远没有那么快。

如果你本人或组织本身对问题的造成负有责任，那就需要采取措施矫正纠偏。任何造成问题或使问题加剧的事情都需要得到处理。有时你无法控制组织的行为，但只需要承认组织的影响，往往就会让对方释放负面的能量，重新获得对方的承诺。

如果最终对方承诺与你共同努力解决问题，你就可以执行第四步。

第四步：成为绩效伙伴

现在，你和下属需要进行绩效合作讨论，共同决定你将在工作指导中采用何种领导风格。你应当设定目标，制订行动计划并安排进度检查会议，这一步至关重要。

解决下属工作不投入的问题需要高超的人际关系处理能力和绩效管理技能。初次尝试与下属进行某些对话的结果不太可能如你期望的那样有效。然而，如果你诚心诚意地进行对话，就会减少人际关系处理能力不足的不利影响，并为建立以承诺和信任为基础的富有成效的关系奠定基础。

## 绩效评估：绩效管理系统的第三部分

绩效管理系统的第三部分是绩效评估，即就下属一年的工作表现进行总结。在绩效管理策略中，我们没有纳入传统意义上的绩效考核。原因何在呢？因为我们认为，有效的绩效评估不是一年只进行一次的事情，而是贯穿整个绩效期的一个持续的过程。在根据下属发展水平安排的进度检查会议上，将持续进行关于下属绩效的开诚布公的讨论，最终促进双方达成相互理解和共识。如果这些会议顺利举行，年终绩效评估将只是对涉及内容的总体回顾，不应当存在任何意外。

## 作为非正式绩效管理系统的合作伙伴

到目前为止，我们一直讨论的是一对一领导力如何嵌入正式的绩效管理系统。遗憾的是，大多数组织没有正式的绩效管理系统。通常，组织会设置目标，但没有建立任何系统以帮助完成目标。因此，下属绩效的管理由个体领导者自行决定。虽然组织通常会进行年度绩效评估，但在大多数组织中，这些评估往往是随意为之。在这种环境下工作的领导者可以在各自的领域发挥非正式的一对一领导力，在绩效检查方面也是如此。正如我们之前所说，有效的绩效评估是一个持续的过程，应贯穿于整个绩效期，而不是每年只做一次的事情。如果领导者能够通过非正式的绩效管理系统做好工作，那么也许可以通过他们的良好示范在整个组织范围内形成正式的绩效管理系统，并且这种系统会以一对一领导力作为核心要素。

## 一对一会议机制：一对一领导力工作保障机制

如何缩小一对一领导力的学习与实践之间的差距呢？

玛吉·布兰佳和加里·德马雷斯特开发了一对一会议机制。该机制要求经理至少每两周与每一位下属召开 15~30 分钟的会议。[4] 经理负责安排会议，但由下属确定议程，这是真正属于他们的会议，是员工可以与经理谈论内心想法的时候。一对一会议机制的宗旨是让经理和员工作为两个"真实的人"了解彼此。

过去，大多数商界人士都持有这样一种观点："不要接近你的员工。如果你对员工有了情感的联结，就不能做出艰难的决定。"但是，竞争对手的组织也会吸引你的优秀人才。因此，了解和照顾员工本身就是一种竞争优势。

人才们常常抱怨：公司的招聘经理比直属领导更关心他们的希望和梦想。

千万不要让你自己被人才们这样抱怨。一对一会议机制不仅会加强领导者的一对一领导力，而且有助于下属与领导者建立真正的合作伙伴关系并提升工作满意度。在下一章中，我们将揭示一对一领导力的最终秘密。

# 第7章
# 一对一领导力的基本技巧

肯·布兰佳　弗雷德·芬奇

我们坚信二八法则：领导者需要与下属合作才能取得的成果中，有80%的成果来自他们20%的领导行为。《新一分钟经理人》(*The New One Minute Manager*)[1] 就是关于这个法则的一个完美例证。在原版的更新版本中，肯·布兰佳和斯宾塞·约翰逊 (Spencer Johnson) 关注 3 个基本概念：一分钟目标、一分钟赞美和一分钟再指导。虽然关于这 3 个技能的活动可能仅占经理从事活动的 20%，但可以为经理提供他们想要的 80% 的结果。这 3 项技能是有效进行绩效合作的核心。

## 一分钟目标设定

正如我们所强调的那样，没有明确的工作目标，布兰佳 SLII® 领导力模型就无法正常运转。为什么呢？因为下属的发展水平是与特定的任务相关的。正如我们已经指出的那样，下属是热情高涨的新手、从理想到现实的学习者、有能力但谨慎的执行者还是自力更生的成就者，完全取决于他们的工作目标。

研究表明，目标设定是领导者工具包中最强大的激励工具。[2] 它提供了宗旨、挑战和意义。目标是工作中的行动指南，它使令人信服的愿景变为现实，鼓舞人心。与简单模糊的目标相比，特定、清晰、具有挑战性的目标可以激励下属更加努力以获得更大的成就。

当然，人们必须具备实现目标所必需的知识、技能和投入精神，这就是布兰佳 SLII® 领导力的重点。领导者与热情高涨的新手和从理想到现实的学习者打交道时，设定学习型目标可能比结果型目标更好。例如，对高尔夫球新手来说，将球击入网中比在练习场中击球更好，因为如果采用结果型目标，新手每次努力的结果显然不佳，每次击球失败后就会灰心。但当他们击球进网时，其关注点则在于是否在学习正确的击球动作。当这些球手开始表现出挥杆能力时，就可以进入练习场。

区分学习型目标和结果型目标非常重要，因为有些人认为他们从未经历过从理想到现实的学习者阶段，这是由于与实现目标相比，他们更专注于学习本身。但是，无论下属专注于学习还是实现目标，随着下属发展水平的提高，领导者的领导风格都应该逐渐从指令型、教练型过渡到支持型，最后是授权型。

如果所有好的绩效都始于拥有一个清晰的目标，那么当你拥有一个目标时，如何知道它是否清晰呢？为了明确目标，人们需要知道他们被要求做的事情（责任范围）以及良好的绩效（评估所依据的绩效标准）是什么样的。

## 责任范围

提高生产力的最大障碍之一就是组织期望和责任不明确。例如，当员工与经理同时被问到员工是做什么的，他们通常都会给出截然不同的答案，特别是当小组被要求按优先顺序排列责任时，情况更是如此。结果是，组织中的个人经常因为没有做他们不知道应该做的事情而受到惩罚。

有时，被认为是对特定活动负有最大责任的领导者可能完全不了解其角色。例如，有人询问了一组关注销售的饭店经理："谁负责组织中的销售工作？"他们说是服务员。但是当问服务员"你们的主要职责是什么"时，他们的回答始终是"提供食物和下订单"，他们没有提及销售的责任。因此，尽管"让下属知道组织期望和责任"这项工作看似非常基础，但领导者仍要确保下属知道。

## 绩效标准

人们还必须知道良好的绩效是什么样的。绩效标准可以帮助管理者和下属更轻松地监督绩效，这是评估的基础。管理者若要知道组织是否有明确的绩效标准，那么可以询问员工："你做得好吗？"大多数人会回答"我不知道"或"我认为做得好"。如果他们回答"是的，我想我做得好"，那么管理者可以继续问："你怎么知道你做得好？"员工典型的回答是"我最近没有被老板骂过"或"没有人说我做得不好，因此我认为我做得好"。这些答案暗示着人们在犯错误之前几乎不会收到有关绩效的反馈。这是一种可悲的状况。管理者这种惯常做法反映了美国组织最常用的管理方式："平时不管，出事就骂"。这种管理方式也被称为"海鸥式管理"。当有人犯错时，海鸥管理者会飞进来，搞得鸡飞狗跳，批评所有人，然后又拍拍屁股飞走了。因为这是美国组织的主要管理方式，所以这些组织的主要问题就是激励员工，这一点不足为奇。

长期从事动机研究的顾问斯科特·迈耶斯（Scott Meyers）使用一种新颖的类比方法得出了相同的观点。[3] 迈耶斯为组织中有大批毫无工作动机的员工感到震惊。然而，他从来没有见过谁下班后没有动力，每个人似乎都拥有做某些事的动力。

一天晚上，迈耶斯在打保龄球时看见了前公司的一些"问题"员工。当时，他印象最深的、上进心最差的一名员工拿起保龄球，走近掷球线，把球打了出去，然后大喊大叫地跳了起来。你怎么知道他为什么特别高兴呢？对迈耶斯来说，答案显而易见：他肯定打出了全中！他知道自己干得漂亮，一球击倒了所有的球瓶。

管理者需要牢记的是，为员工设定的目标必须明确。迈耶斯认为，人们之所以没能在组织中同样兴高采烈，一部分原因是，他们对自己背负的期望并不清楚。我们继续看迈耶斯如何用打保龄球做比喻：当人们走近球道时，注意到球道尽头没有球瓶，也就是说，人们不知道目标是什么，在没有球瓶的球道上打保龄球，你会打多久呢？然而，在现实工作中，人们每天都在没有球瓶的球道上打保龄球，因此无法判断自己的水平如何。管理者知道自己希望员工做什么，却懒得告诉员工，他们以为员工全都知道。在目标设定的工作上，请切勿对任何事情想当然。

为了实现目标，人们需要获得反馈。当经理以为员工知道他们的期望时，经理就是在创造第二种无效的打保龄球形式——球瓶已被备好了，但是球手在掷球时注意到球道上方有一块挡板。当球从挡板下面滑过去时，球手听到了撞击声，但不知道自己击倒了多少个球瓶。当球手被问到他打得怎样时，他说："我不知道，但是感觉不错。"

这就像在晚上打高尔夫球一样。我们的许多朋友都放弃了打高尔夫球，原因是"球场太拥挤了"。当我们建议他们晚上打球时，他们笑了。在看不见旗帜时，谁会打高尔夫球呢？因此，为了实现目标，人们需要获得关于自身表现的明确反馈。

**对员工的首要激励因素就是反馈结果。**

正如前同事里克·塔特（Rick Tate）常说的那样："反馈是冠军的早餐。"你是否能想象这样的情形：在为奥运会积极训练的过程中，没有人告诉你你跑步的速度或跳跃的高度？这个想法似乎很荒谬，但是许多人就是在组织没有进行反馈的情况下工作，他们不知道自己做得如何。

只有当金钱被作为对结果的一种反馈时，金钱才能激励人。你是否曾经获得满意的加薪，却发现别人不努力工作也获得了同样多甚至更多的加薪？这时，加薪不但没有起到激励作用，而且一旦你知道它与结果无关，你就会变得毫无动力。突然之间，工作多么努力都变得无足轻重。

一旦管理者确信对员工的首要激励因素是反馈结果，他们通常就会创造第三种无效的打保龄球形式。当球手排队掷球时，球瓶已被备好，挡板仍在，但是现在比赛多了另一个元素：一个站在挡板后面的管理者。球手在掷球后听到坠落的球瓶互相撞击。此时，管理者举起两根手指说："你击倒了2个球瓶。"实际上，大多数管理者不会这样积极地表达反馈，而是会说："你没打中8个球瓶。"

## 绩效评估可能破坏绩效

　　管理者为什么不抬起挡板以便让所有人都能看到球瓶？因为在美国，组织具有强大的所谓"绩效评估"的传统，我们称其为"NIHYYSOB"（意思是"现在我抓到你了，混蛋！"）。可悲的是，在美国，许多管理者将绩效评估作为每年一次报复员工的机会。

　　正如我们在上一章中指出的那样，绩效评估过程通常会将员工放入正态分布曲线上，从而对员工进行强制分类，歪曲其表现。通常，为团队薪酬设定固定预算或比例的企业会鼓励这种做法。在大多数美国组织中，如果管理者直接管理 6 ~ 7 个人，则不会把他们都评高分（即使他们都可得高分）。因为管理者很快就会意识到，如果他对所有员工都打高分，随后就会被自己的上司打低分。换而言之，在美国大多数组织中，管理者获得高分的唯一方法，就是给某些员工打低分。

　　管理者最艰巨的工作之一就是确定谁得低分。大多数美国人从小就习得这种双输的思维方式——每一个群体中的某些人必须输掉，这种思维方式体现在美国教育体系的方方面面。例如，一个五年级老师在考查学生关于国家首都的知识时，绝对不会在考试中提供地图以便于学生查找答案。为什么呢？因为那样的话，所有的孩子都能完全答对。你能想象允许参加词汇考试的孩子使用词典会对美国教育界产生怎样的影响吗？答案是美国教育界会一片哗然！

## 限制目标个数

　　大多数研究表明，在理想的情况下，最高绩效的员工可以全神贯注于

3 ~ 5 个目标。[4] 这些目标一旦确定，员工就应该将它们记录在册，以便可以经常将实际行为与目标行为进行比对。

通常，目标设定被认为是一项文书工作，是完成工作不得不做的事。在这种情况下，员工在设定目标后就会将目标束之高阁，然后各行其是，直到绩效评估迫在眉睫才会记起目标。"一分钟目标设定"的理念是，目标应当随时能被员工记起，并且应极其精炼，员工能在一分钟甚至更短的时间内读完每一个目标。

## 符合 SMART 原则的目标才是好目标

尽管大多数管理者都同意设定目标的重要性，但他们并未拨冗与员工一起设定明确的目标并记录在册。因此，员工倾向于陷在"事务陷阱"中，整天忙于做事，但不一定是做正确的事。为了专注于那些真正重要的事，你应当与员工一起设定符合 SMART 原则的目标。SMART 原则代表了设定高质量目标最重要的几个因素，具体如下。

- **具体可衡量**（specific and measurable）：你必须明确需要改进的地方以及良好绩效的标准。将目标具体化正好应验了一句俗语："无法衡量就无法管理。"因此，目标必须具体、可观察且可衡量。如果有员工说"我的工作无法衡量"，那么你应提议删除这项工作，看看有没有什么影响。

- **激励人心**（motivating）：员工所做的每一项工作并非都是令人兴奋的，但是，拥有激励性目标会有所帮助。有时候，所有人都需要知道手头的任务为什么重要、自己所做的事情究竟会带来什么价值，这些都具有激励作用。

- **可实现（attainable）**：真正有激励作用的是那些难度适当但可实现的目标。古老的套圈游戏屡次证明了这一点，这种游戏让人们自选离目标任何距离的位置进行投掷。结果发现，成就欲望低的人，要么站在离目标很近的位置，要么站在成功概率小的远位。大卫·麦克莱兰（David McClelland）对成就动机进行的经典研究发现，高成就动机者通过试验找到自己与目标之间适当距离的位置。[5] 如果从某个位置投掷百发百中，他们则会退后站，因为对他们来说，站在之前的位置投中目标太过容易。如果很少套中，他们就会选择靠前站，因为任务太过艰难。麦克莱兰发现，高成就动机者喜欢设定适当难度但可实现的目标，即需要激发潜力但并非不可实现的目标，这就是我们所说的"可实现"的含义。

- **相关性（relevant）**：如上所述，我们相信二八法则。你希望员工取得的绩效成果中，有80%来自他们参与的20%的活动。因此，如果解决目标意味着解决影响整体绩效的20%的活动，那么目标就具备相关性。

- **可追踪且有时限（trackable and time-bound）**：管理者如果要赞美员工在工作中取得进展，或重新指导以纠正员工不当的行为，就必须经常评估绩效，这意味着管理者要使用记录系统和时间表追踪绩效。如果你的目标是在6月1日之前收到报告，那么你应该要求在此之前提交多份暂定报告，并表彰其陆续取得的进展，这样做会大大增加你最终收到一份合格甚至出色的报告的概率。

# 一分钟赞美

一旦员工了解了职责所在以及良好行为的标准，你就可以开始做出第二个关键行为：一分钟赞美。赞美是管理者可以做到的最有力的行动。实际上，这是培训员工成为工作赢家的关键。赞美着重于强化那些使人们更能接近目标的行为。

在成为"一分钟经理人"的所有关键因素中，"一分钟赞美"的力量最为强大。

你要环顾组织上下，留意"哪些人正在做正确的事"。一旦看到，你就要给他们即时、具体、动情的"一分钟赞美"。

## 即时而具体

有效的赞美必须是即时而具体的，需要立刻告诉人们他们哪些地方做得对。例如，"你在星期五提交了报告，写得真好！我今天在会议上引用过报告中的内容。这份报告让我和咱们部门都被刮目相看了！"过于笼统的评论，诸如"我感激你的努力"和"非常感谢你"等，听起来不够真诚，因此也不太可能有效。

## 说出你的感受

在赞美别人之后，你要告诉他们其所作所为对你有何影响。在表述时，你不要太过理性，而要直接说出你的直觉感受："在董事会会议上听取了你的财务介绍后，我感到非常高兴和自豪。我很高兴你能加入我们的团队。非常感谢你。"虽然赞美他人不会花很长的时间，却可以对他们产生长远的影响。

## 赞美无往不利

赞美驱动着一切有效的人际互动，与之相同的概念适用于任何关系。赞美不仅会使人们成为更好的管理者，还可以使他们成为更好的父母、配偶、朋友和顾客。下面以婚姻关系为例阐述赞美的作用。

当你第一次恋爱时，你感觉对方一切都很完美，你很少看到爱人的缺点或局限。爱是盲目的——你只会看到对方积极的一面。当你决定结婚或者承诺某种永久关系时，你常常会发现彼此之间产生了问题。你开始说诸如"我不知道你曾那样想"或"我不敢相信你会那样做"之类的话。你将关注点转移到对方有哪些问题，而不是做对了哪些事上。一段恋爱关系的终结，往往发生在你做了对的事却被指责做得不够正确的时候。那时，你会经常听到类似"我本不应该问"或"你应该早就做完"的话。

两个人是如何从彼此相爱到争吵不休的呢？答案很简单，良好的关系取决于你们互相捕捉对方"做得对"的事情的频率。

## 差不多正确的行为也可以被赞美

上述讨论引出了关于赞美的一个要点：不要等到对方行为完全正确时才去赞美，要尝试发现人们做得近乎正确的事。我们都期待对方做出完全正确的行为，但是，如果等到对方行为完全正确之后才去认可，那么我们的期待可能永远无法实现。我们必须记住，完全正确的行为是由一系列近似正确的行为引发的。对动物和孩子而言，我们都知道的确如此，但却忘了对大人们来说也是一样的。

例如，假设你想教一个学说话的孩子说"请给我一杯水"。如果你等到孩子会说整个句子之后再给她水喝，那么她肯定会渴死。因此，你会先教她说："水！水！"突然有一天，孩子说了一声"暑"，你高兴得跳起来，对她又抱又亲，并且赶紧给她的祖母打电话报喜说孩子可以说"暑"了！是的，她说的并不是"水"，但是已经相当接近了。

然而，你肯定不想让一个21岁的孩子还在餐厅里说要一杯"暑"，所以很快你就开始强调"水"的正确发音；在这之后，你又教孩子说"请"字。因此，在培训过程中，你应该重点发现人们做得对的事——在最初阶段就是发现对方近乎正确的事，然后逐渐使其朝向期望的行为发展。

雪佛龙化工（Chevron Chemical）公司前总裁鲍勃·戴维斯（Bob Davis）的座右铭之一是："赞美进步，至少进步是一个进展中的目标。"在工作和家庭活动的所有互动中，我们需要做的就是强调积极的一面，发现人们做得对的行为，即便那些行为只是差不多正确。

如果你在与配偶、孩子、团队成员、管理者或朋友的交往中遇到困难，那么你首先必须扪心自问："我想让这种关系变好吗？"检视自己的直觉，如果你的内心深处不想建立这种关系，就不可能做到，因为你会有"是的，不过……"这样的思维模式。但是如果你想改善关系，你就会发现别人在做正确的事或近乎正确的事。然而，如果你出于任何原因不希望关系变好，就很容易抹杀别人向你示好的最大努力。无论那个人做对了什么，你都会说："是的，不过你这一点或那一点没做好。"

## 抽时间赞美

我们总是问人们一个问题："在工作场所或家里得到赞美，你们当中有多少人会为此感到不悦和厌倦呢？"每个人都笑了，因为大多数人都不习惯互相鼓励。然而，我们都知道，许多人会在钱夹中随身携带几年前获得的奖励证明。对大多数人来说，似乎"抓住你"（抓住人们在做错事）比"干得好"（发现人们在做正确的事）更容易。如何打破这种模式呢？也许我们需要更加刻意地练习。

你应当每周至少留出 2 小时专门为人们加油打气，并且像记录其他任何日程一样，把这事写到日历上，然后使用惠普公司"走动式管理"的哲学，⁶在你管理的地方四处走走，发现人们在做正确的或近乎正确的事，为他们加油。你可以对配偶、子女和朋友做同样的事情。在家里，你可能不需要每周 2 小时那么多的时间，但 10 分钟肯定无妨。

## 一分钟再指导

如果一分钟赞美专注于吸引人们正确地做事并强调积极的态度，那么我们不可避免地会面对一个问题，那就是："这种理念很好。但如果某人的绩效就是达不到标准，那该怎么办？"

处理不良绩效有两种策略：训诫和再指导。

训诫最适合那些"不想做"或态度有问题的人。这些人是优胜者，知道该怎么做，但出于某些原因没有去做。再指导适合那些"做不到"或遇到问题的人，这些人是学习者，尚不知道该如何做好。

《一分钟经理人》(*The One Minute Manager*)最初于 1982 年发行，这本书指出，一分钟经理人的第三个秘诀是"一分钟训诫"。当工作环境不太复杂且组织采用自上而下式管理模式时，一分钟训诫是一个合适的做法。但是如今的管理更多的是并行的过程，另外，大多数领域的变化如此之快，以至于人们从事某种工作的能力通常很快就会过时。今天我们要跟上别人不断学习的步伐。即使你是专家，你的专业知识也可能在未来无用武之地。再指导可以帮助人们在瞬息万变的环境中学习。为了反映这些变化，《一分钟经理人》的第三个秘诀已被重新命名为"一分钟再指导"。

## 一分钟再指导如何进行

如果一个人犯了错误或者绩效达不到标准，那么一分钟再指导是适用的。

在开始进行一分钟再指导之前，管理者必须确保当事人正在努力追赶的目标是明确的，这一点至关重要。如果并非如此，则管理者需要对此承担责任并阐明目标。

如果员工的目标明确却存在绩效问题，则管理者应进行再指导。

再指导分为两个部分。上半部分着重于绩效，下半部分关注工作者。

再指导的上半部分

1. 像"一分钟赞美"一样，一分钟再指导也需要在事后尽快进行。领导者不应压抑自己的感受，压抑的时间越长，就越容易情绪化行事。因此，领导者应尽快向下属提供反馈。

2. 确认事实，并与当事人一起检查出了什么问题，沟通要具体。例如，如果客户没有收到正确的订单，那么领导者应该向相关负责人说明问题。

3. 表达你对工作失误的看法及其对结果的影响。例如，你可以说："我很担心。他是我们最好的客户，他真的很沮丧。他需要这个订单进行销售汇报。由于我们未按时交付，他的汇报最终出现了一些小问题。"

在此暂停。此时，你可能需要安静一会儿，以便当事人认识到其错误带来的影响。

再指导的下半部分

4. 请记住，要让当事人懂得错误是错误，他们本人还是优秀的，你对他们仍心存好感。你可以说："每个人都会犯错。我仍然认为你是团队的杰出贡献者。"

5. 提醒他们，你对他们有信心并且信任他们，但你不希望再看到他们出错。你可以说："我对你充满信心，我相信这种情况不会再次发生。"

再指导的宗旨不是使员工失望，而是要使员工重返绩效巅峰并保持积极学习的心态。

艾瑟斯咨询集团（Aethos Consulting Group）的总经理马特·彼得森（Matt Peterson）给出了一个很好的关于再指导的示例，揭示了其之所以有效的原理。在圣迭戈著名的科罗纳多酒店（Hotel del Coronado），一位原本能干的服务生非常了解酒店的卓越标准。但是，他搞砸了一个订单且没有在意，这导致酒店的一位常客投诉说不会再来住宿。服务生的上级经理必须做出决定：解雇他，还是把他痛骂一顿？

最后，经理并没有选择这两项的任何一项。相反，他与服务生坐下来，仔细地检查他做错了什么，并指导他改变未来的行为。然后他拿出一张纸，和服务生一起写致歉便条。那天晚上，他们便将致歉便条寄给了那位客人。

正如马特所言，第二天，服务生在大厅偶遇那位客人。他为自己的粗心大意给客户和酒店声誉造成的负面影响感到难过。于是，他走近客人，含着泪水，为自己糟糕的服务而道歉。客人接受了他的道歉，并且他们之间建立起真正的联系。客人在离开酒店之前，又预订了下一次的住宿。

这个故事说明了有效再指导的连锁反应。通过这种将服务生的过失表现视为学习的机会，而不是应受惩罚的过错的方式，经理可以对员工、客户和组织产生积极的影响。管理者坚定而富有同情心的态度不会使员工产生防御心理，因此，员工愿意吸取教训并学习宝贵的经验。更重要的是，员工能够将富有同情心的态度传递给客户，客户会因此忠于这样的品牌。

这个故事还证明了一对一领导力如何有效地影响企业的盈利能力。当经理能够善待员工时，员工反过来又会为客户提供良好的服务。被用心服务的客户就可能会变成回头客，这样公司就可以创造健康的盈利。

## 赞美和再指导是一对一领导力的关键

发挥有效的一对一领导力的第四步是交付/提供适当的领导风格。同样，作为领导者，你一直在寻找机会将领导风格向前推进到授权型领导风格。随着下属绩效的提高，赞美下属取得的进步对支持他们的努力来说至关重要。如果下属的绩效停滞不前或有所倒退，那么领导者不应采取谴责或惩罚的方式，最好的策略是再指导并使其重回正轨。领导者在进行走动式管理时，应当赞扬员工取得的进步或对其进行再指导，这就是帮助员工实现目标并践行组织愿景的有效方式。

# 《一分钟经理人》的第四个诀窍

肯·布兰佳和斯宾塞·约翰逊合著的《一分钟经理人》问世后不久，一位总经理写信给肯表达了他对《一分钟经理人》中 3 个诀窍的欣赏。但是他提出，经理并不总是正确的，他甚至坚持认为经理总是犯错："我认为一分钟经理人的第四个诀窍应该是一分钟道歉。"

这引起了肯的共鸣，因为他的母亲总是说："在这个世界上，人们用得不够多的词有两个。这两个词可以让世界变得更美好，那就是'谢谢你'和'对不起'。"一分钟赞美涉及"谢谢你"，但 3 个诀窍没有涉及"对不起"。于是肯和玛格丽特·麦克布赖德（Margret McBride）决定撰写《一分钟经理人的第四个诀窍》（*The Fourth Secret of the One Minute Manager: A Powerful Way to Make Things Better*）。[7]

## 一分钟道歉

与赞美和再指导一样，一分钟道歉有以下几个关键点。

- 一分钟道歉始于悔过的态度。首先你要诚实，向自己承认因为做错了事而需要弥补，关键是要有对你的行为以及对他人造成的伤害承担全部责任的意愿。

- 一分钟道歉以诚信为终点，包括承认自己所做或未做的事情有错，与你的个人愿景不符。重要的是，你需要重申自己虽有不当行为，但仍存向善之心，能够原谅自己。

- 完成这两项之后，你必须将重点放到对受害者的道歉上。

- 最后，你对自己和他人承诺不再重复犯错，并通过改变自己的行为履行这种承诺。

一分钟道歉是怎样进行的呢？假设你在一次会议上一直打断某个同事的发言，没让她说完自己的想法。当会议结束后另一位同事指出这一点时，你才幡然醒悟，意识到自己所做的事情是错的，对团队不利。

你需要尽快找到那个被冒犯的人并向她道歉："我收到了反馈，说我在今天的会议上一直打断你，没让你说完话。我想向你道歉，因为我意识到这确有其事，我很难过，那并非我的本意。实际上，我想我不至于那样做，我保证不会再有下次。我要怎样做才能弥补今天的过错呢？"

一分钟道歉可能是纠正错误、建立良好关系所需的信任的一种最有效的方法。在一分钟目标设定、一分钟赞美和一分钟再指导的基础上添加一分钟道歉，可以使发挥一对一领导力成为真正的平等交流的过程。在这个过程中，承认自身的弱点变成常规行为而不是例外行为。有效的一对一伙伴关系取决于信任。只有当我们在共事时放下自我、保持真诚，信任才能产生。

在下一章中，你将看到建立互信关系（一种可培养的技能）不但对有效的一对一伙伴关系很重要，而且对团队和组织至关重要。

# 第8章

# 建立互信关系

肯·布兰佳　辛西娅·奥姆斯特德　兰迪·康利

互信关系是所有健康关系的基础。因此，有效的一对一伙伴关系，以及团队和组织的关键，就是领导者建立互信关系的能力，这一点不足为奇。

如果员工之间缺乏信任感，组织就不可能有效地运转。研究表明，生产力、收入和利润会受到对工作环境信任度的正面或负面的影响。[1]

遗憾的是，在美国，许多组织中的信任度在持续下降。马里茨（Maritz）进行的一项民意调查显示，只有7%的员工坚定地相信高层管理者会关照员工的最佳利益。[2] 由 MasteryWorks 进行的一项调查表明，缺乏信任感与人才流失密切相关。

## 低信任度会造成高成本

布兰佳公司的研究证实，员工会离开缺乏信任感的组织。在对1 000多位管理者的研究中，59%的受访者表示，由于互信关系的问题，他们离开了组织，缺乏沟通和诚信是其中的关键因素。

不值得信任的领导者实际上会造成下属无法在组织中达成最佳绩效。当人们意识到一个组织或者领导者不值得信任时，他们就会尽量少做事，不会为了组织的利益去发挥个人的能动性或者做出什么承诺。

因为需要薪酬，所以员工通常会选择留在组织里工作，仅此而已。在员工看来，工作纯粹是组织与员工的交易，员工不禁会问："如果组织对我不好，我为什么要为组织贡献自己的力量呢？"

## 建立互信关系的益处

当人们相信自己正在为值得信任的领导者工作时，他们就会愿意投入时间和才干为组织创造非凡的成就。他们可以感到更紧密的联结，并在工作中投入更多的精力。较高的信任度会增强员工的自我责任感，给员工带来更深层次的人际交流，激励员工为实现共同目标而采取更多的集体行动。

值得信任的管理者会得到员工的奖赏：员工会不断努力，超越极限，并愿意超越自己。当管理者创建高度信任的环境时，员工就会增强协作，组织也会向前飞跃。

一旦认识到高度信任的工作环境的好处，组织的决策者就会将建立信任作为重中之重。

## 建立互信关系的 4 个要素

建立互信关系是你可以学会的技能，它从沟通开始。因为对不同的人来说，互信关系意味着不同的事物，所以决策者必须首先找到一种共同的信任语言，即他们认可的符合信任的那些素质。在《信任为王：团队信任的 4 个关键》(*Trust Work!: Four Keys to Building Lasting Relationships*)一书中，肯·布兰佳、辛西娅·奥姆斯特德和玛莎·劳伦斯（Martha Lawrence）确定了领导者可用来定义并与下属讨论的建立互信关系的 4 个要素。[3]这 4 个要素构成了 ABCD 信任模型™（ABCD Trust Model™）。

**能力（able）** 即证明胜任力。领导者知道如何完成工作吗？能够创造业绩吗？有能力做成事吗？足够了解组织并能为下属提供完成工作所需的资源和信息吗？

**可信度（believable）** 意味着诚信行事。领导者在与人打交道时必须诚实。在实际工作中，这意味着创建并遵循公平的流程。员工需要感到被平等相待。当然，领导者并不一定要在任何情况下都以相同的方式对待所有人，但这意味着要根据具体情况给予人们适当且公正的对待。可信度还涉及以前后一致的、价值驱动的方式行事，这样才能确保员工可以安心地依靠自己的领导者。

**连接性（connected）** 与展现对他人的关心和关怀有关，意味着关注他人并发现他人的需求。良好的沟通能力将为你建立连接提供支持。领导者需要公开共享有关组织和自身的信息。这样，下属就可以将领导者视为真实的人，更易于建立对领导者的认同感。当领导者展现脆弱的一面并分享自己的信息时，就会与下属产生一种连接感。

**可靠性（dependable）** 就是遵循所说的承诺，意味着领导者要对自己的行为负责，并响应他人的需求。如果领导者承诺了某些事情，就必须兑现。领导者还要展现出条理性和预见性，以便下属看到领导者有条不紊地开展工作并能在工作中信守承诺。

# 创建高信任度的环境

领导者可以将 ABCD 信任模型™ 作为指导方针，通过以下 4 个步骤来创建高信任度的环境，以增强员工参与度和组织活力。

（1）了解符合 ABCD 信任模型™ 的行为。

（2）评估当前的信任级别。

（3）诊断需要改善的领域。

（4）进行对话以恢复互信关系。

## 第一步：了解符合 ABCD 信任模型™的行为

在 ABCD 信任模型™ 中，我们用"行为词汇"来定义信任。能够了解自己的行为如何影响他人的领导者会更容易获得尊重、赢得信任并实现共同目标。与 ABCD 信任模型™ 一致，以下行为有助于促进互信关系、建立互信关系和维持互信关系。

**能力**

获得高质量的结果。

解决问题。

发展技能。

精通业务。

运用技能帮助他人。

**可信度**

保持信心。

**连接性**

认真倾听并征求意见。

赞美并表现出对他人的兴趣。

分享自己的信息。

与他人合作愉快。

对他人表示共情。

**可靠性**

言必信。

| | |
|---|---|
| 知错认错。 | 及时响应。 |
| 诚实诚恳。 | 有条有理，认真负责。 |
| 不在背后议论他人。 | 跟进完成。 |
| 不评判，表示尊重。 | 始终如一。 |

我们用"行为词汇"来定义信任，这样，每个人就可以公开谈论"互信关系"这个有些敏感的话题。现在，人们可以做到"对事不对人"，不必指出谁"不可信任"，并且可以直接使用模型识别那些破坏互信关系的行为。

## 第二步：评估当前的信任级别

创建高信任度的环境的第二步是在能力、可信度、连接性和可靠性方面进行自我评估。

因为信任是相互的，所以自我评估只是建立互信关系的一部分。你可以请其他人针对 ABCD 信任模型 ™ 的 4 个要素为你评分。

正确设置评估流程很重要，这样人们才能坦率地接受评估，也不必担心任何打击报复。在评估流程中，你应鼓励人们不要在评估中留下自己的名字，除非他们认同自己的反馈意见。你要向他们说明，他们的回答将帮助你更加了解他人如何看待你的行为方式。你应该记得感谢别人的回应，并告诉他们你学到了什么。

## 第三步：诊断需要改善的领域

创建高信任度的环境的下一步是学习如何诊断低信任度的情况，以便找出破坏互信关系的行为。自我评估和他人评估应当使你对自己的优点和弱点有所了解，即哪些行为正在建立互信关系，哪些行为正在破坏互信关系。

请务必注意，许多破坏互信关系的行为不是人们故意为之，甚至不是人们有意识做出的。例如，当肯·布兰佳在其工作团队中进行评估时，他获得最高分的项目是"连接性行为"，获得最低分的项目是"可靠性行为"。当他和团队研究为什么大家认为他的弱点在于可靠性时，得出的答案是肯似乎从未听到过真正的坏主意，换言之，他太容易表示赞同/肯定了。尽管是出于良好的意愿，但他经常变得过度投入，这给自己和团队都带来了压力。

## 第四步：进行对话以恢复互信关系

尽管讨论信任问题可能让人们感到很不自在，但是忽略不提也不会使问题消失。在许多情况下，逃避只会使情况变得更糟糕。坦诚的对话不仅可以消除误会，还可以促进改善经营业绩并增进人与人之间的联系。

为了帮助肯变得更加可靠，他和团队讨论了用各种策略来减轻其过度投入的倾向。执行助理马格丽·艾伦（Margery Allen）建议，肯在出差时应当分发她的名片而不是肯自己的名片，这样她就可以帮助肯筛选来电者，并与肯讨论，基于他的时间、精力以及团队的资源，哪些商业建议是相对现实的。这个策略成功地使肯在可靠性方面得到提高。

具有专制管理风格的领导者可能对这种策略感到不悦，也许觉得这会给下属授予太多的权力。然而，如果领导者想要发挥作用，就必须承认自己同其他人一样，也会犯错误。承认并修复互信关系漏洞的能力不仅有助于领导者与下属建立更牢固的关系，还可以让领导者为未来的领导者树立有效的行为榜样。

领导者必须考虑 ABCD 信任模型 ™ 中的 4 个核心要素，以及组织中的员工如何评价他们在这些方面的表现。如果领导者发现自己缺少特定领域的知识，则需要正面应对。

同样，对领导者来说，展现人们期待领导者做出的建立互信关系的行为至关重要，因为人们需要从看得到的行为中感到被信任，而不是从哪里听到自己被信任。例如，那些能够将坏消息坦诚相告的企业领导者更善于建立起互信关系，这对于公司内部和外部的长期牢固关系都十分必要。

表现出对他人的信任也很重要。领导者要建立规则、策略和程序，防止一些坏家伙将错误的信息传达给组织中需要感到被信任且值得信任的大多数人。

苹果公司联合创始人史蒂夫·乔布斯（Steve Jobs）在接受《滚石》（*Rolling Stone*）杂志的采访时强调了信任的重要性。他说："技术不足挂齿，重要的是要对员工有信心。面对一群善良又聪明的人，你只要提供工具，他们就会创造成果。"

## 透明度的挑战

信息就是力量。建立互信关系的最佳方法之一就是共享信息，这是提高组织透明度的核心。但是，知道和做到可能是两回事。

共享信息有时意味着披露那些被认为是特权的信息，包括敏感和重要的话题，例如竞争性活动、未来的商业计划及战略、财务数据、行业问题或有问题的领域、竞争对手的最佳实践、团队活动对组织目标的贡献方式，以及关于绩效的反馈。为人们提供更完整的信息可以传达信任和"我们在一起"的感觉，帮助人们更广泛地考虑组织以及各个群组、资源和目标之间的相互关系。

例如，加利福尼亚奥克兰的贝雷特－克勒出版社（Berrett-Koehler Publishers），通过其网站链接知识共享协议（Creative Commons License）以公开与作者的合同以及出版物备忘录，从而保持透明度。

生产户外服装的巴塔哥尼亚（Patagonia）公司有一个关于透明度的著名案例。该公司的内部刊物《足迹纪事》（*Footprint Chronicles*）披露了巴塔哥尼亚供应链中的农场、纺织厂和工厂的信息，以及所使用的可能对环境有害的材料。巴塔哥尼亚公司在其官方网站上指出："要减少我们的技术装备对相关环境的影响异常困难，特别是防护层。与我们生产的其他产品不同，防护层必须能够在最恶劣的天气下发挥绝对作用，实属不可或缺。遗憾的是，为了达到该功能标准，我们需要依靠化石燃料。"

尽管巴塔哥尼亚公司的透明政策可能不会令所有利益相关方满意，但它确实赢得了信任。在透明度的问题上，领导者面临的挑战就是按照支持弱者并适度共享信息的原则行事。

在决定透明度的问题时，组织负责人应考虑以下问题：在组织中，透明度意味着什么？员工应该获取所有信息吗？谁应该参加会议？如果你所在的组织过去是一个保守、封闭的组织，组织负责人则必须回答这些问题，并就如何成为一个更加透明的组织与员工进行坦诚的交流。

在透明度偏低的低信任度组织中，领导者面临挑战。要扭转局面，他们必须认真检查自己的行为并思考：他们自己值得信赖吗？在组织的各级别人员之间是否具备透明度和诚信度？

云数据管理初创公司 Rubrik 的联合创始人兼行政长官毕普·辛哈（Bipul Sinha）遵循极致透明的严格守则。这家公司的董事会会议对所有 600 名员工开放，并且其中大多数人亲自到会或以虚拟方式参会。除了保密的客户信息，其他相关的业务主题都能被摆在桌面上讨论，员工被鼓励向董事会提出质疑和挑战。

辛哈承认，这样的开放"可能挺吓人"。"但是，如果你是坦诚相告并保持信息透明，那就会在组织中建立互信关系，会创造赋能。"

## 修复受损的互信关系

尽管我们充满善意，但是，所有的人也都曾经经历失去他人的信任的过程。实际上，由信任问题引起的误解和关系紧张非常普遍。好消息是，如果你与同事之间的互信关系被打破，你的职业关系或个人关系还可以被弥补。建立互信关系需要艰苦的努力，尤其是在背叛发生之后，但你还是可以做到的。

正如我们与肯和他的团队看到的，以 ABCD 信任模型 ™ 为指导进行对话有助于改善这些情况。但是，当互信关系被破坏的程度严重到关系濒临破裂或完全破裂时，你该怎么办呢？我们将这种情况称为"信任受损"。如果你因为没有开放交流的安全办法而回避某个人，这可能是互信关系受损的信号。如果与某个人打交道的想法使你不免担心、愤怒或恐惧，那也是你正在面临互信关系受损的一个信号。

应对互信关系受损的情况需要毅力和远见。你与对方的谈话可能具有挑战性，双方的情绪可能会变得激动不安，谈话风险也会很高。此外，对话可能会带来一些你宁愿回避的后果。如果你觉得双方的矛盾一触即发或谈话风险很高，或者谈话可能造成进一步的损害，那么你可能需要聘请专业的调解员或治疗师出面。另外，如果你已经评估了挑战并确定风险是可控的，则可以使用兰迪·康利（Randy Conley）创建的五步法开始修复互信关系。

## 第一步：认知与确保

要开始修复互信关系的过程，第一步是认知到存在问题并需要解决问题。启动互信关系对话需要勇气。当你认知到存在问题时，请确保对方也希望恢复双方之间的互信关系，并愿意投入时间和精力使互信关系恢复正常。重要的是，你要确定重建互信关系是双方共同的目标。如果并非如此，那么你能做的，只是感谢对方并据实相告。不过，你可能会希望让对方知道，如果他们以后愿意恢复互信关系，你将会敞开对话的大门。

## 第二步：承认

下一步是承认你自己对于造成互信关系被破坏的局面负有责任，愿意对自己的行为以及造成的任何伤害负责。即使你不觉得自己完全有错，也要承认自己应负一部分的责任。如果你觉得对方应负最主要的责任，则你可以简单地说："我承认，我没有让你知道一直困扰我的事。"在这种情况下，承认你负有责任是至关重要的一步，不可忽视。拒绝承认自己的错误会损害你的可信度。

## 第三步：道歉

修复受损的互信关系的第三步，是对你在这种情况下起到的不良作用致歉，做到这一点需要谦卑。同样，即使你不认为自己应负全责，你也要为自己做错的部分道歉，就你可能造成的任何伤害向对方表示遗憾，并向对方保证你将改变自己不可取的行为（例如，你可以说："我为一直回避你而道歉。将来如果遇到这类问题，我会立即告诉你。"）重要的是，你在道歉时应当是真诚的，要表达发自内心的懊悔。如果是做作的或被迫的道歉，那么对方可能会注意到这一点并会质疑你的可信度。千万要避免找借口、推卸责任或者说出冠冕堂皇的理由，因为这些都会破坏你的道歉。

## 第四步：评估

邀请对方提供反馈，一起评估 ABCD 信任模型 ™ 中哪些元素遭到了破坏。与对方讨论受损的互信关系势必会引起对方的不安，因此，请你做好心理准备。你要确认，这一步的目的不是指责谁，而是识别出有问题的行为，以便将来可以避免。对破坏互信关系的行为识别得越具体，就越容易修复关系，因为每个人都要清晰地认识到需要做出哪些改变。

## 第五步：共识

修复受损的互信关系的最后一步是共同制订行动计划。既然你们已经讨论了彼此的看法，并确定了造成问题根源的负面行为，就可以共同找出今后将要做的正面行为。现在，双方是时候澄清彼此对这段关系的共同目标了，并就未来希望更多 / 更少看到的事情提出诚恳的请求。

## 涟漪效应

高层管理者应成为值得信任的人的典范，通过亲身实践值得信任的行为为他人树立榜样，让曾经心怀顾虑的员工看到应当如何善待他人。这会在整个组织内产生信任的涟漪效应，成就人人互信的组织。这种相互信任的氛围也会被传达给顾客和客户，从而带来更好的商业结果和良好的客户关系。

领导者必须定期评估组织中的信任度，并关注是否有互信关系受损的迹象。如果发现信任度不足，则需要找出发生问题的地方，并立即开始修复互信关系的过程。

在美国"银行声誉调查"（the Survey of Bank Reputations）和《福布斯》发布的美国最值得信赖的金融公司排行榜中，西诺乌斯金融公司（Synovus Financial）始终名列前茅。但在 2007 年美国经济衰退后，其信任水平一直在波动。随后，西诺乌斯的首席执行官克塞尔·斯特林（Kessel Stelling）及其管理团队坦诚公开他们为维持业务必须做出的艰难选择，包括关闭分支机构和裁员，从而迅速恢复了银行的声誉。西诺乌斯领导团队牢记公司"在决策中始终以人为本"的价值观，因此决定与数名负债累累的客户合作。这些客户经历了失业和其他挫折，银行允许他们延期还清贷款。

斯特林告诉《美国银行家》（*American Banker*）杂志说："我看到人们失去了积蓄、生意和家园。我看到好人受到伤害但仍然尽最大的努力履行义务。我们希望向信誉良好的人们提供贷款，但必须审查他们的具体情况，我们愿意给人们第二次机会。"这体现了高层领导者兼顾商业成果和良好客户关系的最佳方式。

建立互信关系的能力是任何领导者都应具备的关键能力，尤其是承担教练责任的人。在下一章中，我们将探讨如何利用教练建立组织的后备领导团队。

# 第 9 章

# 教练：领导力发展的关键能力

马德琳·霍曼·布兰佳　琳达·米勒

有调查显示，在世界各地的公司中，领导力缺口将很快涌现。所有行业、职能领域以及组织内部各层级都需要未来的领导者。培养新的领导者正在成为高管和高级经理工作的重中之重。教练越来越被公认为有效培养未来领导者的关键能力之一。

美国管理协会（American Management Association）在 2008 年进行的一项研究中发现，教练与组织绩效提升密切相关，但如今只有大约一半的公司使用了教练服务。教练服务越来越受到欢迎，这个领域为员工提供了巨大的成长机会。[1]

美国管理协会在总结报告中指出："我们预期，教练将成为未来发展和保留稀缺人才的关键之一。并且，我们认为，学习利用好这一点的公司将在全球市场上拥有显著的竞争优势。"

## 教练的定义

我们在这里谈论的"教练"，其定义已远远超出了布兰佳 SLII® 领导力中描述的教练型领导风格的含义。在狭义的定义中，无论学习者是因为任务比预期的要复杂而从理想到现实，还是因为环境导致了态度的改变而从理想到现实，采用教练型领导风格的领导者都要提供适当的指导和支持。我们在本章中描述的教练是一个广义的术语，涵盖了多种应用情况。我们将此广义术语定义如下：

> 教练是审慎地运用聚焦性对话创造一种环境，以促进绩效表现及人才发展的过程。

无论人们处于何种职能或岗位，成功的教练过程都会鼓励他们在决策和行动时深思熟虑、明确目标并朝着完全符合团队和组织的目标的方向行动。教练的核心聚焦在自我责任感、深化推进和采取有意识的行动上。

## 教练的 5 种应用场景

组织可以聘用外部教练，也可以培训管理者和人力资源专家将教练作为其工作职责的一部分，让他们为组织中的领导者提供内部教练服务。我们讨论的所有示例都针对内部教练。无论由谁进行教练，教练都有以下 5 种常见的应用场景。

- 当个人需要帮助以使自身的工作表现恢复到合格的标准时，可以使用绩效教练。

- 当高绩效人才准备好更全面地胜任当前职位时，可以使用发展教练。

- 当个人准备好规划下一步的职业发展时，可以使用职业规划教练。

- 当经理或员工需要支持、鼓励和尽责以支持近期的培训并将想法转化为行动时，可以使用学习支持教练。

- 当领导者认识到教练的价值并利用它来发展人才时，就会形成一种内部教练文化。

在与许多组织中的人才合作之后，我们发现，许多经理和领导者将大部分时间用于应对绩效挑战。随着领导力缺口的涌现，从"管理绩效"转向"专注于发展"至关重要。如图 9-1 所示，纵使教练过程有时会涉及绩效和职业生涯的对话与讨论，其最佳作用点始终在"发展"上。

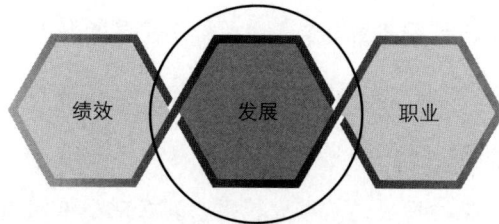

**图 9-1 教练的最佳作用点**

接下来，让我们更深入地研究教练的 5 种应用场景。

## 应用场景一：绩效教练

当个人过去对目标 / 任务拥有能力和信心，但现在的表现不如从前时，就需要使用绩效教练。通常，这种表现不佳是因为个人态度的改变而不是因为技能的改变。

让我们以艾琳（Erin）和马克斯（Max）为例。

在过去两年中，艾琳知道马克斯不需要过多的指导即可履行其主要职责。但是，在过去 3 个月中，艾琳注意到马克斯没有像以前那样完成项目。艾琳非常忙，一直没有安排定期与马克斯进行一对一谈话，这次她终于把马克斯叫进了办公室。

"你错过了最后期限，"艾琳对马克斯说，"这是怎么回事？"

马克斯耸耸肩说："错过最后期限有什么大不了？我们还有很多时间做这件事，下周前我会搞定。"

艾琳对马克斯的说法感到惊讶。她问马克斯在这个项目上处于什么发展水平，以及为了完成工作他还需要什么支持。马克斯再次耸了耸肩。

绩效教练的宗旨是重新激发个人对目标 / 任务的能力和信心，从而使个人重新获得动力并改善绩效。布兰佳 SLII® 领导力可被用于诊断发展水平并匹配领导者所需的领导风格。

对于马克斯的回应，艾琳比较担心。在观察了他几个月之后，艾琳认为是时候给他反馈了。

"马克斯，我想与你分享过去几个月来我观察到的情况。今年 1 月之前，你似乎很热爱团队和手头的工作。在完成大多数项目和目标的过程中，你要么是有能力但谨慎的执行者，要么是自力更生的成就者。你当然不需要我提供太多的指导。多年来，你一直是团队工作的主要贡献者，但上次你错过了交付成果的最后期限却不以为然，"艾琳停下来看着他问，"这是怎么回事啊？"

马克斯没有回应。

艾琳继续说道："我们在这个项目上面临很多风险。如果接下来你需要我的帮助，我很乐意为你提供更多的指导。如果我们不能在本周完成这个项目，就会使下一工作环节的员工受到影响。我需要你与我并肩战斗，否则我将不得不让其他人参与进来。"

马克斯抬起眼睛看着艾琳，说："你不用那样做。我承认对自己这个项目有些失望，但是现在听到你说这个项目很重要，我这就准备去解决问题。"

艾琳说："太棒了！过去你一直是团队的骨干，我很重视你的工作。接下来，咱们就你本周要采取的工作步骤保持密切沟通，希望我们能在期限之前完成这个项目。下次咱们什么时候聊聊比较好？"

## 绩效教练技巧

若要在员工绩效下滑的情况下使用教练，领导者和人力资源专家就需要坦诚地提供准确、客观的反馈意见，并说清楚这种情况的风险在哪里，以及谁应为此负责。

在提供反馈和讨论后果时，领导者保持中立至关重要。同样重要的是，领导者还要说清楚下属是否拥有做出改变的选择，并需要就做出的改变达成共识。这一步可能会花一些时间，而且并不总是像听起来那么简单。

在绩效教练过程中，领导者要当心迷失重点，要坚定而清晰地表达自己的观点，但是不要责罚下属，应尽可能地保持积极和鼓励的态度。另外，如果下属未达到商定的目标，领导者务必要明确说明后果。为了避免造成混淆和误解，在开始进行绩效指导对话之前，领导者务必先清楚后果，这一点很重要。

## 应用场景二：发展教练

大多数领导者都如此忙于眼前的急事，以至于忽视了与下属进行关于个人发展的对话。领导者可能忘了团队成员也像自己一样，当自身的发展得到关心时，就会充满活力，倍受鼓舞。

当下属工作表现良好并为下一步发展做好准备时，使用发展教练会很有帮助。下属可能在大多数项目和目标上都达到了自力更生的成就者的水平（D4），并且准备好更全面地履行目前的职责。将发展作为首要任务的责任主要在下属的身上。但是，当领导者也将精力聚焦于此时，便会向团队成员传达信任和支持的潜在信息。

贝卡（Becca）热爱她的工作，她已经工作了 4 年，经常负责新的职责和项目。她知道自己喜欢不断地接受挑战，否则她会感到无聊。有一天，她在日程表上看到经理奥利弗（Oliver）请求与她会谈。由于两人工作地点不在一处，于是，她给奥利弗打了电话。

"嗨，贝卡。感谢你这么准时来电，我一直很喜欢你这一点！我最近一直想你，我们近来还没有谈过你的个人发展呢。你在我的眼里一直都是自力更生的成就者，能负责自己的工作和项目。有时我可能忘了和你讨论当前职位的下一步发展，现在我们可以聊几分钟吗？"

贝卡感到一阵激动，说："那很好啊！"

发展教练的重点是鼓励并促进下属进一步发展。为了保持人们的工作参与度和成长性，对领导者而言，尽可能地扩展下属的能力非常重要，这有助于将下属培养成未来的经理或领导者。

将教练运用于员工发展领域时，支持型（S3）的领导风格很有帮助。在教练过程中，领导者要倾听下属关心的内容，并提出探索性的问题，一定要问下属什么是发展机会，以及他有什么想法。领导者要将这种对话视为挑战并激发下属进行更广泛思考的一种方式。

听到贝卡声音里的热情，奥利弗继续说："贝卡，你未来打算如何发展职业呢？"

贝卡回答说："你知道，我很想多了解团队的预算流程。我一直对那个领域很感兴趣。"

奥利弗很高兴听到贝卡一直在考虑自己的职业发展问题，尽管她以前从未提出过。奥利弗说："贝卡，你提出对预算流程感兴趣的想法非常及时，因为我们正要开始明年的预算流程，我有几个人选可能会对你有所帮助。"

### 发展教练技巧

将教练过程运用在员工发展领域时，请记住，无论员工还是经理，谁都可以先开启这样的对话。在评估员工在工作中的优势和劣势时，管理者应着重强调其优势。管理者应广泛关注员工的发展机会，但注意要做出具体的承诺。别忘了将员工介绍给你的专业人脉圈子，这与为他们找到新项目一样重要。

## 应用场景三：职业规划教练

随着组织对领导者的需求不断增加，职业规划教练行业正在兴起。应用职业规划教练，既是留住人才的策略，也会随着时间的推移提升组织的后备力量。即便在没有太多上升空间的扁平化组织中，员工也会热衷于谈论未来。

　　领导者应该在什么时候开始这些讨论呢？当下属在自力更生的成就者水平上持续发挥作用时，领导者就应当开始与下属进行关于职业规划的对话。此时，教练可以帮助下属展望未来几年的目标，而作为教练的领导者则可以帮助下属计划接下来的职业发展。

　　几个信号可以说明到了该进行职业规划讨论的时候。一是当下属的表现持续超出预期时，他们可能已经准备好进一步成长了。下属是否告诉过你他想要承担更多的责任？这也可能是一个信号。还有一个直接的信号，那就是下属主动提出这个话题。但是，领导者不要仅仅因为高绩效下属没有要求过谈论职业发展，就以为他们没有这样的想法。大多数情况下，他们是有的。

　　领导者可能会发现职业规划教练对话充满风险，因为搞不好就有可能失去重要的团队成员。但领导者一定要放下失去人才的顾虑，勇敢地参与讨论。马歇尔·古德史密斯（Marshall Goldsmith）的研究表明，业绩最好的人离开公司的原因之一是没有人要求他们留下。[2] 关于职业规划的对话是领导者向下属表明他们有多么重要的宝贵机会。归根结底，至关重要的是领导者要同时考虑到对下属和组织都最有利的方面。

　　领导者不要因为认为太花时间而回避职业规划教练对话，因为这正是让高绩效人才留在组织所需要进行的对话。与其花更多的时间去招聘人员来填补空缺岗位，领导者不如通过谈话留住人才。

　　职业规划教练对话可以挑战和鼓励高潜力员工不断向前发展。专注于未来不仅可以为组织赢得收益，还可以让员工成为赢家。当职业规划战略包括由谁来接管可能空出来的岗位时，领导者将会因此获益。

如下面的案例所示，大多数下属都希望领导者在职业规划领域提供指导和支持。

汉娜（Hannah）开始思考自己的职业发展的未来前景时，她已经在公司工作了8年。她觉得现在该和她的经理妮基（Niki）谈谈了。其实妮基也一直在考虑汉娜的个人成长问题，但除了与某些同事提过，她什么还都没和汉娜说。

汉娜在之后的一对一会议上提出了这一点："妮基，我真的很想和你谈谈我接下来要做什么。与你共事已经有好几年了，大多数时候，我觉得自己在完成任务和目标上是一个自力更生的成就者。那么，我职业发展的下一步是什么呢？"

妮基知道该来的谈话已经来了。她也知道自己不想失去汉娜这样的员工，但是留住汉娜会阻碍她的成长，这最终对公司也不利。

妮基说："汉娜，很高兴你正在考虑这一点。我也曾经想过，很抱歉没有及时与你谈谈。我很想听听你对未来目标的想法，以及这将如何支持实现公司的目标。感谢你开启了这次对话。"

汉娜首先向妮基讲述了她正在做的事，信心满满地提到自己已经准备好迎接新的挑战和机遇。

妮基认真聆听，思考汉娜的能力和热情在哪些方面与组织的需求相匹配。她说："汉娜，我认为跨职能项目对你来说会是完美的选择，并且会拓展你的能力和人际关系。"妮基接着描述了该项目。

汉娜说："我很想参与其中。"

"如果这会给你带来职业转型，那么你可以培训谁来接管你目前的工作？"妮基问道。

汉娜想了一会儿，说："我心中有几个人选。"

妮基说："太好了！你必须与他们尽快联系，看看他们是否准备好并且愿意接替你的职位。让我们就这个话题持续进行谈论，好吗？"

"当然，"汉娜说。会议结束后，她和妮基都感到很高兴。

### 职业规划教练指导技巧

作为领导者，你应该定期与绩效良好的下属进行职业规划教练对话。需要再次强调的是，由领导者提出职业规划是一种主动行为，可以让下属感到被关注。在对话中，重要的是领导者要探索下属的想法以及这些想法如何与组织目标相结合。另外，领导者需要熟练掌握公司人力资源部提供的职业发展服务，了解有关工作角色及相应能力的信息。在讨论后续发展的各个方面时，领导者要与下属共享这些信息，包括下属的职业将在何时、何地、以何种方式向前发展。最后，领导者需要确保提供资源支持并在需要时帮助牵线搭桥。

## 应用场景四：学习支持教练

人们通过培训学习，培训是组织培养人才的最佳方法之一。培训可以提升包括管理、领导力、技能、流程、沟通以及许多工作相关领域的能力。正如我们在上一章结尾所说的那样，培训的主要挑战是缩小学习与实践之间的差距，使人们可以利用在培训中学到的知识。让组织在培训方面的投资效果最大化的最佳方法，就是进行"教练培训跟进对话"。

我们发现，在学习过程中至少进行 3 次教练培训跟进对话，可以使学习支持教练的过程效果最大化。这是经理人、人力资源专业人员以及内部或外部教练在培训后即可进行的对话。

在培训活动结束后的 8 周内，只需要进行 3 次教练培训跟进对话，参与者就可以持续运用所学知识。在培训后的两周内进行第一次教练培训跟进对话，然后每两到三周再进行一次会产生最佳效果。每次对话都应侧重于如何将培训中的信息应用到工作场所。

下面是一个"教练培训跟进对话"的示例。

摩根（Morgan）喜欢新任经理培训的学习内容，公司提供了出色的培训。当经理告诉她可以参加针对布兰佳 SLII® 领导力的高级管理课程时，她感到非常高兴。不过她不知道的是，这门课程会有所不同，因为它包括 6 个月的外部专业教练跟进培训。

在第一次电话会中，教练凯尔（Kyle）问摩根所学到的哪些知识对于实施工作有帮助。这个问题让她想到了学习材料，她重新翻阅笔记，意识到与团队成员之间的某些交流不太顺利。凯尔问她有什么学到的、可以立即应用于改善交流的知识。摩根首先意识到她倾向于对所有员工采用相同的领导风格。诊断团队成员的特定发展水平并为每个人确定适合的领导风格，这一点让她大开眼界。她了解到，与员工进行一对一会谈不仅有助于改善他们之间的关系，还会帮助她运用所学的知识。

凯尔问摩根，在下一次电话会之前，她愿意采取什么行动，以及下一步在这些方面想取得哪些进展。摩根同意在与凯尔下次通话之前，安排自己与每个下属进行一对一会谈。

学习支持教练的技巧

培训活动结束后，尽快开始进行教练很重要。领导者要建立一个适当的机制，以便安排与下属的第一次会谈以及之后的一系列会谈。关注下属如何将新知识应用到工作中，可以帮助他们识别行为项目及行动的阻碍。

注意不要针对培训内容进行辩论。教练的宗旨是帮助员工运用所学内容，而不是针对学习内容展开辩论，需要专注于行动。学习支持教练就是讨论如何在现实世界中使用学习材料的过程。

最后，不要以没有时间进行教练为借口。请记住，花费在教练上的时间可以使培训投入最大化，可以赋能你自己和下属，并且为你们今后的工作开展节省大量的时间。

## 应用场景五：创建内部教练文化

让教练对组织产生最积极影响的方法，就是建立自己的内部教练文化。只有当领导者意识到教练的价值，并利用它来培养未来急需的领导者时，这种情况才会发生。

在《组织教练》（*Coaching in Organizations*）一书中，马德琳·布兰佳和琳达·米勒认为，建立内部教练文化会带来很多好处。[3] 教练不仅强调领导能力的发展，还有利于培养对工作负责的心态。教练文化是一种自我负责的文化，不鼓励将问题推卸给他人。尽管这种文化需要加以时日才能培养起来，但是它有利于创造出色的工作环境，可以促进生产力发展并提升员工的士气。

正式推出内部教练文化可能需要 12 ～ 18 个月。准备及推出的过程可能包括对经理和领导者的教练培训、对正在学习如何教练他人的老师们的辅导培训，以及为确保成功而开发支持系统和评估策略。

以下案例说明了在建立内部教练文化之前必须进行哪些深度思考。

当罗伯（Rob）意识到自己对教练文化的热爱以及教练文化对其所在的制造公司的重要性时，他立即开始与合作的教练公司进行面谈。最终，教练公司指派了团队负责人亚历克（Alec）与罗伯一起工作，因为亚历克了解教练文化并拥有在其他公司建立教练文化体系的经验。初次见面时，亚历克提出一些问题。

"罗伯，在推进这个项目之前，我们需要解决几个问题。首先，教练对你意味着什么？你希望教练为你们公司做什么？"

罗伯答道："自从去年与教练一起工作，我经历了极大的成长，我们团队的生产力比以前大幅提升，这引起了高层领导者的注意。他们问我做了什么不一样的事，我唯一做的就是教练了我的团队。现在是其他人获得同样经验的时候了，我想在公司创建教练文化。"

"你将如何得到高层领导者对教练的支持并且向他们表明目标呢？"亚历克问。

罗伯回答说："我们的首席执行官和首席运营官已经认同。你提出有关目标的问题很有意思。我想我需要在那方面做更多的工作，我不确定大家对目标的认识是否足够清晰。"

亚历克点点头说："在谈论目标时，你一定要问他们如何评估结果。许多组织正在通过考虑用期望回报率（ROE）而不是投资回报率（ROI）来评估教练过程成功与否。"

　　罗伯同意了，说："是的，现在搞清楚这一点很好。我们是一家投资回报率很高的公司，我会开始讨论投资回报率和期望回报率之间的差异。我知道，如何评估教练成功与否可能具有挑战性，我们需要在未来进行更多的讨论。"

　　"那是肯定的，"亚历克说，"对于评估的内容以及如何评估结果，你知道得越清楚越好。你还需要与高层领导者就共享的信息和保密的信息达成共识。对教练对话的内容保密是教练的关键部分。"

　　罗伯点点头，根据以往的教练经验，他立即理解了亚历克的意思。

## 创建内部教练文化的技巧

　　在创建内部教练文化时，重要的是首先定义其宗旨和目标，并确保它们符合组织的宗旨和价值观。接下来，你要找到可以在教练文化中作为榜样的高层领导者，并确保获得实施计划需要的行政支持。你要奖励那些能够体现教练文化的行为和活动，建立并执行有关教练的内部沟通机制。你可以根据组织具体的人手情况决定由谁担任教练。一般而言，从组织外部聘请专业教练可能更为妥当。

　　在采取措施创建内部教练文化时，你应该注意一些事项。第一，一定要定义和尊重保密性。一旦教练对话中的保密性原则遭到破坏，就可能严重损害整个教练计划。第二，请记住，教练文化并非一朝一夕就能建立起来的，领导者需要分配大量的时间开始启动。第三，记住要保持灵活性。如果在过程中有任何问题，你可以随时进行调整。

　　当你谈论教练时，人们经常会问及导师制以及两者如何融合在一起。在下一章中，我们将回答这个问题。

# 第 10 章

# 导师：人生规划的关键

肯·布兰佳　克莱尔·迪亚兹 – 奥尔蒂斯

在回顾个人生涯和拥有的成就时，人们几乎无一例外地会谈到指导他们前进的人。那是因为成功的人并非靠单打独斗实现目标，即使是最独立的成功者，背后也有帮助他获得成功的某个人或某些人。

像教练一样，导师辅导也是一对一的过程。但是，一方面，个人与教练之间的关系具有特定的宗旨和目标，这些宗旨集中在发展潜力、改善人际关系和提高绩上；另一方面，导师关系①具有广泛的目标，正如本章副标题提议的那样，导师辅导 / 计划不仅仅与实现目标有关，而且与人生规划有关。

导师关系有用吗？绝对有用。正如迈克尔·海厄特（Michael Hyatt）所说："没有什么比合适的导师关系能够更快助人成功。"

导师关系也是互惠互利的关系。然而，当大多数人考虑导师关系时，都将注意力集中在导师对受教者可能产生的影响上，换句话说，就是关注导师对接受辅导的人的影响，而对于受教者对导师的影响却知之甚少。实际上，大多数导师与受教者之间的关系是双赢的：双方都从经验中学习并从中获益。[1]

---

① 本章所说的"导师关系"指的是导师与受教者的关系。——编者注

另一个关于导师关系的普遍看法是，导师是具有职业成就和熟练技能的长辈，可以为年轻的受教者提供指导，但事实并非总是如此。导师可以比受教者年龄大一些或小一些。成功的关键是选择最适合你需求的导师／受教者，无论其年龄大小。

如何确定导师指导是否适合你呢？你可以考虑以下 3 个问题。

- 你当下处于人生的哪个阶段——处在上升轨道上，还是遭遇发展停滞期？

- 你是否对前进的方向感到不确定？

- 你愿意以开放的心态向他人学习吗？

无论你的年龄大小，这些问题都非常重要。

假设你的直觉是"是的，我应该成为一名导师"或"是的，我可以找一名导师"，那么，哪些顾虑可能会阻止你建立导师关系？

## 开始与导师建立关系的障碍

对于与导师建立关系，人们普遍存在 3 种主要的顾虑。

第一个顾虑与时间有关。许多人认为，导师辅导太耗时，因为导师或受教者并不是全职工作。如果你是一名受教者，那么合适的导师可以使你免于犯错，尤其是那些可能让职业生涯倒退数年的代价极高的错误。拥有一名导师将提高你的决策质量，并为你提供你原本无法获得的机会。

如果你是导师，则受教者可以为你提供关于自己职业方面的新视角。

第二个顾虑与恐惧有关。许多人害怕与潜在的导师接触，许多潜在的导师也害怕他们并不是真正地懂得如何成为一名导师。对于与导师建立关系有所顾虑是自然的反应，但那不应当成为错过导师计划潜在益处的理由。

第三个顾虑与困惑有关。导师制是什么、成为导师或受教者意味着什么，对这些问题的困惑阻碍了人们与导师建立关系。在《一分钟导师》（*One Minute Mentoring: How to Find and Work with a Mentor*）一书中，肯·布兰佳和克莱尔·迪亚兹－奥尔蒂斯阐明了导师指导的概念以及包含的内容。[2]

## 选择一个辅导伙伴

选择辅导伙伴之前，你必须确定所寻求导师关系的类型。以下是各种导师—受教者关系的部分列表。

**新员工辅导**：许多组织都有针对新员工的正式导师计划。这个概念很简单，就是将新员工与经验丰富的人配对，并观察新员工的学习和成长。

**同侪辅导**：这包括与职位级别相同或能力相当的人合作，以便互相指导并提高彼此的效率。

**代际辅导**：涉及将来自不同世代的两个人配对，以实现互惠互利和各自的成长。年长者可能是智慧的榜样，可以将智慧、经验传授给年轻人；年轻人可能是向年长者传授前沿技能（如技术）的老师。

## 合作的本质与形式

需要谨记，与辅导伙伴一起合作包括两个方面：本质和形式。这里的本质就是全心全意地分享，找到共同的价值。这里的形式是关于你们将如何合作的机制。

确定潜在的导师或受教者后，你首先与对方会面，确定双方在合作本质上是否相配。你们的价值观一致吗？个性冲突吗？对话畅通吗？

如果你与潜在的导师／受教者在合作本质上匹配，则可以转而探讨合作的形式——你们打算实现什么、如何实现使命、何时进行交流、在哪里交流。

在肯·布兰佳在与诺曼·文森特·皮尔（Norman Vincent Peale）建立合作著述辅导关系之前，本质相对形式的重要性变得显而易见。肯最初的想法是写一本名为《积极管理的力量》（*The Power of Positive Management*）的书，他拜访了积极思考领域公认的一位思想领袖，与之讨论合著之事。在谈话中，潜在的合著者所谈的只是合作形式方面的问题：谁做什么、如何分配版税，等等，并迅速将所有关于合作本质的讨论引向合作形式方面。因此，肯决定不与之合作。

不久之后，肯接到了出版商的电话，对方说："我了解你与潜在合著人的谈话令你失望。你有没有想过和诺曼·文森特·皮尔一起写一本书？"肯询问："哦，他还健在吗？"因为肯记得在他出生之前，他的父母就经常去诺曼的教堂。出版商说："当然，他不仅健在，现在86岁高龄了，也是个了不起的人。"

肯同意与诺曼以及他的妻子露丝（Ruth）会面后，他惊喜地发现他们的整个谈话都是关于合作本质的。诺曼和露丝很快向肯讲述了他们的为人处世原则和价值观，并问了他同样的问题。在3小时的午餐会结束后，诺曼扭头看着妻子，问道："露丝，你认为我们应该和这个年轻人合作写书吗？"这是双方在形式上第一次谈及关于商业的问题。露丝说："当然，但是有个条件——从现在开始，无论我们何时见面，他都要带上他的妻子玛吉。"

肯不仅与诺曼合著了《道德管理的力量》（*The Power of Ethical Management*）一书，还建立了忘年交式的奇妙导师关系：肯和玛吉都是 40 多岁，诺曼和露丝都是 80 多岁。

## MENTOR 模型：成功的导师关系的要素

一旦你决定与导师或受教者共事，围绕关系建立一些支持机制将使你们共处的时间更有质量，这就是为什么肯·布兰佳在与克莱尔·迪亚兹－奥尔蒂斯要开发 MENTOR 模型，以建立有效导师关系的六项准则。[3] 遵循这些准则将使你获得有效的导师关系。

### 使命（Mission）

抽出时间为导师关系精心拟定一份双方共同认可的使命声明，即每个人打算从这段关系中得到什么。使命声明描述了一切计划实现之后的那幅场景。这种做法貌似有些极端，但使命的创建过程对于消除假设并提高工作效率的作用足以令人叹服。

### 会谈（Engagement）

双方应该针对各自的个性和时间表商定具体的合作方式。尤其是在开始建立导师关系之前，即使是虚拟会议，双方也要承诺定期参加。通过约定彼此之间的交流频率以及交流方式，你们将更有可能建立起导师关系。

## 人际关系（Networking）

导师和受教者都会提供彼此的人际关系网络给对方，这些人际关系将成为通往新知识、新技能和新机遇的渠道。但是，你不能鲁莽地对待这些关系。跟进联系别人为你介绍的朋友，与利用合作伙伴的关系谋取不正当的好处，两者之间存在一条界线，小心不要僭越。

## 信任（Trust）

建立成熟的导师关系需要深入的沟通和平等的交流，这需要时间。你要当心，信任可以瞬间被破坏，所以你需要立即解决任何错误并及时沟通问题。通过讲真话、保持连接和可靠性，你可以建立起有利于个人成长和职业发展的信任关系。

## 机会（Opportunity）

对于你们双方而言，导师关系都将提供更多的机会，包括活动、学习经历、人际关系和职业选择方面的机会。如今，数字媒体使人们潜在的人际关系网络比以往任何时候都更庞大，也为合作伙伴提供了更多的机会。你要密切注意可以彼此共享的潜在机会，并跟进别人为你提供的机会。

## 回顾与更新（Review and Renew）

导师关系不一定无限期持续。一旦双方确定了使命，就要每年或每半年进行一次定期回顾。这会帮助你们保持良好的关系，并知道导师辅导任务何时可以完成。届时，你们可以选择延续导师关系并创建新的任务，也可以选择结束导师关系。

诺曼·文森特·皮尔和肯·布兰佳的导师关系涉及 MENTOR 模型的所有要素。他们的使命是合写一本书，以此对企业和组织的道德与诚信产生积极的影响，并让人们看到不必为了追求赢而去欺骗。

他们早早就对约见细节达成共识，确定了见面的时间、频率以及彼此沟通的方式。

在人际关系网络方面，他们的导师关系真正体现了互惠互利。诺曼将肯介绍给了福来鸡（Chick-fil-A）的创始人特鲁特·凯西（Truett Cathy），肯也向诺曼介绍了不少有见识的人。

肯和诺曼之间建立的信任深厚而真诚，双方都意识到他们不只是在书写情怀，还是在尽力践行他们的理想。诺曼是肯见过的最积极向上的人，他经常说："和肯在一起，即便自己到了这个岁数，还有动力去做更多的事情。"

导师关系为肯和诺曼带来了充满机遇的新世界。通过诺曼的引荐，肯与特鲁特·凯西合著了一本书，书名为《慷慨因素：发现给予时间、才华和财富的喜悦》（*The Generosity Factor: Discover the Joy of Giving Your Time, Talent, and Treasure*）。与肯一起，诺曼参加了在全美各地促进新研讨会的活动。

在诺曼和肯合著之作出版时，他们之间已经发展出朋友／导师关系，他们会定期回顾和更新这段关系。多年以来，他们互相鼓励和支持。诺曼建议肯写一本关于他精神之旅的书，肯最终将此书献给了诺曼。[4]

# 在组织中创建导师计划

许多公司发现，正式的导师计划是培养新员工成功的最佳方法之一。这些内部导师计划对组织也有很多好处，例如：培养训练有素的员工、提升员工敬业度、减少人才流失和发展领导力。总之，导师计划在企业方兴未艾，层出不穷。

福来鸡快餐公司要求所有的高管都要成为员工的导师。导师与受教者的配对由公司执行委员会完成，其他领导者可以"指定"员工成为自己的受教者。一名导师指导多少名员工可根据导师个人的时间安排和兴趣程度而定，有些人每年不止指导一位员工。

英特尔公司执行了一项长期计划：根据受教者的技能和兴趣，将员工与导师进行匹配。导师辅导既可以是面对面的形式，也可以是线上的虚拟形式。这项计划要求潜在的受教者填写一份调查表，公司据此为其匹配符合个人兴趣的导师。

如果你有兴趣帮助组织建立导师计划，请记住以下几点。

**从人力资源部开始**。如果你在设有人力资源部的大型组织工作，那么这里应当是讨论这个想法的第一站。以前有人考虑过这个想法吗？人力资源团队是否愿意带头建立导师计划？随着计划的发展，你可以提供什么支持？如果你可以让人力资源部对这个计划产生兴趣，就可以依靠他们的专业知识设立导师计划。通常，这需要找到对导师关系感兴趣的员工，然后将导师和受教者一一配对。

**教授导师和受教者 MENTOR 模型**。很多时候，潜在导师害怕给别人做辅导，因为他们自认为知识储备还不够多。实际上，不是知识丰富，反而是人生经历丰富才是成功建立导师关系最重要的因素之一，大多数人肯定符合条件。通过遵循 MENTOR 模型中的 6 个要素，你可以顺利地建立充满活力和魅力的导师关系。

**建立基本准则**。只有建立了定期的检查与平衡机制，导师计划才能发挥其最大潜力。在一家公司中，所有导师关系都遵循这些基本准则实为良策。你可以围绕以下几点设置基本准则。

- 导师与受教者之间的会议频率。
- 导师与受教者的整体时间安排。
- 导师与受教者进行回顾会的日期。

打造正式的导师计划是组织所能做到的最明智的投资之一。导师计划不仅可以教育和激活组织内部的人才，还可以保存和增加关键的企业知识资产。按照每天大约有 10 000 人进入 65 岁这一数据，我们认为，正式的导师计划可以成为将年长员工的知识技能转移给年轻员工的绝好策略。

## 为不同职业阶段的员工定制导师计划

组织在建立内部导师制度时，重点在于匹配受教者和导师的职业阶段。例如，食品服务公司索迪斯（Sodexo）提供了 3 种类型的导师计划，以此帮助处于职业生涯不同阶段的员工：一是桥计划，它会将新员工与经验丰富的经理进行配对；二是 IMPACT 计划，在一年中，它会使各级员工形成 100 对正式的合作伙伴关系；三是非正式同侪辅导计划，它允许员工可以选择在职业生涯的任何阶段参与进来。

## 初级或入门级

为初级或入门级员工提供在职培训会有所帮助，而更好的方式是为他们提供一个新员工辅导计划。这种方式可以使新员工与经验丰富的员工配对，从而帮助新员工了解工作的基本知识，以及如何从起点开始规划职业道路。

需要记住，入门级员工并不一定意味着年轻。在当今的工作场所中，越来越多的婴儿潮一代开始从事第二职业，这种趋势在 2015 年的电影《实习生》（*The Intern*）中得到了体现。在电影中，一位 70 岁的鳏夫为了提升自己的技能，接受了在线零售商的实习职位，并成为 30 多岁的创始人和首席执行官朱尔斯的受教者。这部电影不仅突出了"反向导师"的经典案例，还展示了入门级辅导是如何互惠互利的。

## 职业生涯中期或管理级

员工在了解基础工作之后，就要将工作重点从提升技术、工作技能转向提升人际关系能力。在职业生涯中期，最佳导师可能是同龄人，即具有相同技能和职业水平的人，因为这些人熟悉职业生涯中期每天面临的真实挑战。

## 管理级或大师级

对于已经达到最高管理层或在职业领域获得顶尖地位的人，我们是时候建议他们成为一名导师了。从追求成功变为追求意义，这是人们体验古语真理的一种绝妙方式，这句古语就是"付出胜于得到"。传授知识和智慧的回报可能无法用升职加薪来衡量，但是，人们会因体验到深刻的意义感和喜悦感而倍感充实。

同样，员工是否达到管理级或大师级，更多取决于其能力而非年龄。当人们拥有可以使他人受益的宝贵智慧和经验时，就已经到达了这个级别。例如，你可能是 28 岁的技术大师，随时准备辅导所在领域经验不足的中年人。关键是你已经成为领导者，现在该轮到你培养未来的领导者了。

成为管理级或大师级导师意味着你是他人的榜样。因此，你会通过自己的言行指导受教者。实际上，最高级的导师会运用一流的聆听和提问技巧，会表达他们对受教者的关注和期望。他们说话正直坦率，能教导受教者从失败中学习，以避免重复同样的错误。

辅导他人确实需要投入一些时间和精力。同样，学习驾驶也需要投入一定的时间和精力，不过一旦你掌握了方法，就可以游刃有余了！辅导他人也是如此。我们每周都有 168 小时，将其中的几小时投入导师关系中，将会使你能量满满，这是上网和看电视永远无法带来的。当导师关系渐入佳境时，导师和受教者都可以将这种关系视为充实而成功的生活的重要因素。

我们探索了领导者通过一对一的关系达成绩效的多种方式。在下一章中，我们将学习领导者如何通过超越一对一的关系，建立高绩效的团队。

# 第11章
# 团队领导力

唐·卡鲁　尤妮斯·帕里西－卡鲁　莱尔·古德（Lael Good）　肯·布兰佳

如今，团队合作已经成为完成工作的主要策略之一。我们生活在团队之中，我们的组织由团队组成，我们从一个团队转移到另一个团队。然而，我们没有思考过，我们在团队设置（项目团队、工作团队、跨职能团队、虚拟团队和管理团队）上投入的时间比例正在不断扩大。

在布兰佳公司关于1 300名员工的最新研究（2017年与《培训》杂志合作）中，我们发现，人们在团队合作上投入的工作时间超过一半，并且受访者在组织中的级别越高，其投入的时间就越多。只有27%的受访者认为他们的团队绩效高，不同年龄段的人对绩效的看法也不尽相同。然而，从这些发现中得出的最重要的结论是：无论哪个年龄段的人，都不认为他们所在的大多数团队绩效足够高。

在今天的团队中，是什么造成了绩效上的差距呢？

当被问及哪些方面会对改善团队绩效产生较大影响时，人们提出了以下几点。

- 从一开始就创建团队宗旨、目标和期望值。
- 就团队进展和成就进行定期沟通。
- 定期开展关于反馈的讨论。

- 认可并庆祝团队取得的成就。

对团队负责人来说，在团队成立之初，最重要的能力就是确保团队宗旨、目标、任务、战略和期望都很明确。

我们的研究证实，在当今的组织中，高效运作离不开团队合作，并且如果领导者没有正确的团队领导方法，团队就不可能取得成功。

## 为什么需要团队

在《2018年人力资源技术颠覆》（*HR Technology Disruptions for 2018*）一文中，德勤咨询公司的乔希·贝辛（Josh Bersin）指出了3种推动人力资源市场发展的微趋势，具体如下。

- 整体技术格局的变化。

- 工作方式的变化。

- 组织管理方式的变化。

团队正是这些变化的核心。这篇文章进一步证实了我们的研究发现，即领导团队是当今商业环境中的最佳方法。贝辛指出，"越来越多的公司正在以团队网络的形式运营"，并且"以团队为中心的工具、平台、教练、分析、监控和评估工具变得非常热门，因为组织迫切需要它们。"

自上而下管理的时代已经过去。贝辛指出："随着公司用网络化的团队结构代替分层管理，我们将使用专为团队而设计的新工具……公司需要管理工具赋能团队，推动以团队为核心的参与和绩效发展，并支持以网络为核心的敏捷人力资源实践。"

在提高生产力和员工士气方面，成也团队，败也团队。与单独工作的个人相比，高效工作的团队可以做出更好的决策，解决更复杂的问题，并且在增强创造力和构建技能方面更有作为。在所有工作单元中，若想选择一种既拥有资源又能灵活行事，还能快速响应当今世界纷繁变化的单元，团队是不二之选。

在未来，人们将不再有做独行侠的奢侈享受。技术变革如此之快，一个人不可能仅凭自己的努力就实现目标。

**没有人比所有人加起来更聪明。**

与此同时，组织在商业环境中面临的竞争越来越激烈，面临的问题也越来越复杂。如此具有挑战性的环境使组织意识到，不能再仅凭等级结构和少数优秀人才维持竞争优势。

这就需要组织各部分的协作和团队合作。当今的成功来自运用集体知识和多样性的观点。有意识地将团队作为完成工作的载体，会使组织面向未来前进。

快节奏、敏捷的工作环境要求团队在全球范围设置多个运营点，跨地域团队在建立信任、发展有效的沟通和管理注意力方面面临特殊的挑战。[1]但是，如果领导力发挥得当并且拥有合适的技术，那么虚拟团队与面对面的团队一样富有生产力和回报率。

团队不是可有可无的，而是生产的核心单元。

事实上，人们在工作场所的参与度直接影响着他们的健康和福祉。一项长达14年对1.2万名瑞典男性工人的研究表明，相对于在团队中工作且在工作中对决策影响力较大的人，那些在工作中感到孤立、对工作决策影响力较小的工人罹患心脏病的危险性高出 162%。[2] 这样的数据，加上团队工作比单独工作的个体更富有生产力的事实，为创建高参与度的工作场所以及将团队作为完成工作的核心载体，提供了令人信服的论据。

## 实现高绩效的障碍

经营团队需要投入时间、资金和资源。允许团队疲弱或生产力低下的代价是惊人的。更糟糕的是，浪费时间的团队会议会产生广泛的影响。会议结束后，其影响并不会消散，而会渗透到组织生活的各个方面。如果人们在结束会议时感到未被倾听或者不同意团队的决定，他们就会感到气愤和沮丧，这又会影响他们接下来的工作。当会议富有成效并赋予员工能量时，情况恰恰相反——积极的能量就会被传播开来。

从缺乏明确的宗旨到缺乏应有的培训，许多障碍导致团队无法实现高绩效，也无法发挥潜力。

我们对 1 300 名受访者的调查发现，实现团队最高绩效的主要障碍如下。

- 缺乏责任感。
- 决策不清晰。
- 领导不力。

次要障碍如下。

- 计划不周或没有计划。
- 工作混乱无序或员工角色不明。
- 缺乏明确的宗旨或目标。

意识到实现团队最高绩效的阻碍因素，可以使团队领导者和成员积极应对这些问题。

# 有效的团队领导方法

高绩效团队可以成为完成工作和提升组织参与度的载体。然而，了解团队合作的动态从来就不简单。团队合作既是一门艺术，也是一门科学，领导者必须系统地制定有效的团队领导方法。

我们的团队领导方法强调，要先了解高绩效团队的特征。了解高绩效团队的特征将为团队成功提供基准。

接下来，领导者需要确定团队的发展阶段，通过制定团队章程确保团队有一个良好的开端，然后提供一系列的领导行为，使团队遵循不同的发展阶段不断前进，最终达到目标并保持高绩效。

无论团队的宗旨、追求、类型或规模如何，这种领导方法都适用。

## 了解高绩效团队的特征

我们将团队定义为出于共同的目标走到一起并相互对结果负责的两个或两个以上的人，这体现了团队和小组之间的区别。工作小组常常被称为团队，但没有共同的宗旨和共同承担的责任，这很可能会导致令人失望的结果，并导致工作小组成员认为团队合作无效。从事同一任务的一群人不一定是团队，而一旦澄清了宗旨、策略和责任，他们就有可能成为一支高绩效的团队。

无论实现目标有多么困难，有些团队都能取得出色的业绩，他们是同行中的佼佼者。是什么让这些团队与众不同？是什么使它们能脱颖而出？尽管每支团队都是独一无二的，但是，无论团队的宗旨或目标如何，这些团队都会具备所有优秀团队共有的一些特质。

建立高绩效的团队如同建立一个伟大的组织，团队成员首先要了解心中向往的那幅画面，即一个目标。了解高绩效团队的特征是非常必要的，这也是为什么开启高绩效的旅程开始于了解高绩效团队的特征（见图11-1）。

这些特征代表了卓越团队的黄金标准。将你的团队在每个方面与图11-1进行对标，你便可以确定应当将团队发展的重点放在哪里。

当你自下而上逐条阅读高绩效团队的特征时，你会发现，符合这些特征的团队取得卓有成效的绩效是不足为奇的。

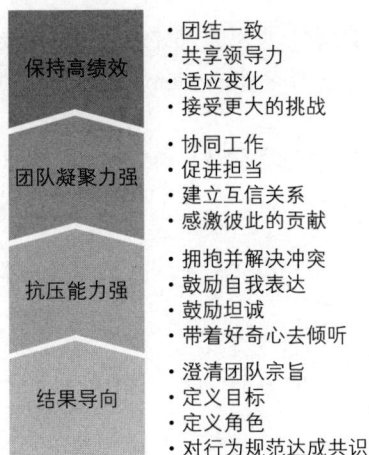

| 保持高绩效 | · 团结一致<br>· 共享领导力<br>· 适应变化<br>· 接受更大的挑战 |
| 团队凝聚力强 | · 协同工作<br>· 促进担当<br>· 建立互信关系<br>· 感激彼此的贡献 |
| 抗压能力强 | · 拥抱并解决冲突<br>· 鼓励自我表达<br>· 鼓励坦诚<br>· 带着好奇心去倾听 |
| 结果导向 | · 澄清团队宗旨<br>· 定义目标<br>· 定义角色<br>· 对行为规范达成共识 |

图11-1 高绩效团队的特征

例如，在拉里·伯德（Larry Bird）、罗伯特·帕里什（Robert Parish）和凯文·麦克海尔（Kevin McHale）都效力于波士顿凯尔特人队的鼎盛时期，肯被邀请参观他们的训练。陪同琼斯（Jones）教练在场上时，肯问道："你是怎样带领这样一群超级巨星的？"琼斯笑着说："我只是把球扔出去，时不时地喊喊'投篮'！"肯在观察琼斯作为团队领导者的表现时，发现琼斯并不符合强势领导者的任何刻板印象。在中途休息期间，球员的发言比琼斯还要多。在比赛过程中，他并没有在场边大喊大叫。大部分的教练工作都是由团队成员完成的，他们互相鼓励、互相支持、互相指导。

这支球队展现了高绩效团队的特点。他们为取得结果而努力，知道如何在压力下表现，团队上下充满凝聚力，并且持续保持高绩效水平，他们不依赖教练的指导做事。

当这位低调的领导者（琼斯教练）退役时，所有球员都说他是有史以来最好的教练。这是为什么呢？因为他允许每个人去领导，这就是团队的全部意义所在。

在伊利诺伊州与卡特彼勒（Caterpillar）公司的 TTT（Track Type Tractors，意为履带式推土机）部门合作时，唐·卡鲁观察到了团队领导的非凡实例。[3] TTT 部门陷入了严重的麻烦，这是该公司业绩最差的部门，每年亏损数百万美元，而且经历过激烈的罢工活动。布兰佳公司的团队与 TTT 部门合作，实施了一套新的价值观和行为准则——信任、相互尊重、团队合作、授权、敢于冒险和紧迫感。之后，在不到 3 年的时间里，该公司实现了 2.5 亿美元的营业额。客户评估的产品质量水平提高了 16 倍。该部门的员工满意度从卡特彼勒公司的最低满意度提高到了最高水平。所有这些都是通过各级别的团队合作，以及组织创造条件支持团队合作、相互尊重和信任而实现的。

## 确定团队的发展阶段

打造高绩效团队是一段旅程，是从一群人到一个卓越系统的可预见的进步过程。在这个过程中，高绩效团队的所有特征显而易见。

了解高绩效团队的特征和需求至关重要，这会为你提供一个可瞄准的目标。显然，团队并非从一开始就具备高绩效团队的所有特征。所有团队也都是独特而复杂的动态系统，团队整体实力不等于各个成员实力相加的总和。

过去 70 年的研究一直表明，无论团队的宗旨如何，如同人一样，团队随着不断成长会经历一系列的发展阶段。

所有这些广泛研究的结论都出乎意料地一致，[4] 它们都确定了团队发展的 4 ~ 5 个阶段，而且对每个阶段特征的描述都非常相似。在全面回顾了200 项有关团队发展的研究之后，罗伊·拉库里埃（Roy Lacoursiere）确定了团队发展的 5 个阶段，它们分别是：①定向；②不满；③整合；④产出；⑤终止。

我们将详细关注团队发展的前 4 个阶段（见图 11-2），并将在本章最后讨论终止阶段。对团队的领导者和成员而言，要想创建成功的团队，了解这些发展阶段以及团队在每个阶段的特征和需求至关重要。这就是诊断的意义。若要具备确定团队的发展阶段并评估其需求的能力，你就需要后退一步，从整体上审视团队，而不是关注个人的行为和需求。

团队发展的阶段

| 产出 | 整合 | 不满 | 定向 |
|---|---|---|---|

生产力

士气

| TDS4 | TDS3 | TDS2 | TDS1 |
|---|---|---|---|

团队发展的阶段

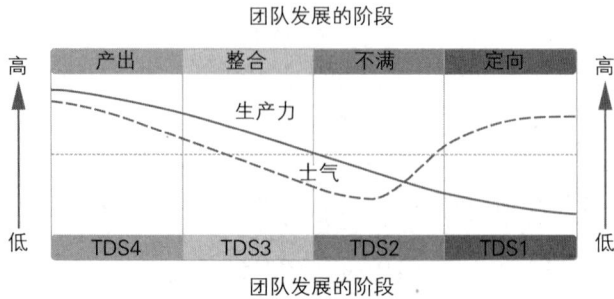

**图 11-2　团队发展的阶段 [5]**

## 生产力与士气

团队发展的阶段取决于两个变量：生产力和士气。

生产力是指完成与团队宗旨、目标相关的工作的数量和质量。生产力取决于团队成员的协作能力、知识和技能、明确的目标以及获得所需资源的能力。士气来自团队归属感和完成工作的自豪感与满足感。

一方面，团队在开始阶段的生产力通常很低。团队成员最初聚在一起时不可能产出太多。通常而言，他们刚开始合作时可能彼此都不认识。随着时间的推移，他们逐渐学会如何在一起工作，团队绩效会逐渐提高。如果团队绩效在后期得不到提高，则说明团队存在严重错误，要么是存在领导能力问题，要么是团队不具备达到卓越的必要技能。

另一方面，士气往往在开始阶段处于高点，之后突然下降。除非是被迫加入团队，否则人们在加入新团队时总会充满热情。然而，当团队合作遇到实际困难时，许多成员最初的热情会很快消散。此时，你可能会听到人们抱怨说："我当初为什么加入这个团队啊？"随着不断探索彼此之间的差异，人们开始克服最初的挫败感，变得更容易合作，团队开始取得成果，士气开始再次上升。最终，当他们成为一支高绩效团队时，士气和生产力会达到高点。

为什么团队的终极目标在于获得高昂的士气和高水平的生产力呢？因为如果人们士气高涨但绩效不佳，那么这群人只是参加"聚会"的人，而不是团队。相反，如果人们绩效良好但士气低落，那么团队终将陷入困境，绩效将逐渐下降。因此，一支具有可持续经营业绩的高绩效团队必须同时具备生产力和士气。

只有诊断团队的生产力和士气水平，才能明确确定团队发展阶段并随时了解团队需求。

## 团队发展的第一阶段（TDS1）：定向

抛开被迫加入团队的特殊情况，我们会看到，实际上，大多数团队成员最初都会渴望加入团队。但是，在团队发展的第一阶段，他们通常带着较高的不切实际的期望。这些期望伴随着焦虑，包括担心如何适应团队、对他人的信任程度以及别人对他们会提出什么要求。在此阶段的团队成员通常也不清楚团队的宗旨、目标、角色以及团队成员之间如何合作。

此时，团队成员往往非常依赖领导者指出目标和方向，会有一些试探边界的行为。通常，核心领导者的行为是试探性和礼貌性的。本阶段的团队士气水平中等偏高，生产力水平偏低。

我们作者团队中的两位曾经加入一个薪酬项目团队，目的是研究和修改向我们咨询的合作公司的薪酬体系。在第一次面中，双方都很高兴，渴望看到项目团队的成员。关于该薪酬体系的许多投诉已被登记在册，我们渴望做出积极的改变。我们担心"他们"是否真的会听，还想知道这将花费多少时间、谁负责管理团队，以及我们如何与其他成员默契合作。我们不知道如何进行工作，甚至不知道我们的目标是什么。我们期望团队负责人引导我们朝着正确的方向发展。对处于团队发展第一阶段（即定向阶段）的团队成员来说，有这些兴奋感、焦虑感和对领导者的依赖感是非常正常的。

在定向阶段，团队要面对的挑战是通过确定团队的宗旨、结构以及开始建立互信关系，使团队有一个良好的开端。

这一阶段的持续时间取决于团队目标的明确性、实现目标的难易程度以及团队合作的清晰度。如果团队拥有简单且容易定义的目标，则团队处于定向阶段的时间可能相对较短，占团队寿命的 5% ~ 10%。另外，对于复杂的目标，团队在此阶段可能会花费其 30% ~ 60% 的寿命时间。

## 团队发展的第二阶段（TDS2）：不满

随着团队获得一定的工作经验，团队成员会逐渐体会到最初的期望与现实之间的差异，这时士气可能会有所下降。团队成员的消极情绪将在第二阶段开始出现。如果团队成员在第一阶段未确立宗旨、目标、工作角色和行为规范或者达成共识，则难以达成目标并合作共事，这将会给他们带来困惑和沮丧的感受，并且这种感受会不断发展为对领导者的不满。团队成员之间会因此产生负面反应，可能会拒绝表达自己的意见，并分化成不同的小团体。沟通中断、无法解决问题或者无法积极解决冲突，都会导致团队成员对彼此的信任度降低。此时，团队的生产力有所提高，但可能因士气低落而受阻。

回到刚才的薪酬项目团队，虽然团队成员开始热情高涨，但我们很快意识到项目的难度、项目目标存在的争议，以及我们提出的建议有可能不会被接受的情况。我们开始对其他成员产生强烈的负面情绪，并且开始形成小团体，对团队负责人的失望情绪开始蔓延，我们开始怀疑这一切是否值得。这些质疑、怀疑和沮丧的感觉是第二阶段团队成员的典型感受。

在不满阶段，团队领导者要面对的挑战是帮助团队管理权力、控制权和冲突，并使团队成员开始有效地开展合作。

这一阶段的持续时间取决于团队解决问题的速度。团队可能会在不满阶段工作不顺畅，士气持续低落且生产力相对低下。

## 团队发展的第三阶段（TDS3）：整合

团队的整合阶段以中等生产力、多变或改善的士气为特征。此时，团队在不满阶段遇到的问题得到了解决，士气开始上升。团队拥抱一切允许成员更轻松合作的实践。目标达成和技术水平/技能的提高有助于团队成员产生积极的感觉。对团队宗旨和目标的承诺不断增加。不同的观点被视为创造力的核心。随着沟通变得更加开放和以目标为导向，团队成员之间的信任度提高，凝聚力增强。团队成员愿意互相承担责任。

**除非共享领导权和控制权，否则你永远不会拥有高绩效的团队。**

团队成员学会欣赏彼此之间的差异，开始将团队视为一个整体，并开始以"我们"而不是"我"思考问题。尽管团队能理解"拥抱并解决冲突"对于团队发展的重要性，但新建立的信任感和凝聚力仍很脆弱。团队成员可能会因为担心破坏积极的气氛而倾向于避免冲突。这种不愿意处理冲突的做法可能会减慢工作进度，并导致决策效率降低。

回到我们的薪酬项目团队：当我们开始解决在第二阶段中遇到的问题时，我们开始更加仔细地倾听，并逐渐理解不同的观点。我们拟定了一些初步战略以实现团队目标，并阐明了我们的目标和角色。尽管实现目标有难度，但团队合作变得更加有趣。人们相处融洽，在每次会议上，我们都更加清楚地看到需要做什么，甚至开始看到取得成功的可能性。满意度的提高、投入感的增强，以及关于合作的技能和实践经验的发展，这些都是团队在第三阶段的典型现象。

学会打造团队凝聚力，并克服为避免冲突而表示赞同的倾向，是团队在整合阶段面临的挑战。

团队处于整合阶段的时间可能会很短，具体取决于解决不满情绪和整合新技能的难易程度。如果团队成员一直为了避免冲突而迎合他人，则团队可能会回到不满阶段。

## 团队发展的第四阶段（TDS4）：产出

在这个阶段，团队的生产力和士气都达到高峰并相互促进，这就是高绩效在运转的状态。人们会为成为高绩效团队的一员而感到自豪和兴奋。本阶段的重点在于绩效。绩效标准很高，团队成员不仅致力于达到标准，还致力于持续改进。团队成员对自己的执行力和克服障碍的能力充满信心，为自己的工作感到自豪，并喜欢在一起合作。沟通是开放的，领导力是共享的。相互尊重和信任是常态。随着团队成员的不断成长，团队变得敏捷并能轻松应对新的挑战。

我们的薪酬项目团队在第四阶段开始活跃起来。经过多次会议和对替代方案的认真研究，我们认为我们必将完成这份工作。我们终于开始觉得付出的所有努力似乎都是值得的，并且对取得的成果，以及公司和咨询合作伙伴的价值感到乐观。所有人共同承担团队的领导责任，感觉这是一支非常出色的团队，认为自己非常荣幸能加入其中。这些成就感、自豪感、自信和团结是团队成员在第四阶段的典型感受。

在产出阶段，团队要面对的挑战是通过新的挑战和持续增长维持团队的高绩效。在整个团队生活中，这一阶段可能会持续伴随着满意感轻微波动的状态。

虽然团队发展的各个阶段被描述为独立且有区别的，但它们拥有相当多的重叠部分。对于每个阶段的某些元素，你都可以在其他阶段中找到。但是，团队的主要特征和需求决定了它在特定时间所处的发展阶段，这些特征和需求的变化预示着团队发展阶段的变化。

为什么了解团队的发展阶段并满足该阶段的需求如此重要呢？因为它使团队领导者或团队成员能够完成下一个关键步骤：提供能够满足这些需求的领导行为。

## 提供能够满足团队需求的领导行为

在不同的发展阶段中，团队需要能在每个阶段都对需求做出响应的领导行为。布兰佳 SLII® 领导力被广泛应用于自我领导场景和一对一领导场景，对于团队领导场景也同样有效。

**指导行为**有助于引导团队获得成果。提供指导的行为包括组织、构建、教育和凝聚团队。例如，第一次加入团队时，你可能想知道以下问题的答案。团队的组织方式是什么？要成为一名优秀的团队成员，你需要具备哪些能力？团队将重点放在哪里？团队有什么样的组织结构？汇报关系如何？谁做什么，什么时候做，如何做？

**支持行为**有助于在团队内部建立互信关系和彼此尊重的工作氛围。提供支持的行为包括参与、鼓励、倾听和与团队成员合作。例如，在为团队打造一个和谐而富有凝聚力的环境时，人们希望参与决策、被鼓励参与、自身的努力被认可和称赞、因彼此的差异而受到重视，并能在适当的时候发挥领导力。

没有参加过团队领导力培训就被叫来领导团队的人，通常对自己应当做些什么一头雾水，因而常常凭直觉行事。例如，没有经验的团队领导者如果认为领导团队的唯一方式就是使用参与式领导风格，那么从第一天开始，他可能会向大家征求有关团队运作方式的建议。而团队成员可能会认为领导者应该回答这个问题，认为"毕竟领导者才是召集会议的人"。由于领导者迟迟没有确定团队的运作方式，团队成员开始怀疑自己为什么加入这个团队。而领导者对团队成员的消极响应也感到沮丧，也想知道起初为什么同意来领导这个团队。就这样，团队中的每个人都感到很困惑。

在不了解团队发展阶段框架的情况下，领导者的行为即使满足团队的需求，也只是偶然现象。团队领导力模型（见图11-3）提供了一个框架，体现了团队发展的各个阶段与适当的团队领导风格相匹配的方式。

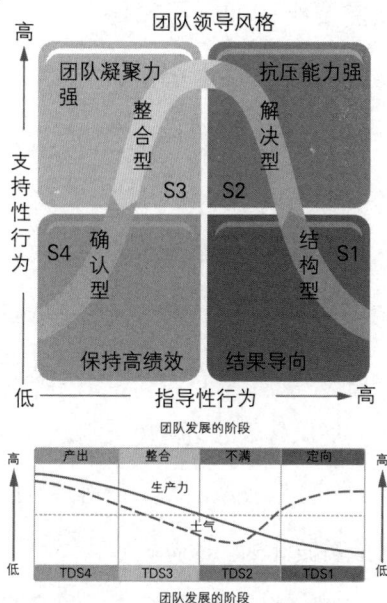

图 11-3 团队领导力模型

为了与团队成员确定适合的领导风格，领导者首先需要根据团队目标诊断团队的发展阶段，同时考虑生产力和士气的因素，然后将团队的当前发展阶段标记在团队发展阶段模型中，以标记点为起点向上作垂直线，直到与模型中的领导风格曲线相交，交叉点所在的象限显示的就是适合团队的领导风格。

在团队发展的每个阶段，对团队领导风格进行干预并找到适合的领导风格以响应团队的需求，都将有助于团队进步并保持高绩效。将领导风格与团队发展阶段相匹配，类似于在"一对一领导力场景"中将领导者的领导风格与员工的发展水平相匹配，当领导者和团队成员拥有共同的团队目标并共同做出诊断时，效果最佳。

## 处于第一阶段的团队需要结构型领导风格

第一种团队领导风格——结构型，它适用于处于第一阶段（定向）的团队。第一种团队领导风格（结构型）的宗旨是帮助团队获得结果导向思维。

正如前文所述，在任何团队成立之初，大多数人都渴望加入，抱有很高的期望，团队士气高涨。但由于人们缺乏对团队目标和彼此的认知，生产力相对低下。这时的团队依赖权威。团队成员需要支持性行为，但他们更需要的是基于团队宗旨和目标的指导性行为，需要了解团队期望他们如何参与进来。因此，领导者需要提供必要的结构化机制，从而使团队有一个良好开端，同时建立起合作关系和互信关系。团队负责人应评估团队在培训及资源方面的需求，并使团队成员彼此相互适应。

为了给团队工作打下坚实的基础，在团队生命周期这一早期阶段，团队负责人和成员必须共同努力完成团队章程的建设，这一点非常重要。所谓章程，就是一组协议，它要明确说明团队要完成的任务、任务为什么重要，以及团队如何共同努力才能取得成果。章程会帮助团队在工作时以结果为导向，不过它也是一个动态变化的文档，团队可以根据团队需求的变化对其进行修改。

团队章程直接将团队的宗旨与组织的愿景、宗旨联系在一起。团队价值观和规范反映了组织的价值观，并为团队内部的适当行为提供指导。找到团队积极性所在将为确定团队目标和工作角色奠定基础，之后，团队便可以制定沟通、决策和责任制等策略。完成之后，团队章程就为团队是否步入正轨提供了试金石。现在，团队已准备好从计划过渡到执行阶段，清晰的团队章程可以为团队指明未来前进的方向。

## 处于第二阶段的团队需要解决型领导风格

第二种团队领导风格——解决型，它适用于处于第二阶段（不满）的团队。第二种领导风格（解决型）的宗旨是帮助团队获得抗压能力。

在此阶段，团队成员可能会体会到困惑和沮丧，需要学习如何处理冲突和如何更有效地合作。此时，领导者应该重新确认、澄清团队的宗旨、目标、角色和规范，培养团队在压力下稳定表现所需要的团队技能，教会成员如何解决棘手的问题，并对成员有益的行为和小成就表示认可。

处于第二阶段的团队，其特征是绩效逐渐提高而士气逐渐下降。最初的期望与现实之间的差距可能会引起团队成员产生愤怒、沮丧、困惑和气馁的情绪。

对于处于第二阶段的团队，领导者要经常采用高指导性和高支持性的领导风格。团队成员需要鼓励和安慰，需要发展技能和共同努力实现目标的策略。在此阶段，团队领导者工作的重中之重是阐明大局，重新确认团队宗旨和目标。同时，向团队提供决策所需要的更多信息也很重要。对团队成员的成就及时认可并给予反馈，可以安抚成员的不满情绪、激励进步并提高士气。团队领导者要帮助团队成员采取学习的态度，重新认识失败的价值，将之看作学习机会。这一阶段是鼓励团队成员积极和开放倾听，重申团队重视不同意见，并鼓励团队成员自我表达的关键时刻。此外，团队成员就情感障碍和协作之类的问题进行开诚布公的讨论，解决个性冲突，也会对团队发展有所帮助。

## 处于第三阶段的团队需要整合型领导风格

第三种团队领导风格——整合型，它适用于处于第三阶段（整合）的团队。第三种团队领导风格（整合型）的宗旨是帮助团队增强凝聚力。

在第三阶段，团队成员会更加有效且谨慎地合作，他们必须学会协作并互相负责。

团队的目标和策略变得更加清晰或者已被重新定义。负面情绪正在得到处理。信心、凝聚力和信任度正在提升但仍很脆弱。团队必须通过共享信息、思想和技能建立一个基于信任的环境。建立信任需要团队成员彼此合作而不是互相竞争、评判或责备。团队成员信守承诺也有助于建立互信关系。团队成员必须公开坦诚地沟通，并表现出对他人的尊重，这一点至关重要。在此阶段，团队成员会更愿意并能够承担领导责任。

处于整合阶段的团队需要支持和协作，以帮助团队成员增强对其协作能力的信心。团队不太需要关于目标的指导性行为，需要更多的支持性行为，以建立信心、信任、凝聚力、参与度和共享领导力。这是鼓励人们表达不同观点、表达对彼此贡献的赞赏、共同承担领导责任，以及考查团队运作的良机。此时，团队应聚焦于提高生产力、发展解决问题的能力以及提升决策能力。

## 处于第四阶段的团队需要确认型领导风格

第四种团队领导风格——确认型，它适用于处于第四阶段（产出）的团队。第四种团队领导风格（确认型）的宗旨是帮助团队保持高绩效。

在第四阶段，团队在高生产力水平和高士气水平的状态下运作，面临的挑战是如何维持高绩效。

在这个阶段，团队成员对共同取得的成就抱有积极的态度。产出的工作质量和数量都达到高水平。在这个阶段，团队通常需要新的挑战，从而保持士气高涨和高度关注目标。

在此这个阶段，团队成员通常会进行自我指导和自我支持，其成就需要被认可。所有团队成员团结一致，全力实现团队目标。外人很难分清楚究竟谁是团队领导者，因为所有团队成员都在参与领导。在这个阶段，团队成员需要继续认可并庆祝团队取得的成就，创造新的挑战和更高的标准。由于此时团队的运作水平很高，团队应该在既定范围内促进成员进行自主决策。

## 团队取得更高绩效的策略

领导者的主要职责是，在不同的发展阶段指导团队成员，从而实现团队目标及组织目标。这意味着随着团队的发展，领导者应当逐渐放开控制权并分享领导力。团队的生产力和士气不是一成不变的，它是一个独特且复杂的动态系统。通过观察生产力与士气之间的平衡，领导者可以运用适当的领导风格，以满足团队在每个阶段的需求，这种恰当匹配是团队成功的关键所在。

### 保持团队向前发展

我们将领导风格与团队发展阶段相匹配的情况称为"团队处于正轨"，但这并不是说团队不会由于各种原因而发展倒退。如果出现了这种情况，那么在任何时间点上，根据团队的需要而改变领导风格至关重要。换言之，领导者要对团队发展阶段的变化保持警惕，并根据需要改变领导行为以保持团队的前进。此外，在团队发展的所有阶段，领导者都需要做到以下几点。

- 使团队向目标和共识看齐。

- 明察进步并提供反馈。

- 创造一个安全的环境，使成员的声音有机会被倾听，个人差异能被尊重。

- 要求团队成员对行为和承诺负责。

- 时刻了解团队动态。

## 观察团队动态

团队动态是团队在特定时间发生的行为模式，包括成员之间的公开互动，以及表面之下可能存在的、更微妙的、言语和非言语的情感线索。团队动态可以提供有关团队运作方式的信息，这是诊断团队发展阶段和所需干预措施的关键。

要理解团队动态，最基本和最关键的技能是成为参与式观察者。这意味着要完全参与团队的工作，同时观察团队的运作方式（见图 11-4）。

培养参与式观察者的第一步是，区分内容和过程。这里的内容就是团队正在做的事情，例如制定预算、制定新的战略规划或特定目标。这里的过程是团队在工作时的运作方式，包括沟通方式、决策方式、冲突管理方式，以及哪些行为正在扰乱或帮助团队前进。

通常而言，对过程关注过少会导致团队行动效率低下。对过程关注过少可体现为一句话："我们知道我们做到了，但不知道是如何做到的。"然而，在现实工作中，结果往往取决于过程。因此，我们必须同时兼顾两者。

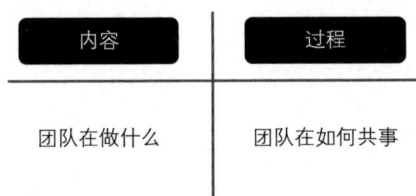

| 内容 | 过程 |
|---|---|
| 团队在做什么 | 团队在如何共事 |

**图 11-4　参与式观察者的关注点**

有几种方法可以增强团队成员在这方面的技能。团队领导者可以考虑在团队会议的最后 10 分钟讨论哪些工作进展顺利、哪些工作需要改进、团队成员是否都被包容和倾听，以及如何制定决策。培养这项技能的另一种方法是，团队成员轮流在工作会议和汇报成果时扮演参与式观察者的角色；其中的关键是所有团队成员都要进行自我审视，并意识到团队的运作方式。

关注团队动态有助于认识到团队是一个复杂的系统，以及团队进一步成长需要哪些必要的干预。

## 管理团队解散

尽管我们没有在团队发展阶段模型中加入这个阶段，但团队通常会有第五个阶段（解散），即团队结束工作的阶段。当团队达成目标、取得阶段性成果或完成项目时，就会出现这个阶段。此时，团队可能会完全解散。各个团队处于这个阶段的时间可能有所不同，可能只有收尾会议的一小段时间那么长，也可能是最后几次会议的所有时间那么长，具体取决于各个团队体验的时间长短和质量。对于某些具有明确工作指标的团队，其生产力可能会随着冲向指标而有所增加，或者随着临近指标而有所下降。士气也是如此：团队成员可能会在项目的最后阶段欢呼庆祝，或者为团队项目即将结束而感到悲伤。

## 团队的力量

面对压力或复杂问题时，一个人能付出的行动和能力总是有限的。领导者必须承认，往往是许多人的行动和力量才能解决复杂的问题。当今世界的复杂工作不可能再仅凭个人的一己之力就能完成，而是需要高效能的团队共同努力，为我们生活的世界创造赖以为继的成果和激情。

当团队运作良好时，奇迹就会发生。1980 年，参加奥运会的美国冰上曲棍球队就是一个关于高绩效团队的鼓舞人心的例子。[6] 团队中的 20 多名年轻人来自美国各地的大学，其中许多人以前从未一起打过比赛。6 个月后，他们赢得了奥运会金牌，打败了世界上历史成绩最好的球队。这场比赛超出所有人的预期，被认为是体育史上最具颠覆性的事件之一，被誉为"冰上奇迹"。38 年后的今天，美国女子曲棍球队也创造出类似的奇迹。

在接受采访时，这两个团队的成员都将他们的成功归功于团队合作。驱动力、承诺、凝聚力、合作、信任、团队精神以及对"夺取金牌"这一共同目标的热情信念是其取得成功的原因。

在处理紧急情况或面对关键情形时，团队显得尤为重要。想想 2009 年的哈德逊河飞机失事事件，当时，在机长苏伦伯格（Sullenberger）、副驾驶员杰弗里·斯基尔斯（Jeffrey Skiles）和其他机组人员的共同努力下，他们在极端可怕的情况下安全地降落了飞机，挽救了机上所有人的生命。

　　无论是由外科医生、麻醉师和护士组成的医疗团队在一起工作，用各自的专业知识挽救生命，还是由一组技术奇才在一起工作，合作开发能够改变世界的全新软件，人类在以团队的形式高效工作时，就可以取得伟大的成就。

　　*一个人，我们是一滴水。在一起，我们是一片海洋。*

——龙之介（Ryunosuke Satoro）

　　但是，高绩效团队的产生绝非偶然，这需要练习、纪律和努力。将团队从一群人转变为一个高度相互依存、具有共同目标的高绩效团队，需要一种有效的团队领导方法。你可以通过建立多元化、相互联系、积极进取和高效能的团队充分利用团队成员的合力。当需要解决新的问题、着手开展复杂项目时，这将为你的企业带来竞争优势。

　　在下一章中，你将了解协作在建立高绩效团队中所起到的作用。

# 第 12 章

# 协作：高绩效的"燃料"

简·里普利　尤妮斯·帕里西－卡鲁　肯·布兰佳

协作创造了高绩效的团队和组织。对当今多元化、全球化的员工队伍而言，这一点至关重要。拥护协作文化的组织将在内部从销售业绩的增长、改进型创新和更好的业务流程中受益。在外部，这种组织又会得益于新产品、新服务，以及业务的平稳运行，从而获得更高的客户满意度、更高的收入和利润率，以及包括员工及承包商的知识共享和能力建设这样的隐形利益。

## 协作不是协调、合作或团队合作

许多人认为，协作与协调、合作或团队合作是一回事。实际上，这些词的含义有所不同。

- "协调"发生在一个部门或职能人员独立完成一项特定任务后，将任务转交给另一个部门以完成他们的特定任务之前。参与协调的双方都不需要对方帮助自己完成目标，而双方努力的结果就是完成了最终目标。

- 当一方从另一方的帮助中受益时，就产生了"合作"。例如，推销员需要在 3 天内将产品交付给客户，以实现其销售目标并获得佣金。定期交付产品需要 10 天。推销员要求实现交付的部门加快交货，并且该部门遵从了他的请求。

- 在以上词汇中，人们最容易混淆的是"协作"和"团队合作"。团队合作是指两个或两个以上的人朝着同一目标努力，这种团队结构被认为是一个静态的团队，换言之，团队成员是固定的。尽管团队目标可能会在每周、每月或每季度发生更改，但团队成员基本保持不变。了解团队合作与协作之间的区别非常重要，这样，我们才能理解团队与团队之间可以相互协作。

"协作"关系到聚集各个领域的资源，以创造更好的结果或解决复杂的问题。这些资源可能来自不同的部门、团队或地域，甚至可能来自其他组织的人员。

人们可以通过这样的协作挽救生命。例如，在 2003 年圣迭戈森林大火中，由于通信系统不统一，警察、消防员和急救人员在救援活动中各行其是。当消防员从西部地区赶到该地进行救援时，一些消防员使用的是频率为 800 兆赫的无线电通信设备，而不是传统的甚高频（VHF）无线电通信设备，这意味着救援人员之间无法交谈。汲取此次教训，到了 2007 年的圣迭戈森林大火时，所有警察、消防员和应急响应机构都配备了甚高频无线电通信设备。

协作甚至可以在相互竞争的组织之间发生。2011 年，美国大自然保护协会和陶氏化学公司（Dow Chemial Company）的合作证明，在商业决策时考虑大自然的价值，可以带来更好的商业成果和自然保护成果。事实证明，诸如建设湿地以促进水的循环利用之类的项目，对保护大自然和增加陶氏化学公司的盈利都有益处。

## 创建协作框架

成功进行协作的组织会将重点放在 4 个关键领域，我们将其称为成功协作的 4 个关键预测因素。

- 使命、目标和成果：不应将协作视为"可有可无""不得不去做"的事情或者是发生危机时的退路，而应当将其视为确保组织实现目标和结果的一种方式。换言之，组织的使命、目标和成果是其获得成功的关键。只有在有助于实现这些要素时，组织才应开展协作。

- 文化和价值观：价值观决定了组织员工的行为，并支持组织实现愿景和使命。领导者如果将协作视为组织成功的关键，就应该在拟定价值观时提及那些符合组织价值观的协作行为。如果这方面不明确，那么人们可能会为组织的价值排序感到迷茫，协作可能无法进行，领导者未能以身作则但仍会被原谅。一旦领导者无法示范协作行为，其他人就会不知如何协作，并认为协作既浪费时间，又浪费资金。

- 领导力与赋能：通常，重视协作的领导者会率先垂范如何协作，并鼓励员工打造协作技能。但是，中层管理者可能难以实践领导力的价值，这通常是因为他们更注重交付业绩成果，而不是着眼大局。中层管理者可能拥护使命、愿景和价值观的重要性，但未能树立榜样，这不利于员工进行协作。有些经理不认为协作存在价值。这使得即便员工进行了协作，也几乎不会成功。这也会使人们误以为协作既浪费时间，又浪费资金。无法赋能员工的领导者会使员工在工作中举步维艰。缺乏赋能的后果最终会在许多层面导致业务的失败：扼杀创造力和创新力、使客户服务交付变得困难、中层经理的工作重点——经营绩效表现不力。中层管理者不知道的是，他们的行动实际上阻碍了自己和组织的发展。

赋能员工知易行难。实际上，我们发现，赋能是领导者最难采用、个人最难真正理解和适当运用的一项能力。领导者对下属的过度监督和监督不足会导致协作效率低下。因此，领导者不仅需要学习如何赋能下属，还要确保员工接受适当的培训，并有机会使用这项新获得的技能。

- *系统、结构和政策*：最终，组织的系统、结构和政策需要统一协调，目的是确保领导者率先垂范如何协作，让不协作的人得不到晋升。万不得已，领导者可以解雇那些无法体现公司文化的员工。[1] 高级领导者需要倡导协作并示范如何协作，而不仅仅是喊口号，也不应对中层管理人员追求短期结果的情况视而不见。

尽管如今的技术已经大大增强了人们之间的沟通与协作，但是，过时的 IT 系统有时可能会为信息共享设置障碍。升级 IT 系统可能会产生高昂的成本，但是这种升级在现在看来极其重要。在投入了大量的时间和资金更新关键数据系统的同时，领导者还需要采取额外的措施，以确保每个人都可以获得信息并进行有效沟通。各方进行公开透明的沟通，有助于建立一个敏捷、智慧的组织。这样的组织有利于人们跨越边界、消除隔阂，并增强灵活性以实现适当的协作。

## 协作与竞争

协作自人类诞生以来就存在了，这是人类的一种本能行为。它可以防止人类互相攻击，可以帮助人类进行狩猎、收集食物、为所有人的利益共享资源。

我们可以在幼儿身上观察到这种出自本能的协作行为。一群 2 ~ 4 岁的孩子在沙坑中一起玩耍。当有人要求他们建造最大的沙堡时，孩子们会自发地自组一个协作小组，这个小组通常没有任何正式的领导者。在初步商定项目之后，他们就开始激动人心的行动。一个人会堆起沙子供其他人装满小桶，一些人会把地面弄平，而另一些人只会坐在边上鼓励别人。这并不是说孩子之间不会存在分歧，甚至不会暂时撤出项目。在发生这些情况时，其他人将充当和平的缔造者，使小组重新团结起来，直到孩子们对自己的成就表示祝贺。

现在，将这个可爱的场景与当今许多团队的行为进行对比，你会发现，团队协作行为几乎消失了，这是怎么回事呢？

协作能力的消失开始于学校。在这里，孩子们需要竞争才能得到资源或奖品。在各个主题竞赛中争夺前十名或前三名将激发竞争行为。随着孩子们开始意识到并不是每个人都可以成为第一名，他们逐渐学会了通过积累知识和资源并收回对竞争对手的支持以增加自己成功的机会。当年轻人竞争顶尖大学的录取名额时，先天的协作能力变得越加暗淡。当4岁的孩子成长到工作年龄，争夺最好的工作或更高的薪水，因稀缺的晋升机会或专业职位而竞争时，竞争能力已经成为他们的一种本能。

团队专家唐·卡鲁和尤妮斯·帕里西－卡鲁在讲授团队技能时观察到，西方文化存在的一个问题是，人们对于协作主体的认识无法从"我"转换到"我们"，这是理解什么时候以及如何进行有效协作的根本。希望从协作中获益的组织不仅必须建立一个协作框架，还必须使员工熟悉协作技能。重要的是，组织要使协作成为成员的关键能力，并且只提拔那些有效协作的人。换而言之，组织应该让善于协作的人得到晋升并获得最好的工作，建议不想协作的人换到另一个更适合个人主义和竞争本能的组织。

互惠是一种值得鼓励的行为，它是协作的核心。信息、数据、经验、人员和资源都应该被自由共享，并且分享方不应该期望从对方那里得到任何回报。

## 高效的协作需要什么

大多数人都相信自己与他人协作良好，而"别人"则协作不佳。当然，在某些时候，你可能会发现自己就是那个"别人"。这种不良态度会改变我们对协作重要性的看法，改变我们的协作意愿，甚至会降低良好协作的能力。为了改变这种态度，我们将技能和行为分为3个领域：内心、双手和头脑。

（1）内心。内心是第一个领域，因为协作是一种由内而外的思维方式，所以必须从内心开始。如果你不能正确地发挥内心的作用，就永远无法成为协作的领导者。内心代表了你是怎样的协作者，即你的性格和目的是什么。

（2）头脑。第二个领域是头脑，头脑关乎你知道什么，即你对协作的信念和态度。这些信念和态度会驱动你的行为。例如，专注于短期目标的竞争者实现协作的可能性较小，他们会认为短期目标比协作实现目标更重要。

（3）双手。协作的最后一个领域是双手，是关于行为和举止的。当你的内心和头脑中的想法正确时，行为和举止就会协调配合以支持协作。

## UNITE 模型

为了在每个领域（内心、头脑和双手）中识别开发协作能力的最佳方法，我们开发了图 12-1 所示的 UNITE 模型。

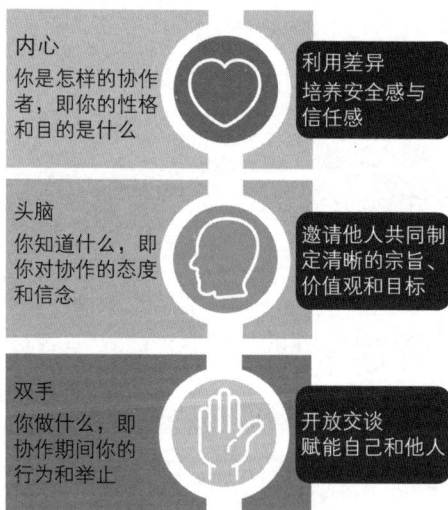

**内心**
你是怎样的协作者，即你的性格和目的是什么

利用差异
培养安全感与信任感

**头脑**
你知道什么，即你对协作的态度和信念

邀请他人共同制定清晰的宗旨、价值观和目标

**双手**
你做什么，即协作期间你的行为和举止

开放交谈
赋能自己和他人

图 12-1  UNITE 模型

## 内心：利用差异

乐于协作的领导者会本能地利用差异的价值。如果组织想创新或重组现有资源以提供更好的服务或产品，那么利用差异尤为重要。长期以来，多元化一直被认为是创造力和创新的源泉。但是，在许多组织中，一个新的项目团队往往会包括同一类人，这些人通常已经学会了一起工作并创造过可靠的业绩。

总是将同一类人划分到同一个团队的做法存在以下问题：不利于团队产生新的想法。我们应鼓励工作团队去寻找可能持有反对意见的新成员。一个有助于培养协作能力和后备领导者的理想机会是，让新员工成为此类团队的成员。这会让新员工在晋升或工作分配之前获得实践经验。这种简单的做法也显示了协作的重要性。

鼓励多元化意见的关键是熟练运用冲突管理的能力。我们常常认为，管理冲突既费力又费时，其实是因为我们不了解如何将冲突作为创造力的"熔炉"。冲突是自然存在的、不可避免的，不应当是使人感到紧张的或针对个人的。关注问题本身并明确结果会对解决冲突有所帮助。此外，冲突认知培训会大有裨益。我们还可以使用诸如托马斯－基尔曼冲突管理模型之类的冲突评估工具，帮助人们理解为什么他们会那样表现，以及如何管理自己的情绪。

若要利用差异来构建协作环境，领导者必须做到以下几点。

- 从各种来源寻求意见。

- 重视不同的观点。

- 创造性地利用冲突。

## 内心：培育安全感与信任感

善于协作的领导者可以自然而然地在组织中培养安全感和信任感。这是领导者及其组织需要掌握的最重要的能力之一。人们需要对"做自己"感到安全，也就是说，人们应该做到毫无顾虑地大声说出自己的想法，或者在感到不对劲时就大声地喊出来。他们还需要相信，如果出了问题，自己也不会受到惩罚，并且应该将错误视为学习机会。

阻碍人们分享自己观点的最大因素是恐惧。恐惧是一个巨大的阻碍，除了阻止人们发表意见，还会使他们无法尝试新的想法，而这正是创新所需要的。

如果人们没有安全感和信任感，就不可能创建一个协作环境。在一个充满信任的地方，人们对帮助部门内部或外部的人感到安全，所以会减少人与人之间的隔阂。

为了在组织中培养安全感与信任感，领导者应当做到以下几点。

- 鼓励人们分享自己的观点。
- 鼓励人们尝试新想法。
- 将错误视为学习机会。

## 头脑：邀请他人共同制定清晰的宗旨、价值观和目标

具有协作态度和信念的领导者会意识到，组织或工作小组的所有成员共同创建针对清晰的宗旨、共同的价值观，以及既定目标的协作愿景非常重

要。一个清晰的宗旨会将每个人团结起来，价值观会指导行为，目标会激发行动，但前提是每个人都有机会做出贡献。

每个人对实现愿景和既定目标负责至关重要。在团队中，缺少任何一位团队成员对愿景的承诺，协作将会破裂，人与人之间的隔阂将成为常态。因此，每个人都必须参与创建愿景。

为了使他人参与制定清晰的宗旨、价值观和目标，领导者应当做到以下3点。

- 建立协作的愿景。
- 确保每个人都清楚团队的宗旨和目标。
- 让彼此为共同创造并认同的价值观担责。

## 双手：开放交谈

要想展现协作行为，领导者就要率先垂范如何进行公开、透明的沟通。与下属交谈时，领导者要学会倾听和理解，而不是防御和争论。领导者要坦率而礼貌地说出事实，有时这是违反直觉的；因为作为人类，我们的竞争天性使我们倾向于保留可能给自身带来优势的信息和资源。

为了成为开放交谈的领导者，领导者要做到以下几点。

- 共享相关信息。不将失败或错过期限等坏消息告知对方，可能会造成对方对你的不信任。
- 提供建设性反馈。不互相承担责任可能会导致人们缺乏安全感，从而破坏整个项目的进展。
- 掌握坦率的艺术。以简单明了的方式共享信息。

如果领导者亲自示范开放式沟通，那么收到信息的人将学会倾听和理解，会提出问题，而不是批评或破坏。

在营造人们可以公开交谈的环境中，相互尊重至关重要。总而言之，领导者应当做到以下几点。

- 通过倾听理解他人。

- 鼓励体现尊重的坦率行为。

- 共享相关信息并提供建设性反馈。

## 双手：赋能自己和他人

表现出协作行为的领导者会掌握赋能的技能，无论领导者赋能他人，还是个人贡献者赋能自己。为了赋能自己和他人，领导者需要对自己和他人的成长抱有兴趣，要实践知识共享、与他人建立联系并持续学习。

在协作文化中，个人贡献者将自己视为自我领导者。领导者通过建立信任并指导个人获得工作胜任力赋能他们。个人在共享想法并实现既定的任务目标时，也会激励和启发他人。

被赋能的人会感到自己更受信任、更能胜任该任务，因此更有责任做出贡献，并成为组织的一部分。

为了赋能自己和他人，领导者应当做到以下几点。

- 着眼于个人成长去分享知识和经验。

- 建立并共享自己的社交网络。

- 参与并鼓励终身学习。

## 高绩效的协作是组织有效性的关键

高绩效的协作需要领导层做出承诺以及整个组织的支持。如果组织认为协作可有可无，而不是常态，那么组织将错失协同作用的力量，"没有人比所有人加起来更聪明"的局面也不可能实现。

在下一章中，我们将介绍如何激活领导力，并使其在组织层面发挥效用。

## 第 13 章
# 组织领导力

肯·布兰佳　杰西·斯托纳　唐·卡鲁　尤妮斯·帕里西－卡鲁

费伊·坎达里安

正如团队领导比一对一领导更为复杂一样，领导整个组织也比领导单个团队更为复杂。与建立高绩效团队一样，建立高绩效组织也是一段旅程。领导者在组织层面影响力的质量，取决于领导者在掌握自我领导力、一对一领导力和团队领导力时所形成的观点，以及建立的互信关系和社群关系。

一个有效的领导者对一个组织的影响可以创造一种文化。这种文化会将人员和系统融合在一个和谐的整体中。

## HPO SCORES® 的真实示例

在第 1 章中，我们介绍了 HPO SCORES® 模型，对高绩效组织做了一个综述——高绩效组织是与时俱进、持续以最高的员工满意度和投入度产出卓越经营业绩的组织。

在本章中，我们将使用 HPO SCORES® 模型描述领导者对于建立高绩效组织的信念和行为，以及在现实中的示例。我们在布兰佳公司进行的研究表明，高绩效组织的 6 个要素是截然不同但相互依存的。例如，在没有共同愿景的前提下进行赋能，是造成组织工作混乱的源头。但是，在具有共同愿景的前提下进行赋能，就会成为一种竞争优势，因为它解放了领导者，使他们有更多的时间专注于战略和增长机会。

## 共享信息与开放沟通（S）

无论与内部员工沟通还是与外部利益相关者沟通，高绩效组织的领导者都会偏爱公开、透明的信息环境。这与"仅根据需要而提供信息"的传统做法截然相反。

领导者知道，信息就是力量，员工越容易获得信息，就越有动力和能力根据组织的愿景、价值观和目标做出可靠的决策。

这种理念在谷歌公司是一项关键优势，不仅体现在公司对待内部员工方面，而且贯穿于整个产品和服务的过程中。因为谷歌公司的使命就是"组织世界各地的信息，使之在全球范围内可获得、可使用。"

巴塔哥尼亚（Patagonia）公司在整个供应链上实施透明管理。为避免受到制造商或分销商不符合环保习惯的负面消息的影响，该公司建立了"足迹编年史"，以确保其产品在生产过程中不会危害环境。

Buffer 公司的"默认透明"政策已融入其业务的方方面面。例如，从联合创始人兼首席执行官乔尔·加斯科因（Joel Gascoigne）到经理，再到工程师，整个组织中所有员工的薪水都是公开透明的。

高绩效组织的领导者懂得，开放的沟通是组织的生命力，他们鼓励对话的做法减少了员工各自为政的危险，并使组织保持健康、敏捷、灵活和灵动。

谷歌在其"八点计划"中概括道：作为经理，你应该"成为一位优秀的沟通者，倾听团队的心声"。"八点计划"中关于沟通的 3 点如下。

- 沟通是双向的，包括倾听和分享信息。

- 召开全体会议，直截了当地传达团队的信息和目标。

- 鼓励公开对话。

## 令人信服的愿景（C）

正如本书通篇所强调的，在高绩效的组织中，每个人对令人信服的愿景都充满动力、慷慨激昂、全情投入。他们可以清晰地描述愿景，坚定地致力于愿景的实现，并深知自己在支持愿景方面所起的作用。他们为崇高的目标感到兴奋不已，并且活力四射。这样的目标创造并且凝聚了能量。个人的价值观与组织的价值观保持一致。未来创造的画面清晰可见。每个人都在同一条船上"全速前进"。

巴塔哥尼亚公司的愿景是"打造最佳的产品，不造成不必要的伤害，以业务激发并实施针对环境危机的解决方案"。该公司在对待员工、生产和销售产品方面都融合了这一愿景，并因此而闻名。最近，巴塔哥尼亚公司成为首批公开表示不将环境问题与企业盈亏挂钩的企业之一，这进一步扩大了其愿景。该公司通过提起诉讼阻止了美国联邦砍掉犹他州的两个大型国家公园的计划。然而，其业绩并未因此受损。自 2008 年以来，在首席执行官罗斯·马卡里奥（Rose Marcario）的领导下，公司利润增长了两倍。

共同的愿景是将组织成员成功地团结在一起并引导人们通向未来的黏合剂。美国西南航空公司已经运营了 50 多年，它持续通过让员工成为"一个

团队"的方式，向员工传达其"民主化航空公司"的愿景。在《财富》杂志
对 50 家最受赞誉的公司进行的调查中，美国西南航空已连续 24 年被评为全
球最受尊敬的公司之一。

拥有令人信服的愿景的高绩效组织具有强大而独特的文化。美捷步
（Zappos）公司从招募环节就开始确保"文化契合"。面试环节会考查未来的
新员工是否与公司的文化相契合，这一点对候选人能否被录用占到一半的权
重。如果新员工确认自己不适合在这里工作，他们也将在培训的第一周后获
得 2000 美元的离职补偿。

## 持续学习（O）

高绩效组织的领导者会致力于学习，包括个人学习以及将学习融入持续
改进经营的方式。

学习过程包括：从反馈中收集信息；试验和开发新产品和新服务；追踪
竞争、客户和技术方面的趋势；采取训练有素的方法解决问题，以及培训员
工以发展其能力。

"行动后学习"（After Action Review，AAR）流程包括：在每次任务、
项目或关键活动之后进行系统的回顾学习。该流程现在被许多公司广泛使
用。该流程包含以下 4 个有力的问题。

（1）我们当初打算做什么？

（2）实际发生了什么？

（3）为什么会发生？

（4）下次可以怎么做？

丰田汽车公司通过精益生产和持续改进，对产品和工艺进行微小而无止境的改进。

高绩效组织的领导者知道，知识存在于知识渊博的人身上。除非个人能够自主学习，否则组织无法学习。因此，在一个高绩效的组织中，人的发展是必须的。持续学习是高绩效组织文化的一部分，被视为对组织知识资本的投资。

企业租车公司（Enterprise Rent-A-Car）的培训及人才开发副总裁史蒂夫·麦卡蒂（Steve McCarty）说："关注员工发展并从内部提拔员工可以推动公司盈利。我们拥有一种敬业的文化，可确保实现这一目标。"

在谷歌公司，管理人员被要求"为员工的职业发展提供帮助"。

## 不断关注客户成效（R）

高绩效组织的领导者会以结果为导向，并根据客户体验衡量其绩效。客户的需求和动态驱动创新、新产品和新服务。换句话说，新产品和新服务是根据对客户需求的预期而开发的。其次，工作流程是从客户体验的角度出发而设计的。内部跨职能关系和架构也是围绕客户需求而组织的。因此，被赋能的员工可以快速回应客户的需求和疑虑。

高绩效的组织会观察客户，以识别未被满足的需求，他们还会通过客户调研获得反馈。

乔氏超市通过获取客户"情报"并采取行动为客户提供出色的服务。他们使用客户数据洞悉客户的整体体验，开发更好的产品，并为客户提供所需的服务。

"以客户为中心"的理念已嵌入亚马逊公司的基因。首席执行官杰夫·贝佐斯（Jeff Bezos）在开会时会在会议桌旁保留一个席位，并称该席位由"会议室中最重要的人——客户"专用。他认为，"每位员工都必须有能力在客户呼叫中心工作"，只有这样，他们才能洞悉客户的观点。因此，每年他和成千上万的经理们都会定期参加为期两天的呼叫中心培训和现场电话培训。

人们一贯相信，去实体店会得到更好的服务。但是，有许多实体店都出现在客户服务质量差评的名单上。如今，出于对便利的需求以及对亚马逊这一品牌的认可，越来越多的人从亚马逊网站上购买电子产品。

## 激励机制与结构（E）

在高绩效的组织中，组织系统、结构、流程和实践都能便于人们轻松地采取与愿景和战略一致的行动。

在奥多比（Adobe）公司，考虑到创造力对于公司的成功至关重要，公司创造了一个支持冒险而无须担心处罚的环境。奥多比公司会为员工提供具有挑战性的项目，并通过持续的培训提供员工所需的支持，帮助员工成功地应对挑战，该公司也因此而闻名。该公司认为，对员工进行等级评定考核会抑制员工的创造力并损害团队整体合作的成效，因此，如何对员工进行评估这件事会由员工与经理经过会谈确定。奥多比公司的经理们会避免对员工事无巨细地管理。相反，他们选择相信员工会尽其所能。由此看来，奥多比公司的管理者的行为更像是教练。

雪佛龙公司所说的"关心员工的幸福"不只在口头上，而是体现在实实在在的福利上，包括为员工提供工作现场健身中心、健身俱乐部会员资格、以健康为导向的福利计划（如按摩和个人培训），以及坚持让员工定期休息的制度。

谷歌公司一度发现，女性员工的离职率是其他人群的两倍，尤其是新妈妈们，更是大量离职。在担任人力资源高级副总裁期间，拉斯洛·博克（Laszlo Bock）变革了产假计划，新妈妈们因此可以享受 5 个月的全薪全福利带薪假期，此举使新妈妈的离职率降低了 50%。

奈飞公司坚信，要雇用优秀人才，并赋予他们工作上的自由和责任。这听起来像是许多公司的宣传辞令，但奈飞公司的政策从根本上反映了这一立场。奈飞公司奖励的是高绩效员工，而不是艰苦工作的员工——付出 A 级的努力但一直产出 B 级绩效的员工会得到一笔慷慨而体面的遣散费，而付出最小的努力却能保持 A 级绩效的员工，则会赢得更多的责任和丰厚的报酬。

奈飞的休假及追踪政策如下："奈飞没有休假政策或追踪制度，也没有关于着装方面的规定，但是没有人赤身来上班。经验：你不需要为所有事情制定政策。"

奈飞的差旅政策极其简单："以奈飞的最大利益行事。"

## 共享权力和高度参与（S）

在高绩效的组织中，领导者会分享权力而不是把持权力。他们会寻求他人的意见，鼓励协作和团队精神。他们知道，让员工参与决策可以提升员工的敬业度、主人翁意识和工作效能。因此，与客户直接相关的执行人员可以在一线工作中做出日常决策。通常，这些决策是在团队环境下做出的，每个人都可以互相回应并形成"集体智慧"。

参与式实践通过生产力、员工保留率和员工满意度对财务结果产生重大影响。休斯里德（Huselid）和贝克尔（Becker）用美国劳工部的数据以及对 1500 多个来自不同行业的公司的调查数据，发现参与式实践显著改善了员工的保留率，提升了公司的生产力及财务表现水平。实际上，他们有足够的信心可以量化参与式实践活动带来的财务影响——在参与式实践的条件下，每个标准变量都会使公司的市值增加 35 000 ~ 78 000 美元。[1]

美国西南航空公司鼓励员工让客户满意，并赋能员工运用自己的判断做到这一点。因此，有时候，这家公司的乘务员可能会在机舱内唱歌或者做其他事。对此，你不必大惊小怪。当人们拥有共同的愿景时，例如在美国西南航空公司，赋能就可以为公司带来回报——公司将拥有最为忠实的客户群体。

美国联合包裹服务公司（United Parcel Service, UPS）一直是员工敬业度方面的领先者，其总体敬业度高达 73%。为了继续提升敬业度，全球员工关系副总裁乔·菲纳莫雷（Joe Finamore）制订了一项计划，目的是鼓励员工提出建议并传播那些创新最佳实践。联合包裹服务公司发现，从业人员自下而上的建议可以有效地节省时间，从而节省金钱，甚至会进一步提高员工的敬业度。

一些采用教练式管理方法的公司，例如谷歌、奈飞和奥多比，会鼓励员工在工作中运用自己的判断力、无畏风险。这不仅可以提高创造力，而且可以提升敬业度。

## 为你的组织确定适合的领导风格

正如我们在第 4 章中提到的那样，无论你是领导自己、领导他人、领导团队还是领导一个组织，布兰佳 SLII® 领导力模型均可适用。在自我领导和一对一领导的环境中，领导者要诊断的是，就特定任务而言，下属的胜任力和投入度如何。在团队领导中，领导者要诊断团队的生产力和士气。在组织环境中，领导者的重点则是诊断组织的业绩和关系这两方面。

## 诊断组织的发展水平

确定组织发展阶段的两个关键变量是业绩和关系。

业绩可以被定义为：完成的有关组织宗旨及目标的工作数量和工作质量。

关系可以被定义为：人们与组织、领导者、同事、客户和环境互动的质量。

如果要成为高绩效的组织，那么在业绩和关系这两项上，组织都必须有卓越的表现。

## 业绩与关系：高绩效组织的决定因素

业绩不高但关系良好，这可能是一个有趣的结果，但不会创造出基业长青的组织。反之，业绩很高但关系不佳的组织，其生命周期也将是短暂的。没有良好的关系，组织就会失去最优秀的人才，业绩也将下降。最重要的是，高绩效的组织既需要很高的业绩，又需要良好的关系。

诊断组织的业绩和关系是确定组织发展水平并了解其需求的关键。

## 组织发展的第一阶段：初创阶段

### 低业绩 / 好关系

通常，初创组织的业绩很低，因为目标是新的，而且大多数人从未一起共事过。但是，在初创组织中，人与人之间的关系往往很好，因为当人们初次相聚，共同创建新企业时，往往会热情洋溢。

这恰好是肯·布兰佳公司早期状况的写照，这家公司最初名为布兰佳培训与发展公司。1977 年冬天，肯·布兰佳有幸在青年总裁组织（Young President's Organization, YPO）国际大学活动中发表演讲。当时，青年总裁组织对会员的资格要求是年龄在 40 岁以下，公司至少拥有 50 名员工及年销售额在 500 万美元以上。在肯成功地发表了关于领导力、工作动机和管理变革的演讲之后，青年总裁组织的一些会员询问了他的个人计划。

肯回答道："我计划在休假后重返大学任教。"

他们说："不，不会的。""您会创办自己的公司！"

肯和他的妻子玛吉笑着说："我们连记账都不会，怎么会创业呢？"

青年总裁组织的 5 位总裁答应帮助他们，并同意成为顾问委员会的成员，目的是帮助布兰佳公司起步。

布兰佳一家人为此感到兴奋不已。但是，对于如何建立能够为客户带来价值并维持团队运转的业务，他们也感到担忧。这是组织发展到这个阶段要面对的典型问题。

## 组织发展的第二阶段：改进阶段

改进的业绩 / 欠佳的关系

在这一阶段，组织的业绩开始改进。尽管组织成员通常在第一阶段（初创阶段）关系良好，但当建立新业务的困难开始出现时，成员的关系通常会在第二阶段有所恶化。在这一阶段，围绕系统和结构的问题以及对领导者的不满都会出现。

肯和玛吉很快就意识到，谈论如何经营业务比实际经营本身要容易得多。很明显，公司要持续运营，销售收入就必须超过支出。然而，最初加入公司的大多数人都是教师和培训师，而不是销售人员或会计师。在这一阶段，重要的是找到一种方法，从而平衡组织的目标和组织成员的激情以及开展业务的现实情况。组织必须通过制定策略保持业务的持续发展。

尽管布兰佳培训与发展公司在这一阶段取得了一些成果，但长时间的工作和持续不断的学习压力给创始人及其创业团队成员造成了情感上和身体上的伤害，并导致某些关系出现了紧张局面。因此，没有业务经验的玛吉决定辞去总裁一职。为了替代她，公司聘请了具有业务经验的外部顾问。这位新总裁只知道如何做业绩，却不知道如何激励人，结果非但没有帮上忙，反而让情况变得更糟糕，士气更加低落。

## 组织发展的第三阶段：发展阶段

提升的业绩 / 变化的关系

在第三阶段，随着组织内部人员技能的增强和有效战略的出台，组织业绩继续提升。人们正在努力工作，组织变得更具创造力和灵活性。在这一阶段，关系是变化的，因为几乎每天都会出现新的挑战。人们需要积极加强关系才能继续改善组织业绩。

布兰佳培训与发展公司进入了这一阶段，肯的畅销书《一分钟经理人》得以出版并获得了全国人民的认可。现在，公司不必担心如何寻找销售机会了，相反，公司必须管理洪水般流入的客户请求。

鉴于外请的总裁在任命期间存在的问题，一直与公司人员保持着良好关系的玛吉重新担任了原来的职务。在充满活力、能力强大的领导团队的帮助下，她开始恢复士气并进行了公司结构的重大改革。

## 组织发展的第四阶段：高绩效阶段

### 高业绩 / 好关系

在这个阶段，组织的业绩和关系都很稳健，组织目标得以实现，士气明显高涨。在处于第四阶段的组织里，人们热情合作；哪里需要，领导者就在哪里出现；客户变成"疯狂粉丝"；人们以稳健的方式实现四重绩效（最佳雇主、最佳客户选择、最佳投资选择和最佳企业公民）。

在《一分钟经理人》获得成功后，布兰佳公司的演讲能力和咨询能力受到很多人的认可。肯和他的合著者新出版的书又叩开了更多的大门，组织的业绩达到了新的高度，组织内的关系空前融洽。

然而，到达这个阶段不意味着组织不需要努力了。成为高绩效的组织是领导者需要不断努力的事情，领导者需要始终努力去实现组织的愿景并践行价值观。

## 匹配领导风格与组织发展阶段

正如我们之前强调的那样，建立高绩效的组织是从初创组织到高绩效的组织，再到努力保持高绩效的一段旅程。

在第1章中，你填写了HPO SCORES® 测验，以确定阅读本书的策略。在本章中，我们希望你使用测验的元素描述领导者采用的4种领导方式（指令型、教练型、支持型和授权型），同时应重点关注组织发展的每个阶段。

当我们将4种布兰佳SLII®领导力领导风格与组织发展的4个阶段（初创、改进、发展和高绩效）结合在一起时，就有了一个框架。这个框架体现了与组织每个阶段相匹配的领导风格（见图13-1）。

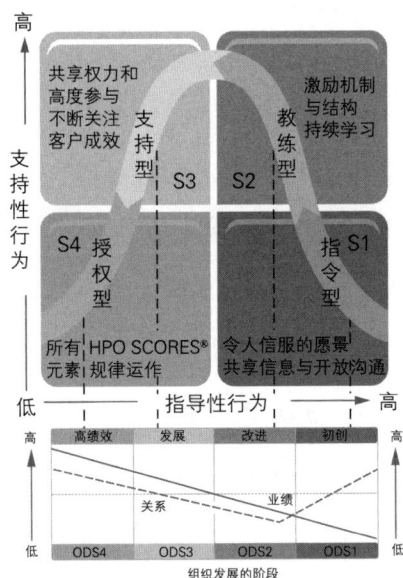

图13-1　布兰佳 SLII® 领导力领导风格与组织发展阶段相匹配

214

为了确定在特定阶段使用何种适当的领导风格，领导者必须首先诊断组织的发展阶段，同时关注业绩和关系这两个方面。接下来，领导者可以在图13-1中标记出组织的当前发展阶段，并以标记点为起点向上作一条垂直线，使垂直线与由4种领导风格组成的曲线相交于一点。两者的交叉点所在的象限，就是组织在当前阶段所需要的领导风格。

## 针对每个发展水平匹配适当的领导风格

了解组织发展的4个阶段，并在每个阶段应用适当的领导风格，这对于创建高绩效的组织至关重要。

### 第一阶段：初创阶段

令人信服的愿景 / 共享信息与开放沟通

在初创阶段（ODS1），即低业绩 / 好关系阶段，我们建议领导者采用指令型（S1）风格。因为此时人们期望领导者提供指导以推动组织的发展。领导者需要专注于建立明确的目标、愿景和价值观。

为实现这一目标，在此阶段需要强调的 HPO SCORES® 要素是令人信服的愿景（C）。

- 组织是否围绕共同的愿景和价值观团结一致？
- 组织中的员工是否对该愿景和价值观充满激情？
- 要想组织蓬勃发展，人们就需要朝着鼓舞人心的未来而努力。

HPO SCORES® 模型中的共享信息与开放沟通（S）也必须发挥作用。

- 人们是否可以轻松获得高效完成工作所需的信息？

- 计划和决定是否被很好地传达并让人们清楚地理解？

这两个要素有助于建立信任并鼓励人们像主人翁一样行事，对于确保每个人步调一致、朝着同一方向前进至关重要。

## 第二阶段：改进阶段

激励机制与结构 / 持续学习

在改进阶段（ODS2），组织的业绩正在改善，但关系在恶化。此时，领导者采用教练型（S2）领导风格是适当的。人们需要领导者提供指导和支持，以使业绩朝着积极的方向发展，并应对现阶段常见的失望和成长的烦恼。

解决第二阶段这些问题的方法是，将注意力集中在 HPO SCORES® 模型的激励机制与结构（E）要素上。

- 组织的机制、结构、正式和非正式的实践是否得到统一整合？

- 它们是否使组织中的员工轻松地完成工作？

当人们感到来自统一整合的机制和结构的支持时，业绩和关系就会改善。

此阶段中另一个重要的 HPO SCORES® 元素是持续学习（O）。

- 组织中的人员是否在开发新技能和培养竞争力方面得到积极的支持？

- 组织是否不断地将新的学习内容纳入标准的经营方式中？

组织学习不同于个人学习，高绩效的组织对两者都很鼓励。现阶段的领导者需要支持持续的学习，包括个人学习和组织学习。

## 第三阶段：发展阶段

共享权力和高度参与 / 不断关注客户成效

在发展阶段（ODS3），组织业绩会不断提升，并且关系有所变化。此时，领导者采用支持型（S3）领导风格是适当的。在此阶段，人们正在更有效地合作，但并非自信十足。他们需要领导者的鼓励，才能主动行动、提出新想法，并打造新的关系，这些要素最终都会促成一个高绩效的组织。

推动这一发展阶段的 HPO SCORES® 元素是共享权力和高度参与（S）。

- 人们有机会影响与他们有关的决定吗？

- 团队是否成为完成工作和影响决策的载体？

在此阶段，所有组织成员都拥有权力，并能参与决策制定。权力和决策制定权不是由组织等级金字塔的顶端把持的。参与、协作和团队合作变成一种生活方式。在 HPO SCORES® 模型中，这将重点放在不断关注客户成效（R）上。

- 组织中的每个人都保持着最高的工作质量和服务标准吗？

- 士气和满意度高吗？组织价值观是否得以体现？

- 所有工作流程设计是否都令客户更轻松地与你们开展业务？

在这个阶段，每个人都清楚内部客户和外部客户分别是谁，并且能够相应地分配精力。

## 第四阶段：高绩效

所有 HPO SCORES® 元素 / 规律运作

在高绩效（ODS4）阶段，组织的业绩很高，关系很好。此时，领导者应当采用授权型（S4）领导风格。这并不意味着组织中没有指令或支持，而是指令和支持来自整个组织中的个人和团队。人们像主人翁一样行动，并对业绩和关系负责。在这一阶段，人们需要领导者鼓励他们在既定范围内自主决策。在这一阶段，领导者应着重开发新的战略挑战和机遇。

在高绩效阶段，HPO SCORES® 模型的所有元素都在规律运作。

一旦组织发展到第四阶段，以 HPO SCORES® 模型中的持续学习（O）为核心就变得至关重要，否则可能会给组织成员带来自满情绪，并且组织发展将停滞。更糟糕的是，组织可能会开始走向衰落。例如，成立于 1880 年的柯达胶片公司，由于忽略了改变整个行业的数字化创新，不得不于 2012 年提出破产保护申请，公司几乎停业。最坏的情况是，那些不参与持续学习的公司将完全垮掉。

## 诊断和匹配的重要性

诊断组织的发展水平并采用与之相匹配的领导风格至关重要。如果领导者能这样做，就不会导致组织在业绩水平和关系质量上有所倒退。进入组织的新任领导者需要意识到前任领导者的领导风格，并判断前任领导者的领导风格是否适合组织当前的发展阶段。

我们看到过太多的状况是，新任首席执行官有些急功近利，甫一上任就立即采用他们喜欢的领导风格，而不是组织所需的领导风格。一个典型的相关例子体现了卡莉·菲奥莉娜（Carly Fiorina）是如何以"不听我的就走人"的领导风格进入惠普这家高绩效的组织的。

　　为了提高收入和增加专利数量，菲奥莉娜于 2002 年带领团队收购了公司 PC 业务（个人电脑业务）方面的竞争对手——康柏公司（Compaq）。这是截至当时最大的技术并购，惠普因此成为全球最大的 PC 制造商。虽然最初的经营业绩骄人，但在菲奥莉娜的领导下，组织在关系方面出现恶化。在团队重组过程中，她监督裁减了高达 30 000 名员工。因此，公司失去了一批最有才华的高绩效人才。很快，公司业绩遭受重创，投资者持有的股票价值不断下降，收益令人失望。菲奥莉娜没有让员工们参与领导变革，拒绝将权力下放给部门主管。最终在 2005 年，董事会要求她辞职。

　　类似事件可能发生在任何组织中，无论企业、政府还是非营利组织。在组织发展的每个阶段，领导者应用适当的领导风格将确保组织不断进步或保持高绩效。

　　如果领导者加入绩效下滑的组织，则可能必须从布兰佳 SLII® 领导力曲线上退回来，提供更多的指导和支持。但是，在此之前，领导者最好以 HPO SCORES® 元素为指南，访谈组织各部门，发现哪些事情有效、哪些无效。领导者应进行调查并与员工交谈，这不仅会为领导者提供重要的信息，还会使员工感到被重视、被聆听。领导者还应收集有关组织现状的信息，并以此为基础开始工作，这将使实施战略、提高组织绩效变得容易许多。

## 创造历史性的组织变革

　　也许没有谁比艾伦·穆拉利（Alan Mulally）能更好地证明一个首席执行官采用正确的领导风格的重要性。当穆拉利于 2006 年加入福特汽车公司时，公司陷入了严重的麻烦。那年，公司公布 2006 年的亏损额是 127 亿美元，是其 103 年经营历史上最大的亏损。公司的债务被评为低于投资等级 7 个等级，所有资产均已抵押。对消费者而言，福特汽车已变成"每天都要修理"的代名词。

穆拉利带着团队和强大的愿景，踏上了艰难的重回盈利之路。

> 我们为成为精益的全球企业、领跑汽车行业而共同努力工作……我们通过客户、员工、投资者、经销商、供应商和社区的满意度衡量成功。

穆拉利认识到创建令人信服的愿景的重要性。他说："所有人都想知道我们在做着伟大的事情，正在感动很多人，我们所做的事比我们自己还重要。"

穆拉利明白，福特汽车公司的员工是公司转机的关键，因此他选择与员工同甘共苦——他在自助餐厅与员工一起进餐，定期与秘书和装配线工人交谈。为了维护信息透明的价值观，穆拉利和公司的首席财务官、运营主管以及工会干部坐下来分享财务信息。"彻底透明的数据"使劳动者确信，如果要"保住公司，我们就要一起行动"。最终，领导团队与工会合作，通过退休和自愿离职而非被迫离开的方式，将福特汽车公司的员工从 100 000 人减少到 45 000 人。

在穆拉利的领导下，福特汽车公司的业绩和关系都得以改进。到 2014 年穆拉利退休时，福特汽车公司已经连续 19 个季度实现盈利。在穆拉利的领导下，作为 20 世纪美国的标志性公司之一，福特公司经受住了 21 世纪初期动荡的考验。

在技术的推动下，当今的业务比以往任何时候都更加复杂、更加全球化和瞬息万变。在下一章中，我们将深入研究如何领导变革。

## 第 14 章

# 组织变革：人们为何抗拒变革

帕特·茨格米　贾德·胡克斯特拉　肯·布兰佳

组织领导力比一对一领导力或团队领导力更为复杂的原因之一是，它通常涉及领导变革，这可能会使组织局面变得混乱无序。

## 领导变革的重要性

曾几何时，你会经历一些变化，之后会回到相对稳定的阶段。在那个时候，随着一切安顿下来，你可以未雨绸缪，为下一次变化做好准备。库尔特·勒温（Kurt Lewin）将这些变革阶段描述为"解冻，变革，再冻结"。而现实是，没有"再冻结"，没有"停歇"，没有所谓的"准备好了"。

今天，我们生活在"湍流"中，我们对"湍流"了解多少？它既令人兴奋，又令人恐惧！通常，你必须侧身或倒立才能前进。水流受到环境的控制，存在看不见的障碍。有时，利用"涡流"进行重组和反思是明智的，但是"涡流"通常会被错过，因为"湍流"来势汹汹、滚滚向前。

有时，在变革之中，人们很难保持观点不变。这让我们想起了一个故事。有一天，一个小女孩放学回家，她问她的母亲（或许今天有可能是她的父亲）："为什么爸爸每天下班都这么晚？"母亲同情地笑了笑说："亲爱的，爸爸白天没有足够的时间完成他所有的工作。"小女孩"奇思妙想"道:"为什么他们不把爸爸放在较慢的一组呢?"唉,可惜现实生活中没有所谓"较慢的一组",不断变化已经成为一种生活方式。

马克·吐温(Mark Twain)说过:"唯一喜欢改变的人是穿着尿布湿的婴儿。"无论你喜欢与否,当今组织确实要面临不断变化的环境。是否会发生变化的问题已不再重要,因为变化肯定会发生,不再是一种可能性。

现在的问题是,管理者和领导者在试图保持组织的适应性和可行性的同时,如何应对每天密集的变革呢?

## 为什么组织变革如此复杂

想想某人去参加高尔夫球课程时会发生什么:教练会帮助高尔夫球手纠正挥杆的动作,目的是提升高尔夫球手的得分。但是,在通常情况下,高尔夫球手在学习新的挥杆动作时会变得更糟,他需要一些时间掌握新的挥杆动作并提高得分。接下来,再想想当你要求一组高尔夫球手中的每个人同时改变各自的挥杆动作时会怎么样。结果可能是,与一名高尔夫球手相比,整个团队的表现水平的下降幅度更大。

在要求大批人员同时改变行为的组织中,也会发生同样的绩效下降。当团队中的一个人正在学习一项新技能时,其他人通常可以补位并保持团队的正常运转。但是,当每个人都在学习新技能时,谁能弥补这么大的缺口?

在组织中引入变革时,组织绩效通常会在上升到高于变革前的水平之前就发生下滑。有效的变革领导者可以意识到这一点并理解变革的过程,这可以最大限度地减少由于大批员工同时学习新的行为而导致的绩效下降，还可以最大限度地缩短实现未来预期绩效的时间。此外，他们可以提高组织发起、实施和维持成功变革的能力，这正是我们希望你能从本章和第 15 章中学到的东西。

## 何时有必要变革

当实际发生的事情（当前正在发生的事情）与期望发生的事情（你想要发生的事情）出现不符时，就有必要进行变革。为了更好地了解你的组织可能有哪些地方需要变革，你可以考虑以下问题。

- 你的组织是否正在实现其愿景？

- 组织的计划是否取得了预期的结果？

- 组织是否按时交付了这些结果？

- 组织是否按预算交付了这些结果？

- 组织是否保持较高的生产力和士气？

- 员工充满活力、忠诚和激情吗？

- 客户对你的组织充满兴趣吗？

如果你很难对这些问题说"是"，那么你对领导变革的关注就应当更为密切。

大多数经理会说领导变革不是他们的专长。在对 14 个行业的 350 位高级管理人员进行的一项调查中，有 68％ 的人确认其公司在变革过程中遇到了意外的问题。[1]此外，研究表明，70％ 的组织变革最终失败，而这些失败的原因通常可以归为无效的领导力。

## 为什么变革会脱轨或失败

我们的研究和实际经验表明，大多数变革工作会因可预见的原因而脱轨或失败。许多领导者不承认应当对这些原因负责，因此他们会反复犯同样的错误，这正如人们常说的那样。

**精神病患者一遍一遍地重复同样的事情，却期望得到不同的结果。**

幸运的是，还有希望。如果你认识到变革通常会脱轨或失败的原因，则可以主动进行领导，从而在启动、实施和维持变革时提高成功的可能性。我们在下面"变革失败的十五宗罪"中列出了变革失败的原因。

当大多数人看到这个列表时，其反应取决于他们是变革的目标还是变革的推动者。虽然我们已经对人们的组织进行了多年的研究，但作为变革的目标，人们经常在亲身经历中看到了变革失败的原因。现实情况是，尽管每个组织在某些方面都是独特的，但组织常常出于相同的原因而挣扎于变革之中。

当变革的推动者看到这个列表时，他们会灰心丧气，因为他们意识到实施变革有多么复杂，并且有多少不同的地方会出错。他们应该从哪里开始着手呢？应当关注变革失败的 15 个原因中的哪些呢？

多年以来，我们的经验是，如果领导者能够理解并克服变革失败的前 3 个原因，那么他们就可能成为有效的变革领导者。

**变革失败的十五宗"罪"**

1. 领导变革的人认为宣布实施变革等同于实施变革。

2. 人们对于变革的顾虑没有被表达出来或得到解决。

3. 被要求进行变革的人未参与制订变革的计划。

4. 没有令人信服的理由进行变革，商业论证未被传达。

5. 没有制定或传达令人激动的、令人信服的愿景。

6. 变革领导小组不包括早期接受者、反对者或非正式领导者。

7. 变革没有经过试点检验，因此组织不了解支持变革需要什么。

8. 组织系统和其他举措与变革产生冲突。

9. 领导者抓不住重点或未能确定优先次序，从而导致"朝令夕改"。

10. 不鼓励或不授权员工打造新技能。

11. 领导变革的人不可信，他们的沟通能力不足，提供了混乱的信息，没有
     示范变革所需的行为。

12. 进展未被衡量，或者无人意识到人们努力做出的改变。

13. 人们没有对实施变革负起责任。

14. 领导变革的人们没有重视杀死变革的文化的力量。

15. 在选择特定的变革之前，没有探讨可能性和可选项。

# 专注于领导变革之旅

在与组织合作的 40 年中，我们观察到了破坏变革的领导模式。那些一直在考虑变革的领导者知道为什么组织需要实施变革。在他们看来，商业情况和变革的需求都很明确。他们深信必须进行变革，以至于不需要就变革的

必要性再做任何讨论。因此，他们可能会全力以赴地实施变革，却很少花力气让他人参与并引领变革之旅。他们忘记了以下这一点。

> 管理变革更多的是领导变革的旅程，而不只是宣布一下目的地。

用布兰佳 SLII® 领导力术语来说，宣布变革的领导者使用了指令型领导风格。他们告诉所有人想要什么变化，然后就"消失"了。之后他们又使用了不适当的授权型领导风格，目的是使员工自动地执行组织变革。遗憾的是，组织变革永远不会发生，他们没有管理这个旅程，组织变革因此脱轨。为什么呢？

对于已经宣布的变革，如果人们抱着蒙混过关的态度，或者希望能熬到宣布变革的领导者卸任，那么组织变革就会脱轨。因为截至目前，员工还没有参与其中，他们感到组织只关心公司的利益，而不关心每个人的利益。

针对人所发起的变革会产生更大的阻力。如果在人们发声反对的那一刻，领导变革的人就撤退了，那么领导者这样做的那一刻，就表明其他人无须适应变革，因为变革根本行不通。

对指令型领导风格的不当使用，再加上不适当的授权型领导风格（宣布变革，之后放弃对变革的责任）意味着变革将永远无法成功实现。为了确保组织变革取得成功，领导者应在变革过程的每个阶段都让那些受变革影响的人参与进来。

## 说出顾虑，消除顾虑

最初由吉恩·豪尔（Gene Hall）和他在得克萨斯大学的同事进行的美国

教育部的项目[2]表明，面对变革，人们会产生以下6种可预见的、有次序的顾虑（见图14-1）。

（1）信息顾虑。

（2）个人顾虑。

（3）实施顾虑。

（4）影响顾虑。

（5）协作顾虑。

（6）优化顾虑。

顾虑阶段

图 14-1 顾虑阶段模型

处在变革中的人们经常会提出一些问题，领导者由此可以判断其所处的顾虑阶段。在大多数情况下，领导变革的人没听过这些问题，因为他们没有组织人们参加表达这些问题的讨论会，或者即便组织了讨论会，但交流只是单向的。那些受到变革影响的人几乎没有机会质疑变革的原因，或者了解变革实施后的情景。因此，受到变革影响的人们没有机会说出顾虑，他们的顾虑并没有消除，所以他们也不可能成为变革的拥护者，他们对变革采取消极抵抗的态度。

让我们看一下每个顾虑阶段以及人们会问自己和同伴的一些问题。

## 第一阶段：信息顾虑

在此阶段，人们提出问题以获取有关变革的信息。例如，变革什么？为什么需要变革？现在出了什么问题？组织需要多大、多快的变革？

**存有信息顾虑的人需要得到与变革决策者知道的同样的信息**。只有彻底了解变革的信息，他们才能了解变革是好是坏。如果变革的依据坚实可靠，那么作为领导者，你就应该与下属共享这些信息，帮助下属看到你所看到的。需要记住的是，如果缺乏清晰、真诚的交流，人们就倾向于自行创建有关变革的信息，这可能会造成人们将有关变革的错误信息当成正确信息。

在 SAP 系统[3]实施的过程中，变革领导团队出色地解释了企业的经营状况，人们说："单一数据输入将减少错误，节省资金，因为这将消除重复输入。人们需要的操作步骤会减少，而且跨组工作将发生更多的交互和协作。访问信息比原来容易 10 倍。从长远来看，这将节省大量的时间，因为工作将在后台完成，这将消除人浮于事的现象。"

领导团队通过多种方式给人们提供数据，这会在很大程度上消除人们对信息的顾虑。

## 第二阶段：个人顾虑

在此阶段，人们会询问有关变革将如何影响自己的问题。例如，为什么我需要参与变革？我会赢还是会输？我会安然无恙吗？我如何找到时间实施变革？我需要学习新技能吗？我可以做到吗？

存有个人顾虑的人想知道变革对个人的影响，想知道他们是否具备实施变革的能力和资源。随着组织的变化，现有的个人和组织的承诺会受到威胁。人们会关注自己会失去什么，而不是得到什么。

我们必须用一种让人感到被倾听的方式进行变革，才能解决个人顾虑。正如沃纳·埃哈德（Werner Erhard）经常说的："你抵抗什么，什么就会一直存在。"如果你不允许人们处理对变革的感受，这些感受就会一直挥之不去；反过来，如果你允许人们处理困扰他们的感受，那么在处理感受的过程中，这些顾虑通常就会消除。你是否对自己说过"我很高兴能一吐为快"？如果是这样的，你就会知道与他人分享感受会给人带来安慰。只要人们有机会在变革中谈论自己的顾虑，就能理清思路并激发创造力。这些创造力可以帮助变革，而不是阻碍变革。因此，当人们表达个人顾虑时，领导者应当耐心倾听。高管和经理必须允许人们公开表达自己的个人顾虑，而且不必担心被评价、被评判或被惩罚。

在变革过程中，个人顾虑是最常被忽略的顾虑阶段。

在某些情况下，领导者并不能将组织中人们的个人顾虑减少到令人满意的程度，但是倾听这些顾虑的做法通常会大大减少人们对变革工作的抵制情绪。

如果你不投入时间解决个人的需求和恐惧问题，就不能让人们超越这一基本的顾虑阶段。让我们来看看，对于变革，人们经常会有哪些主要的个人顾虑。

**对待变革，人们的"准备度"不同。**尽管几乎每个人都经历过对变革的抵制，但一些人可能会因为有机会实施新的想法而很快感到兴奋；另一些人则需要一些时间对新挑战"预热"。这并不意味只有某一个准备度才是对的，只是说明人们对变革的看法和灵活性不同。能够意识到人们的"变革准备度"不同，对有效地实施任何变革工作都会很有帮助，还可以帮助你识别出谁是"早期接受者"或"变革倡导者"。这些人可以加入变革领导团队，也可以帮助你与那些拒绝变革的人保持联系。人们抵制变革的原因可能代表着某种谨慎的态度，也可能是一种线索，可以让你因此看到那些成功实施变革所必须解决的问题。

**人们最初会专注于那些不得不放弃的东西。**通常，他们对变革建议的第一反应是产生一种失落感。为什么"失落"呢？答案可能包括失去控制、时间、秩序、资源、同事、能力和声誉。为了使人们向前走，领导者需要帮助他们应对这种失落感。也许这听起来有点愚蠢，但是，人们需要有机会哀悼自己的失落感，这也许就是有时间与他人谈论自己的感受。请记住，"你抵抗什么，什么就会一直存在"。帮助人们哀悼他们认为会因变革而失去的东西将有助于他们接受一些变革的益处。

在 AT & T 公司被拆分成 7 个独立的公司期间，肯·布兰佳和大学协会（University Associates）的联合创始人约翰·琼斯（John Jones）曾与其中多个部门合作。[4] 当宣布这一变革时，领导者首先谈的是变革的益处。肯和约翰意识到，在那种时候，没有人能听得进去这些，因为人们的个人顾虑尚未消除。为了解决这个问题，他们在各部门中设立了"哀悼会议"，让人们在会上公开谈论他们认为必须为变革而放弃的东西。以下是一些浮出水面的大问题。

身份丧失。当领导者问员工他们为谁工作时，员工会不禁挺起胸膛，说出"AT & T"。这好像要比说出"Jersey Bell"或"Bell South"公司的名字产生的优越感强烈得多。

失去终身就业机会。肯的一个同学从康奈尔大学毕业后就在 AT & T 工作。当她打电话告诉母亲这个消息时，她高兴地哭了。她说："你这辈子可是高枕无忧了。"彼时，如果你在 AT & T 公司工作，父母会期望你能在那里工作 30 ~ 35 年，最后举行一次精彩的退休聚会，然后步入晚年生活。而在当今瞬息万变的时代，人们都对长期雇用心存顾虑，因为这已实不多见。

肯和约翰发现，人们在表达了对这些损失的内心感受之后，会更乐于接受变革的益处。

**即使所有人都在经历同样的变化，人们也会感到孤独。**当变革来临时，即使周围的每个人都面临同样的情况，大多数人还是倾向于把这种经历个人化，心想："为什么轮到我呢？"具有讽刺意味的是，要使变革成功，我们需要他人的支持。实际上，我们需要寻求这种支持。人们在必须学习新的工作方式时，会倾向于感到这是一种惩罚。如果要让变革取得成功，人们就需要向周围的人寻求帮助。我们彼此需要。这就是为什么支持小组在人们面对生活中的变化或压力时会起作用——人们需要感到领导者、合伙人、同事和家人支持他们需要做出的改变。请记住，你无法独自创建世界一流的组织。你需要他人的支持，他们也需要你的支持。

**人们担心他们没有足够的资源。**当被要求做出改变时，人们通常认为会需要更多的时间、资金、设施和人才。但今天的现实要求我们，必须事半功倍。缩减规模的组织人员变少，留下的人员被要求承担新的责任，他们需要更聪明而不是更努力地工作。领导者必须帮助下属发现自己创造这些资源的能力，而不是直接提供这些资源。

**人们只能应付这么多的变化。**如果变化太大，那么只要面对很多变化，甚至有时只是一个变化，人们往往就会不知所措、应接不暇。这就是为什么最好不要一次性变革所有领域，而要选择能发挥最大作用的关键变革领域。

　　*无论你做什么，在实施更多的变革之前，请确保人们有一些成功经验可以借鉴。*

在前面提到的 SAP 系统实施案例中，哪些个人顾虑得以表达了？问题是如何解决的？人们在采访中说："我昨天看过数据了，意识到我现在不需要做任何事情。我已经可以稍微放松些了，没有那么不安了。在所有事情中，我最担心的是'上线'时间，这还需要更多的时间。我担心这个系统学起来、用起来都会很难。我不认为团队领导会理解我们，她对我们的日常工作没有充分的了解。我希望会有一对一的支持，因为大班培训不会给我带来安全感。我需要能够自信地使用这个系统。如果一切顺利，我们将如何处理自己的时间？现在，我们必须回答'这对我意味着什么'，我不能在做我真正的工作的同时再做这件事。这个项目结束后，我将不得不回去搞定所有其他事情。"

变革领导团队设立了讨论会，让人们表达自己的个人顾虑，然后系统地回答有关时间安排、参与事项、支持系统以及如何管理多个优先级的问题。

一旦人们感觉到自己的个人顾虑已经被倾听，就会倾向于将注意力转移到变革将如何真正展开上。我们称之为"实施顾虑"。

## 第三阶段：实施顾虑

在这个阶段，人们会提出有关如何实施变革的问题。例如，我在每一步该怎么做？如何管理所有细节？如果无法按计划进行，我该怎么办？我能从哪里寻求帮助？这需要多长时间？我们当下的经历典型吗？组织的结构和系统将如何变化？

**心存实施顾虑的人们会关注细节，即实施变革涉及的细节**。他们想知道变革是否已经试运行。他们明白变革不会完全按计划进行，因此想知道"我们在哪里寻求技术援助和解决方案，从而解决变革实施过程中出现的问题"。他们还想知道如何充分利用信息和资源，以及组织的基础架构将如何支持变革工作（绩效管理系统、认可和奖励、职业发展）。

在前面提到的 SAP 系统案例中，人们表达了这些实施顾虑："我担心人们会坚持使用他们喜欢的系统。其他一些应用程序可能仍然存在，我们最后得到的就是一个多余的系统。我们没有运行该软件的硬件。我担心会没有足够的时间清理数据，或者验证我们设计的新业务流程。我想现在就谈这个问题，而不是以后再说。我们需要更多的信息，包括我们可以期望得到什么，以及我们何时可以提出建议。我真的可以用时间表列出这些信息——现在看到的东西要么太详细，要么太稀少。我需要知道我什么时候会被卷入其中。人们会对使用新系统负责吗？"

当离实施变革挑战最近的人们参与解决所反映的问题时，这些顾虑将得到最好的解决。

## 第四阶段：影响顾虑

一旦关于前 3 个阶段的顾虑得到缓解，人们就会提出影响方面的顾虑。例如，付出的努力值得吗？变革有成果吗？我们正在进步吗？情况变好了吗？怎么变的？

**心存影响顾虑的人们对变革的相关性和回报率感兴趣**。既然变革已经实施，那么人们就应该将焦点放在对变革的评估上。这是人们根据取得的成果、变革的回报推销自己的阶段，也是领导者对未来变革失去或建立信誉的阶段。如果变革没有对经营业绩产生积极的影响，或者如果人们不知道如何衡量成功，那么未来发起和实施变革将变得更加困难。在此阶段，你可以确定谁是变革的"早期接受者"，认可他们在变革中的成功，从而为未来培养变革领导者。

## 第五阶段：协作顾虑

在此阶段，人们会提出有关在变革期间的协作的问题。例如，还有谁应该参与进来？我们如何与他人合作，或者让他们参与我们的工作？我们如何告诉他人？

**心存协作顾虑的人会关注与他人的协调与合作**。他们希望所有人都参与进来，因为他们坚信这一变革将带来积极的变化。在此阶段，领导者要让早期接受者拥护变革，并让他们影响尚未做出决定的人们。

## 第六阶段：优化顾虑

在此阶段，人们会提出有关如何改进变革的问题。例如，我们如何改进我们的初始想法？我们如何才能使变革做得更好？

**心存优化顾虑的人们会关注持续改进**。在组织变革的过程中，通常会发生许多学习过程。结果就是，在此阶段常常会出现新的改进机会。

当 SAP 系统进入优化阶段时，我们听到以下说法："我们估计 SAP 系统上线时生产力会下降。我们必须开始定义谁负责哪些工作流程，以及哪些上游／下游员工在上线时需要改进。SAP 系统不仅体现了新技术，而且是对业务流程的重新设计。我们现在必须建立联动机制并进行数据转换。公司中 SAP 系统用户的丰富经验尚未被充分利用。我很担心数据转换后，系统会延迟推出。正常流程的例外情况也许没有被预见。老前辈将无法走他们习惯的捷径。实时处理最终会有所帮助，但起初它会延长处理的时间。现在考虑对所有流程并进行整合非常重要。我敢肯定，最初几周的情况会变得更糟糕。"

我们了解到，当人们对一项变革心存优化顾虑时，通常会酝酿下一次变革。越让人们多参与各种选择并提出不同的做事方式，就越容易为下一轮变革蓄势。

## 不同的人处于不同的顾虑阶段

虽然处理人们对变革的顾虑看似容易，但每个顾虑的阶段都可能成为变革成功的"拦路虎"。顾虑阶段是可预测的和连续的。因此，认识到在任何特定的时间，不同的人处于不同的顾虑阶段，这一点至关重要。

例如，在宣布变革之前，领导者通常会掌握其他人没有的信息，并且已经弄清楚变革将如何影响他们个人。甚至在其他人还没有意识到拟议的变革之前，领导者就将实施计划制订好了。因此，变革领导者常常需要先解决人们的信息顾虑、个人顾虑和实施顾虑，然后通过向组织传达变革的益处解决影响顾虑。但是，组织的其他成员可能还没有机会表达他们的顾虑。因此，在解决人们的信息顾虑、个人顾虑和实施顾虑之前，人们还没准备好倾听有关变革带来的益处的信息。

## 让涉及变革的人参与进来的重要性

如果领导者没有让人们参与进来，没有让人们将心中的顾虑说出来，没有诊断人们所在的顾虑阶段，那么人们对变革的抵制情绪就会高涨，变革过程就会被延迟或停止。

相反，在组织变革的每个阶段，当领导者通过让人们参与进来、准确诊断并且适当回应人们的特定顾虑时，结果将是：变革的阻力变小、支持增多、变革意见更快地被采纳。

此外，在整个变革过程中，消除人们的顾虑可以让人们建立起对变革领导团队的信任。这种做法将挑战摆在桌面上，使人们有机会影响变革的进程，并使人们将精力重新集中在变革上。

经验教训：在领导人们进行变革时，变革的内容固然重要，但是如何让人们参与进来是决定变革成败的关键。

> 如果人们未参与决定如何实施变革的过程，通常就会厌恶变革。因此，与流行的观点相反，人们抗拒的不是变革，而是被控制。

在本章中，我们重点关注组织层面的变革以及人们为什么拒绝变革。在下一章中，我们将分享 5 种具体的领导变革策略。这些策略可用于引导人们进行变革。这些策略提供了详细的信息，包括领导者应如何主动应对每个顾虑阶段，以及避免由可预测原因导致典型变革失败。

# 第 15 章

# 领导变革

帕特·茨格米　贾德·胡克斯特拉

正如我们在上一章中讨论的那样，领导者在实施变革时常常不知所措。在多数情况下，他们感觉陷入了双输的局面。一方面，如果他们尝试发起颠覆性变革，就可能会释放人们被压抑的负面情绪。另一方面，如果领导者不能持续地推动变革，那么组织将被那些致力于创新的组织所取代。有人说过，如果你不改变，那就是等死。加之典型的变革失败有多达 15 个可预测的原因，我们不难看出为什么领导者会对变革产生麻痹思想。针对这个问题，帕特·茨格米和贾德·胡克斯特拉开发了一个"领导变革"模型（见图 15-1），力图让看似复杂的事情变得简单清晰。[1]

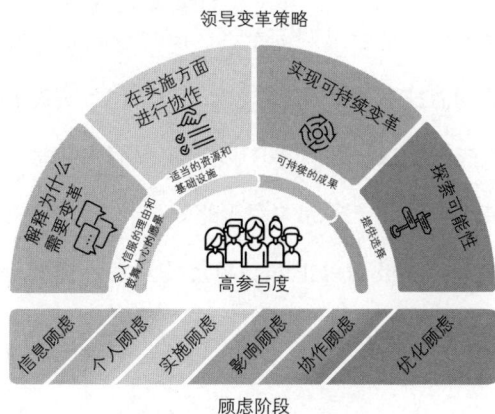

图 15-1　领导变革模型

# 5 种领导变革策略

领导变革模型定义了 5 种领导变革策略及其各自的结果。这些领导变革策略可应用于 6 个顾虑阶段，也可应用于避免犯上"变革失败的十五宗罪"。这些策略还概括了领导人们进行变革的过程，这些过程与在大多数组织中引入变革的方式截然不同。

## 策略 1：提升参与度和扩大影响力

### 结果：支持

第一个领导变革策略是提升参与度和扩大影响力。它是领导变革模型的核心，必须贯穿整个变革过程，以赢得他人的合作和支持。这个变革策略解决了由以下 4 个原因导致的变革失败问题。

（1）领导变革的人认为宣布实施变革等同于实施变革。

（2）人们对于变革的顾虑没有被表达出来或得到解决。

（3）被要求进行变革的人未参与制订变革的计划。

（4）变革领导小组不包括早期接受者、反对者或非正式领导者。

领导组织变革的方法有一个核心理念，即发起、实施和支持变革的最佳方法，就是提升那些被要求进行变革的人们的影响力和参与度，使其顾虑得到充分表达并消除，这是上一章的关键策略。

> 你认为你更可能做到以下哪一项决定：别人强加于你的决定，还是你有机会提供建议的决定？

对你来说显而易见的事情，对于试图实施变革的领导者来说却未必。他们相信如果能快速决策，变革将会更快地得以实现，并且决策过程涉及的人员最少，决策的速度就最快。的确，当涉及的人员较少时，领导者可以更快地做出决策，但更快地做出决策可能无法转化为更快、更好的实施效果。这些变革领导者通常会认为，只要宣布了实施变革就完事了！"自上而下，最少参与"的领导方法忽略了服从与承诺之间的关键差异。人们可能会在短时间内遵守新指令，直到遵守新指令的压力消除时，他们通常会恢复原来的行为。因为他们没有将顾虑一吐为快，顾虑也没有被消除；他们会认为正在进行的变革对他们不利。

在考虑需要让人们在多大程度参与变革的过程时，请牢记图 15-2。人们越感到自己无法影响正在发生的事情，越会增加抵制行为。

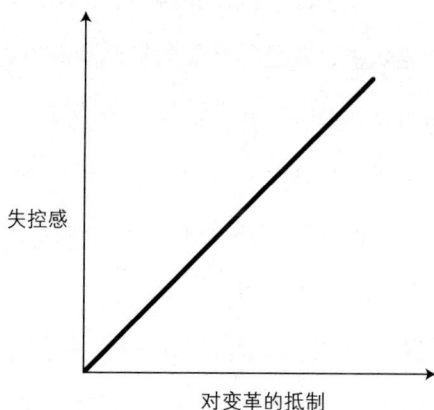

**图 15-2　失控感增强了对变革的抵制**

面对变革，如果人们没有被视为足智多谋的人，并且不能像变革领导团队一样对变革的需求得出同样的结论，他们就会感觉失控。他们会认为他们的世界即将发生变化，但领导者却没有让他们谈谈"变化是什么或可能是什么"。领导者没有邀请人们参与进来，人们就没有表达和消除其信息顾虑的渠道。同样，如果个人顾虑没有得到充分表达并获得认可，人们就会失去自主感，会与他人串谋起来并变得焦虑，对变革的抵制情绪就会增强。于是，当公司发出印有变革标语的 T 恤，让每个人都接受"一刀切"的培训时，人们就会开始相信领导层确实与组织的实际情况脱节，这会对员工的掌控感产生威胁，更会增强他们对变革的抵制情绪。其中的本质是人们必须能够影响到影响他们的变革，否则就像罗伯特·李（Robert Lee）所说的那样：

在变革过程中被忽视的人们，会有办法提醒大家他们的重要性。

有很多种方法可以让人们参与变革的过程，例如，让人们作为"侦察兵"去考察面临相同挑战的组织所采用的解决方案；让人们进行试点变革；让人们加入变革领导团队中，并且尽量以成员的身份加入，而不是以顾问的身份加入。在变革领导团队中安排一到两个"抵制者"，尽管起初可能令人不自在，但让这些人明确表达将会对领导团队中持有相同顾虑的人们有所帮助。当抵制者在公开场合说出顾虑并让顾虑得以消除的时候，他们通常会成为变革过程中最有效的问题解决者和支持者。

最后，你要让变革的早期接受者参与进来，并让他们成为同道拥护者。同道拥护者可以通过分享变革的案例、个人在变革方面的成功经验，影响那些对变革持中立态度的人，不让他们变成抵制者。你可能会想让他们参与培训其他人，并让他们示范符合变革预期的行为。

高参与度变革策略的目标，是建立一个广泛的、由各级领导者组成的联盟。这些领导者支持变革，并异口同声地向不同的利益相关方表达自己对变革的支持态度。如果整个组织中不同风格的领导者在变革的需要以及变革如何对组织产生积极的影响方面达成共识，那么对变革的抵制、消极态度和责备就会减少。当人们看到领导者对于变革缺少一致性时，就知道自己也不必采取与其一致的态度。此外，他们也知道由于领导者对于变革缺乏一致性，变革很快会停滞或脱轨，因此他们可以打败变革。所以，请你记住：可持续的组织变革通过对话和协作产生，绝不是少数人的单方面行动。

高参与度也会将人们的顾虑和挑战更快地摆在桌面上。因此，人们对于什么需要变革和如何变革会有更加一致和清晰的认识、更好的变革实施计划，以及更高的成功可能性。在此与变革领导者分享我们最喜欢的一条准则：

**规划作战的人很少亲自上前线！**

## 灵活性：通过使用多种领导变革策略实现成功领导变革

领导变革模型外围的其他 4 种领导变革策略积极地解决了变革通常会失败的其他可预测的原因。

在变革过程中，认真地运用这些领导变革策略，我们就能得出令人信服的变革主张和鼓舞人心的愿景，确保适当的资源和基础设施到位，保障成功实施变革，持续取得成果，并且可探寻进行持续创新和变革的其他选择。

为了让你更直观地了解这些领导变革策略，我们提供以下的案例研究，其中涉及困扰美国数百万人的问题。如果你居住在美国以外的地方，则可能会想到类似的"系统变革"。

## 案例研究：拒付抚养费的父母

在美国，可能多达 2 000 万儿童拥有不履行抚养子女义务的无监护权父母。根据美国联邦子女抚养办公室（Federal Office of Child Support）的数据，美国未付子女抚养费的总额接近 1 000 亿美元，其中 68％的子女抚养费被拖欠。这些儿童中的绝大多数儿童生活在单亲家庭中，其抚养费被拒付，生活贫困。

在美国，子女抚养费的强制执行机构是由州和地方机构组成的松散联盟，这些机构均按照不同的指导方针运作，并向联邦子女抚养费执行办公室（Federal Office of Child Support Enforcement）负责。如何让这些机构协同工作是最大的挑战。尽管存在强制执行子女抚养费的立法，但由于官僚机构过多，人力不足，无法跨州追查并拘留未付抚养费的父母，结果，许多这样的父母都钻了这个系统的空子。

直到最近，有关这些父母的信息仍然以纸质文件的形式被存储在其居住地的郡县办公室中。郡县文员试图按这些信息强制收取子女抚养费。不过，常见的情况是，当一个郡县的文员快要找到那些拒付法院判决的子女抚养费的父母时，这些人又会搬到另一个郡县甚至另一个州居住。

如果没有一个系统能跨郡县乃至跨州以共享纸质文件中存储的信息，那么几乎不可能抓住那些拒付抚养费的父母。因此，原本应该获得子女抚养费的有监护权的父母和孩子最终失去了他们所需要的支持。

鉴于人们对这种情况的不满情绪加剧，联邦政府决定接受挑战。联邦立法获得通过，要求每个州实施电子跟踪系统，以促进跨郡县、跨州共享当前的信息，从而更好地跟踪这些父母。考虑到当今计算机的普及使用，这听起来是一项简单的变革。但是，在立法通过之时，许多郡县的经办人员仍采用20世纪五六十年代的办公方式，他们生活在农村地区，从未使用过计算机，并一直用记事本、铅笔和电话追踪那些拒付抚养费的父母。

你认为被要求进行变革的郡县文员对提议的变革会感到担忧吗？当然会的，他们中的许多人都心存信息顾虑，例如担忧拥有电子跟踪系统将如何改善郡县的执法。在那些妥善收集了子女抚养费的郡县，经办人员可能想知道，鉴于过去的成功做法，他们是否还可以继续使用纸质文件。多年来，一些郡县的文员一直使用计算机系统追踪案件，他们可能想知道是否必须使用新的计算机系统，或者可否继续使用当前的系统。人们可能还想知道将信息从纸质文件转移到计算机需要多长的时间。

许多郡县文员也有个人顾虑，包括"如何学习使用新系统？如果无法学习使用新系统和软件，我还能找到工作吗？除了被告知要使用新的电子跟踪系统，我的工作还有哪些变化？这听起来像是会有很多额外的工作。"在变革过程的这一阶段，这些顾虑都是典型问题，反映出人们担心变革可能会使工作变得难上加难。

此外，经办人员还有实施顾虑，包括"什么时候可以进行新的电子跟踪系统方面的培训？培训后需要帮助时，他们可以联系谁？是否有哪些郡县已经在使用该系统？是否可以与这些郡县的人们谈谈？何时全国都将在新系统上启动运行？"最后，他们可能还想知道，如果电子跟踪系统出现故障或不可用，会发生什么情况。

一旦变革开始启动，一些经办人员又提出了影响顾虑。例如，他们可能想知道是否有人用新系统抓到了以前抓不到的拒付抚养费的父母；与以往旧的方式相比，多收了多少钱；开始收到费用的有监护权的父母是否在新的工作方式以及收到费用的金额上看到了积极的变化。

经办人员也会开始适时地表达协作顾虑。他们会提出这样一些评论："我亲眼见证了这个新系统的成功。有谁还不信这是一个好主意吗？只有跨州并在全国范围内共享相关的信息，我们才能追踪到那些人。"

"我很高兴能成为试点工作的一员，我已经等不及回到郡县去分享取得的成果。目前，还有很多人对新系统持怀疑态度。"

"在我们周围几个已经'上线'新系统的郡县中，新系统运行良好。但是，我们需要扩大实施范围，将全国的每个郡县都连接到一个公共数据库。"

新系统启动并运行后，经办人员提出了优化顾虑。尽管认识到采用新系统是一种改进方式，他们还是提出了一些需要改进的地方。例如，如何将新系统连接其他系统（其他郡县和州的儿童支持系统、机动车辆部门、新雇员数据库、美国国税局），以便他们可以更好地跟踪人员并强制执行子女抚养费的征收工作？负责这种大规模系统变革的人员如何减少人们的信息顾虑、个人顾虑和实施顾虑，并为提议的变革创建更多的支持呢？

## 策略 2：解释为什么需要变革

结果：令人信服的商业论证和鼓舞人心的变革愿景

第二个领导变革策略是解释为什么需要变革。该策略解决了由以下两个原因导致的变革失败问题。

（5）没有令人信服的理由进行变革，商业论证未被传达。

（6）没有制定或传达令人激动的、鼓舞人心的愿景。

第二个领导变革策略解决了信息顾虑，以及某种程度上的个人顾虑。

在解释为什么需要变革时，领导者要给出一个令人信服的商业论证。这可以帮助人们理解所提出的变革、变革的理由以及为什么维持现状不再可行。

在领导一项变革计划时，你的期望应当是，组织中的许多人不理解变革的必要性，他们对目前正在做的工作感到满意。因此，他们会有信息顾虑，并可能会问："什么变革？为什么需要变革？现在的方式有什么问题？组织需要多少变革？变革速度如何？"

最有可能的状况是，发起变革的人对现有的某些错误方式感到沮丧，或者担心继续照常经营会使组织失去发展机会。这种对现状不满的精神应当被分享出来，让被要求做出改变的人们感同身受。

> 为了引发变革，你需要让现状变得足够不稳定，但不要太过，否则别人可能会彼此斗争、逃离现场或置之不理。

假设领导者在证实现状不再可行之前，就错误地创建了组织变革的愿景并传达给大家，那么人们维持现状的惯性则可能会变得过强，而领导者需要与之合作的人也不太可能接受领导者打算创造的未来。就像约翰·梅纳德·凯恩斯（John Maynard Keynes）[2] 所说的那样：

> 立新不难，难的是从旧观念中跳脱出来。

在前述的子女抚养费案例中，变革前至关重要的是要让那些有监护权的父母和郡县文员沟通，分享给他们带去痛苦和绝望的现状——为了追查并强制要求拒付抚养费的父母支付抚养费，他们只能依靠政府机构的纸质文件。

如果郡县文员没有这种挫败感，就不太可能愿意为了联邦立法机构的强制要求而学习新的电子跟踪系统并采用新的工作方式。

当你为变革铺路时，从员工那里获得支持的最佳方法之一是广泛地共享信息，然后要求组织中各级别的员工告诉你为什么他们认为组织需要变革。

为此，你要让人们看到现实中哪些方面迫使你们必须变革，就像调高空调的温度以促使人们产生不适感和迫切需要改变的感觉一样。即使你认为自己已经知道答案，也要询问人们组织需要变革的原因。当他们回答时，你不要确定无疑地回应，这只会让你重复说出知道的东西，而错过了你不知道的东西。

你还要找到那些变革抵制者，了解他们为何抵制。这样一来，你就能改进你的变革理由，使之更加令人信服，人们会以为这是他们自己提出来的变革理由。出于实现变革的责任感，人们更有可能改变现状。

回到我们在第 3 章中引用的案例，在 2001 年 9 月 11 日恐怖袭击之后的经济衰退中，肯·布兰佳公司需要做出一些改变。领导者广泛地分享了有关预计收入、当期费用和收支平衡数字的信息。这使人们面对现实，并确保组织中的每个人都明白"按部就班"不再是可行的选择。之后，领导者询问员工，如果维持现状会发生什么情况。员工明确表示，公司的生存会受到威胁。由于参与讨论并找到了变革的论据，员工认同了许多削减成本的计划，尽管这些计划并不符合他们自己的最大利益。

一旦找出"是什么"和"可以是什么"之间的差距，你就需要分享对未来的鼓舞人心的愿景。鼓舞人心的愿景会使人们全身心地投入变革。

无论针对整个组织，还是针对特定的变革计划，创建愿景的过程都是相同的。肯·布兰佳和杰西·斯通纳在《全速前进：实现公司和个人的远景目标》中指出，创造愿景的过程与愿景本身一样重要。换句话说，如果人们参与创造愿景的过程，并且感到这是他们的愿景，而不是高管开会时说的标语或口号，那么他们更可能将自己视为未来实施变革的一分子。当他们参与创造未来的蓝图时，就会开始相信自己能适应，并且更有可能表现出伴随变革而来的挑战期所需要的坚韧。

使人们参与创建愿景的过程，也是帮助他们解决变革中遇到的个人顾虑的关键方法。你可以使人们更多地参与构想愿景的过程，这样他们更有可能成为未来组织的一部分。他们需要在可描绘的未来中看到自己，以此激发自己的灵感。因此，了解被要求做出改变的人们的恐惧、愿望和忠诚，对领导者而言至关重要。

在此前提到的子女抚养费案例中，领导变革团队负责起草初始愿景。因为该州的"儿童抚养计划"没有现成的愿景可以参照，所以团队成员需要为整个计划创建一个全新的愿景，而不仅仅是实施新的电子跟踪系统。接下来，团队成员将愿景草案带给了全州的郡县文员，请他们提供意见。结果，所有人创建了一个共同的愿景，对大多数变革当事人来说，这一愿景都具有吸引力。他们的愿景如下：

> 作为国家公认的子女抚养措施的优秀模式，我州的"子女抚养计划"通过为家庭提供财务稳定及最优质的服务，帮助儿童茁壮成长。

虽然一小部分领导者可能想出了这些话，但是，给予那些被要求做出改变的郡县文员一个机会提供建议，可以确保愿景得到他们的理解和接受。

## 策略 3：在实施方面进行协作

结果：适当的资源和基础设施

第三个领导变革策略是在实施方面进行协作，旨在为成功实施变革创造合适的条件，让问题浮出表面，并消除人们的个人顾虑及实施顾虑。

领导者在与他人一起计划和试验变革时，应该鼓励人们在识别合适的资源并建立支持变革所需的基础设施方面努力协作。这种领导变革策略解决了以下原因导致的变革失败问题。

（7）变革没有经过试点检验，因此组织不了解支持变革需要什么。

（8）组织系统和其他举措与变革产生冲突。

（9）领导者抓不住重点或未能确定优先次序，从而导致"朝令夕改"。

组织可以通过多种方式让其他人参与制订成功的变革计划，具体如下。

**让其他人参与计划和进行试点检验**。我们都看到过或参与过进展不太顺利的变革。在大多数情况下，计划不是由一线人员制订的，因此没有考虑到真实存在的某些现实问题。人们可能会因为计划存在缺陷、不切实际、缺乏采取行动所需的详细信息而对变革不屑一顾。更糟糕的情况是，计划在根本上存在失误。

正如我们在前面描述的领导变革策略一样，当你让人们参与进来，给他们机会发挥影响力时，不仅可以获得他们的支持，而且可以获得更好的结果。你的计划需要考虑一个事实：你不可能提前预见所有的问题。与那些早期接受者一起进行一些试验或试点检验，进一步了解更大型组织实施变革的最佳方法，这些都会有所帮助。此外，你需要确保变革计划是动态更新的。

通过让其他人参与制订计划，你可以让一些问题浮出表面，并消除许多个人顾虑和实施顾虑。

以下这是我们喜欢的一句老话：

**请倾听低语，以免它变成尖叫。**

试行、试点和试验还可以教会你提高在更大型组织中成功实施变革的可能性，了解在政策、过程、系统和结构方面还有哪些需要变革的内容。在变革过程的这一阶段，与他人互动可以带来以下积极成果：努力协作、在实现变革的最佳方法上保持高度一致、对所需资源和基础设施进行符合现实的评估。

许多变革计划低估了短期胜利产生的动力，这种短期胜利在进行变革试验时就可以实现。短期胜利是可以在短时间内（通常为3个月）以最少的资源、最低的成本和最低的风险实施的改进。

采取带来短期胜利的试点做法有以下几个好处。第一，这种做法消除了变革机制、优先级和有效实施变革的障碍等方面的实施顾虑。第二，它积极地消除了影响顾虑（例如"变革是否有效"）。第三，这种做法让更多的人参与到变革中来，从而带来了更多的支持。第四，在很难获得好消息的变革努力早期，这种做法提供了令人振奋的消息。第五，这种做法强化了早期接受者改变自身的行为。第六，这种做法会促使那些"骑墙派"采取行动。记住，行动促进心动。

在前述的子女抚养案例研究中，若要采取试点做法，最重要的是选择最有可能从实施新的电子跟踪系统中获得重大短期结果的郡县。这将有助于让一些问题浮出表面并消除人们的实施顾虑，从而为影响其他郡县在试点后实施变革提供势能。

**避免"朝令夕改"。** 在资源有限的情况下，至关重要的是，要选择那些将使你的组织最有力、最有效地实现愿景的变革计划。你需要根据其他活动和计划抓住人们的时间、精力和心智，并安排和实施个人变革计划。

在变革期间，至关重要的是要向人们指明优先事项。如同海绵的吸水能力有限一样，人们经过一定程度的改变，也无法吸收更多的东西，无论他们有多强的弹性和适应性。促使人们参与变革实施的另一种方法是，询问那些受到变革影响的人员，问他们需要改变哪些工作流程、系统和政策以确保成功实施变革。

**决定"不做什么"。** 提供有关"做什么"的指示很重要，但提供有关"不做什么"的指示同样重要。你可以思考以下问题：哪个项目或计划会对愿景产生最大的影响？哪些因素可以最大限度地节省资源（资金、人力、时间）？负责项目的人员是否可以将分配的所有事项处理妥当？是否有足够的合格人手可以投入时间从事该项目？这个项目和其他关键项目之间是否有协同作用？

一旦确定了潜在变革项目的优先级和顺序，你就应当意识到，我们生活在动态的环境中，因此，项目优先级可能会发生变化，资源可能变得更加丰富或稀缺，这也可能会改变组织在任何时间点进行项目的类型和数量。在单个变革计划中，确定变革计划和步骤的优先级是消除实施顾虑的关键策略。

**决定如何及何时衡量和评估进展。** "能衡量的才能达成"，这句俗语当真不假。因为我们很难以绝对的确定性预测人类的行为（尤其是面对重大变化的情况），所以我们有必要评估人们在多个方面取得的进展，以便发现成功变革的潜在风险。评估进展包括评估支持者的承诺、员工的承诺及行为改变、项目阶段性目标的实现，以及实现经营业绩的进度。

在这个步骤中制订的衡量计划，需要描述评估的内容、评估方式以及评估频率。为了提高成功变革的可能性，请考虑使用布兰佳公司的变革准备度调查（Change Readiness Survey），以确定哪些方法运作良好、哪些需要额外的工作，并不断地询问变革中早期接受者的看法。

**沟通，沟通，再沟通**。关于在变革期间进行沟通的重要性已被一再强调。沟通为什么如此重要？因为组织在变革期间遇到的巨大阻力，大多是由缺乏信息引起的，尤其是有关"是什么、为什么和怎么做"的细节。在缺乏诚实、热情、理解和沟通的情况下，人们会自己创建关于变革的信息，将错误信息当成正确信息。

例如，我们协助一家组织进行了重大的变革。在变革启动时，我们很快意识到，关于影响大量人员的关键决策的理由很少甚至没有被提及。如果没有支持变革的理由，以下这些事实对团队成员而言恐怕会过于残酷。

- 我正在从事的项目被叫停。

- 我的预算被削减了。

仅凭这些事实，许多人就会认为公司的前景黯淡。因此，组织需要付出巨大的努力消除流言蜚语，以免生产力和士气双双下降，并使一些人开始物色其他工作。

以下是同样的事实，只是这次加上了支持变革的理由。你能否看出为何提供理由可以防止谣言的发生？

- 我正在从事的项目被叫停，因为我们发现客户安全受到威胁。客户安全是我们最优先的价值观，因此，我们根据价值观做出了这个决定。

- 我的预算被削减了，因为组织根据我们最近签署的许可协议，将这些资金重新分配给另一个药物开发项目。

当现实与人们的预期不同时，就会出现一些最大的变革阻力。因此，如果领导者要有效地管理和塑造或改变这些预期，了解受变革影响的人当前的预期至关重要。

领导者要认识到，隐蔽的抵制会扼杀变革。富有成效的领导者不但可以包容人们公开表达顾虑，实际上还会奖励采取开放、诚实和建设性方式表达顾虑的员工。领导者必须提供双向交流的机会，因为如果没有"交换意见"的对话，人们的顾虑就不会被充分表达。

同样重要的是，领导者要认识到，仅传达一次信息不足以让大多数人采取行动。组织中的人们接收到太多的信息，所以他们识别需要还是不必采取行动的最佳方法之一，就是倾听那些随着时间的推移仍被反复传达的信息，这些信息与所谓的"本月热点"不同。你可以用 7 种不同的方式沟通 7 次你的关键信息。更好的方法是，以 10 种不同的方式与他们沟通 10 次。

## 策略 4：实现可持续变革

### 结果：可持续的成果

第四个领导变革策略是实现可持续变革。它会消除人们的实施顾虑和影响顾虑。当领导者使变革得以持续时，就为可持续的成果奠定了基础，这将鼓励人们拥抱变化、发展新技能，并对组织做出更深层的承诺。这种领导变革策略解决了以下几个原因导致的变革失败问题。

（10）不鼓励或不授权人们打造新技能。

（11）领导变革的人不可信，他们的沟通能力不足，提供了混乱的信息，没有示范变革所需的行为。

（12）进展未被衡量，或者无人意识到人们努力做出的改变。

（13）人们没有对实施变革负起责任。

我们的经验表明，大多数组织过早地采用这种领导变革策略（实现可持续变革）。在许多情况下，高管会宣布开始实施变革，并让人们尽快接受培训。遗憾的是，员工的信息顾虑和个人顾虑尚未得到消除，因此培训效果不佳。此外，通常培训被安排在解决所有问题、制定突发事件应对方案、创建服务平台或调整系统之前，过早安排的"一刀切"培训会以失败告终。从试点和试验项目中汲取教训并建立适当的基础设施之后，对变革进行的培训应尽可能地以个性化的方式进行。理想的情况是，组织应该在正确的时间为每个人提供个性化的培训策略。

请留意其他 3 种领导变革策略是如何出现在"实现可持续变革"策略之前的，这是有原因的——大多数组织在落实成功变革所需的早期工作中做得并不好。在组织进行变革时，我们经常听到的团结口号是："我们正在提高标准！"这个口号本身没有问题。但是，要求人们提高绩效却没有为他们提供所需的新技能、工具和资源，没有什么比这能更快地扼杀员工的工作积极性了。结果就是，对领导层所谓的"我们正在提高标准"的说法，人们的反应通常是："你是否在说我现在干得不好？"

在确定了持久变革需要的角色、职责和能力之后，人们还需要弥补技能上的差距。正如布兰佳 SLII® 领导力所建议的那样，领导者需要采用指令型领导风格（具有较高的指导性和较低的支持性），或者更有可能的是采用教练型领导风格（具有较高的指导性和较高的支持性），从而打造员工的胜任力和投入度。领导者需要把人们的错误当作进一步学习的机会，需要赞扬人们取得的进步。

在之前描述的子女抚养费案例中，就新的电子跟踪系统和工作流程的培训，领导变革团队选择了一群参与过试点工作的郡县文员，让他们培训其他郡县的文员。这让来自其他郡县的接受培训的人与有着类似职位经验的人可以进行面对面的交流。因为培训师是从实践经验的角度讲的，所以值得信赖，并且可以为其他经办人员在他们郡县采用新系统工作设定一个符合现实的期望值。

此外，推进这次培训的郡县文员利用培训会收集了更多的建议，并尽力确保稳健地实施计划。

当领导者在此阶段关注变革工作时，他们会为问责和早期成果创造条件，而不是宣布下一个变革！实现可持续变革的一些策略具体如下。

- **言出必行。**尽管对于领导变革团队来说，以一致的声音进行交流至关重要，但更重要的是，变革领导者必须在变革的这一阶段言出必行，并为他们期望别人做到的行为做出表率。

  据估计，领导者做出的行为比说的话至少重要 3 倍。领导者需要做出与其他人一样多或者更多的关于变革的承诺。人们会衡量领导者做了什么、没做什么，以此评估领导者对变革的承诺度。当员工或同事们意识到领导者没有全然承诺，或者领导者的行为与预期的变革行为不一致时，他们将不再承诺任何努力。

- **衡量绩效，表彰进步，并在必要时进行再指导。**如前所述，"能衡量的才能达成"。请记住，人们的思想和行为是业务和财务绩效的前导指标。前导指标好比"风窗玻璃"，而诸如财务绩效之类的滞后指标，则无异于"后视镜"。

  一旦开始衡量绩效，领导者就要表彰组织成员所取得的进展。不要等到他们实现了完美的绩效才加以表扬。如果这样做，你将等待很长的时间才能看到完美的绩效。几十年来，下面这句话一直是我们讲授的关键。

  **培养人才和创建优秀组织的关键，就是确保人们在正确地做事，并表彰其中的积极因素。**

  如果你已经计划了带来"短期胜利"的试点做法，那么你应该能找到一些成功的故事。你可以分享这些故事，以此影响变革的"骑墙派"。你要遵守承诺：去认可并奖励你期望看到的行为，并对试图让变革脱轨的人施加影响。在这个阶段，你可能要重新指导人们如何努力，或者让那些继续抵制变革的人离开团队。

  在子女抚养案例研究中，州政府召集了全州有着相近系统上线日期的郡县的相关文员，并在每月召开一次会议。在会议中，每个郡县都被要求分享成功的故事以及面临的挑战。分享成功故事的想法激发了使新的跟踪系统更为有效的健康竞争，也让作为"早期接受者"的郡县影响了那些"骑墙派"郡县。讨论面临的挑战也为他们提供了学习的机会，人们可以从中学会改进跟踪系统的设计、计划程序以及对下一组郡县职员的培训。

在另一个案例中，我们合作的领导变革团队提出使用"绩效仪表盘"的做法，以便根据一系列关键绩效指标持续衡量变革进度。领导变革小组每月开两次会，在会中讨论计划的进度；而绩效仪表盘上的绿色、黄色和红色指示器可以显示进度。如果一项关键绩效指标显示为绿色，就会得到赞扬和庆祝。如果一项关键绩效指标显示是黄色或红色，团队就会讨论如何更好地再指导工作以使指标恢复正常。这个过程使人们对绩效负责，并确保人们得到了所需要的指导和支持。

- **扼杀官僚主义**。官僚主义会扼杀变革。在变革流程的这一阶段，需要再次强调的是，领导者要让其他人参与进来，并确定哪些工作流程、政策和程序会妨碍成功实施变革。

## 策略 5：探索可能性

结果：提供选择

第五项领导变革策略是探索可能性，旨在消除协作顾虑和优化顾虑。

该策略解决了以下两个原因导致的变革失败问题。

（14）领导变革的人没有重视杀死变革的文化的力量。

（15）在选择特定的变革之前，没有探讨可能性和可选项。

高绩效的领导变革团队可以在变革期间激发员工的工作热情，从而促进变革取得短期成功。但要使变革可持续，将变革嵌入组织的文化（态度、信念和行为模式）至关重要。

如果引入的变革与组织当前的文化不符，则领导者必须更改现有的文化以支持新的倡议，或者接受变革可能无法持续的现实。改变文化最好的方法是，回归组织愿景并检视组织的价值观。领导者要确定哪些价值观支持新文化、哪些不支持，然后定义与价值观一致的行为，并为符合价值观的行为创建认可和问责机制。在实施变革的背景下，组织这样做可以激发员工的动力。

在许多情况下，组织需要在某些业务部门率先实施变革，然后再让其他业务部门参与进来。在每个新业务部门启动变革时，都需要重复执行"领导变革模型"定义的变革过程。

在子女抚养费案例中，对变革来说，其中很重要的一点，就是确保消除使用新跟踪系统的所有障碍。大多数郡县存在一些需要克服的共同障碍，但也有许多因郡县而异的障碍。因此，在一地推行变革就需要对当地多加关注。由于持续的支持消除了变革障碍，并且各郡县本身开始互相宣传因实施新的跟踪系统的种种益处，最终，变革倡议在整个州甚至是全国范围得以实施。

在理想的情况下，组织中最接近问题和机会的人，正是能为领导变革团队提出各种选项的人。为了确保表面效度（face validity）适宜并包括最佳选项，提出的变革选项需要由那些被要求变革的代表进行审核。

在之前的子女抚养费案例中，不支付抚养费的父母越来越难被追踪，美国全国各地有监护权的父母和郡县文员都对此表达了失望之情。因此，联邦政府采纳了这些反馈，探讨了问题的根本原因，并确定了几种可能的应对措施。他们根据整体战略选择了几个变革选项，旨在强制收取子女抚养费。这些选项包括但不限于在雇主一端扣留无监护权父母的收入；拦截退税、失业救济金和彩票奖金；向征信局报告；吊销驾照和专业执照；查找银行资产；

交叉匹配新雇员报告；暂扣狩猎和捕鱼执照；拒发护照；分配扣押权；匹配联邦贷款数据；实现儿童资助业务自动化；与其他州机构实现系统对接。

其中一些选项可能更可行，而且比其他选项的影响更大。正是通过向人们提供这些选项，人们才觉得他们有选择权，并可以影响变革。

自从电子执法追踪系统实施以来，每年收到的子女抚养费从 1.77 亿美元增加到 4.6 亿多美元。收到费用的增加意味着更多的孩子得到了他们应得到的支持，只能靠求助于公共援助来生存的家庭减少了。

## 巩固变革的重要性

我们希望指导领导者实施每一项变革策略，并让他们避免犯上"变革失败的十五宗罪"。这能够在很大程度上消除变革过程中的神秘感。对人们的顾虑做出回应，并关注如何在变革过程的每一步提升人们的参与度和扩大其影响力，这是我们所知道的构建人们对未来变革的接受力、执行力和领导力的最佳方式。

我们总结了一个很好的经验法则，具体如下：

　　组织应当投入 10 倍的精力巩固刚刚做出的变革，而不是急于寻找下一个伟大的变革。

值得重申的是，如果你要引入的变革与当前的文化不符，则必须重塑现有文化以支持新的变革计划。考虑到文化的重要性，在下一章中，我们将详细讨论如何创建或转变组织文化。

# 第 16 章

# 管理成功的文化转型

加里·德马雷斯特　克里斯·埃德蒙兹　鲍勃·格拉泽

如果你密切关注任何高绩效组织的运营，你一定会发现一种强大而独特的文化。大多数人听过"文化"这个词，也对这个词进行过广泛的探讨，但它可能是一个很难把握的概念。[1] 正如我们在第 2 章中指出的那样，我们将文化定义为所有实践存在的背景，是组织的品性，是"在这里做事的方式"。当谈到组织的文化时，我们指的是组织成员的价值观、态度、信念、行为和实践。

根据我们的经验，组织的大多数成员都难以描述公司的文化。这是因为他们已置身其中，没有考虑过成就组织文化的独特元素、符号、仪式、故事、事件和示范行为。

组织中的新成员通常很难了解组织文化，往往会在摸索组织文化的过程中碰壁。经验丰富的老成员可以迅速纠正新成员，并教育他们"该怎样做事"。例如，几年前，在美国一家本田制造工厂讲授课程时，我们的一个咨询伙伴因为把食物带进教室而被一位经理批评了。有人告诉我们的咨询伙伴，这里不允许人们在教室里吃饭，所以他也应当遵循同样的规则。

每个组织都有其文化。这种文化可能是正式定义的，也可能完全是在人们的默许状态下演变而来的。公司的文化要么会提升组织绩效并激发员工的热情，要么则会起到相反的作用。文化可能很复杂。在组织内部，不同的分支结构、地区或部门可能会有略微不同的文化，也可能有差别很大的文化。与整个组织的文化一样，这些原生的文化可能会对提升组织绩效和激发员工热情产生帮助、阻碍或损害的作用。

正如我们在前面章节中学到的，文化不仅是组织一切活动的基础，还决定了组织的变革准备度。组织在追求卓越时，通常会发现组织文化中存在需要改变的方面。

当领导者意识到，在组织中，某些事不起作用或被破坏时，他们便会开始考虑文化变革。这种变革可能会变成一次令人大跌眼镜的事件，或者可能需要付出高昂的代价才能恢复如初，或者可能会使人们出现缺乏尊重、信任和信心的行为方式。如果针对团队成员士气的调研出现一系列低分，那么领导者就要意识到组织不太健康了。

## 同心协力：一个起点

长期以来，我们已经认识到，文化对组织成员的行为、彼此的信任和尊重，以及组织的成功会产生深远的影响。但是，直到肯·布兰佳和谢尔登·鲍尔斯的著作——《共好：一种激活组织激情和能力的革命性方法》出版之后，我们才开始投入大量的时间和精力研究文化。这本书讲述了两个不起眼的小人物的故事：新任总经理佩吉·辛克莱（Peggy Sinclair）和经常被批评的经理安迪·朗克罗（Andy Longclaw），他们不走寻常路，成功地改变了制造厂的文化。[2]

我们收到了许多组织负责人的电话和电子邮件。他们谈到了关于将《共好：一种激活组织激情和能力的革命性方法》中的故事付诸实践的努力与希望。有些人试图实施这本书里的3个关键原则：进行有价值的工作（松鼠的精神）、控制实现目标的过程（海狸的方式），以及相互鼓励（大雁的礼物）。但是他们发现变革不可持续，或者没有产生预期的结果。一些专注于实践"相互鼓励"做法的人发现，相互鼓励所带来的积极感觉是短暂的，没有改变人们的长期行为。

在与这些组织负责人的互动中，我们意识到，虽然这3个原则都是任何伟大文化的一部分，但是，对于如何打造强大而独特的文化，以及如何改变那些阻碍重要计划的实现的文化，我们必须变得更加智慧。早前，我们学到了4件事：第一，没有一种所谓"正确"的文化；第二，大多数组织并未有意识地创造自己的文化；第三，高层领导者常常不了解文化对绩效的影响；第四，强大而专注的文化始于令人信服的愿景。

## 只有一种"正确的"文化吗

没有一种所谓"正确的"组织文化。我们在世界各地、各个行业中看到了业绩斐然的组织。它们的价值描述和预期行为不尽相同，但其中有一点是真实的——它们的文化平等地为员工、客户和利益相关方服务。

每个人都面临一个最大的问题："对于我们的组织来说，什么是正确的文化？"答案取决于以下几个因素：你想在组织中日复一日践行哪些价值观？哪些行为将始终如一地创造高绩效，又能在所有员工和客户中赢得强烈的信任和尊重？绩效明星们一贯表现出哪些行为？你希望经理与员工如何相处？你希望客户如何评论你们的产品、服务及他们与员工的互动呢？

## 文化需要被设计，而不是被默认

在各类组织丰富的咨询经验使我们得出一个结论：大多数组织并未有意识地创造其文化。随着公司产品和服务的开发，以及客户的购买和交付，公司的文化逐渐展现。因此，文化通常是在默认的情况下发生的，而不是被设计出来的。

如果当前的组织文化不能很好地服务于客户、维持员工的热情并为企业持续发展和服务创造利润，那么你必须考虑通过文化变革修正组织的运营方式。

我们向高层领导者提出了以下关键问题：

**你们的文化为组织服务了吗？**

如果没有，那么是时候积极、主动地打造一种文化了，一种服务于整个组织而不只是满足领导者需求的文化。

## 高层领导者对文化重要性的怀疑

领导者常常无法诊断出病态的文化。例如，他们可能会将团队士气低落或绩效不佳归因于管理技能差、团队合作不畅，或受到外界的影响。他们不认为这些问题可能需要引起注意，也没有意识到它们可能是公司文化带来的结果。

创建组织文化不是领导者心目中的头等大事，其中一个原因就是他们普遍认为文化与业务盈亏底线无关，与组织绩效无关。许多企业不断地将注意力集中在提高组织绩效上，这样的事实更加坚定了这一信念。很少有书籍，更少有顾问把重点放在文化对绩效和员工热情产生的积极影响上。然而，我们认为，积极健康的文化会激发员工的工作热情，也同样会提升组织绩效。

商业作家主要关注组织绩效，其原因合乎道理。大多数高层领导者会告诉你，他们的主要绩效指标是组织绩效，即销售额、生产力和利润。财务绩效在高层领导者看来至关重要，因为这是他们被评估和奖励的方式。遗憾的是，这种情况往往造成人们只关注短期结果，牺牲了有利于提升绩效的长期结果，例如员工的热情、客户服务和稳定的质量，这些都是高绩效的文化可能影响的事物。

例如，默克（Merck）公司是世界上最成功的制药公司之一，公司的一个销售部门在拥抱文化变革的过程中经历了一次显著的转型。该部门是当时绩效最差的部门之一。当时，部门副总裁已经另谋高就，时任销售培训和专业发展总监的蒂姆·施密特（Tim Schmidt）说道，这一转型为部门提供了"思考我们想要什么文化的绝佳机会"。管理团队内化、应用并示范了文化变革的过程，强调了部门每个人的合作、责任感和担当的重要性。在不到一年的时间里，在副总裁一职仍然空缺的情况下，该部门的绩效排名一举前进到公司在全国范围内部门绩效排名的第二名。该部门的高级业务总监珍妮特·克劳福德（Janet Crawford）表示，文化变革过程"与我们的成功直接相关"。

文化变革可以快速改善利润表现。在总裁马克·德特丁（Mark Deterding）及其高级领导团队的指导下，班塔集团（Banta Catalog Group）的文化转型在18个月内将员工敬业度提高了20%，将员工保留率提高了17%，将利润率提高了36%。

加拿大安大略省加蒂诺市的宝沃特纸业公司（Bowater Pulp and Paper），将5 000万美元的成本降低归功于文化变革。他们注意到，除了其他积极的变化，工作目标和职责的清晰度提高了40%，对员工建议的管理落实率提高了44%，部门之间的关系友好度提升了24%。

智利的一家铜矿公司——宝藏矿业（Minera El Tesoro）的文化变革帮助他们提高了矿产量。到第四年，其产量比计划的生产能力高出29%。文化变革后，事故减少了40%，公司被公认为智利十大最佳工作场所之一。

## 令人信服的愿景的重要性

正如我们在第2章中讨论的那样，强大而专注的组织文化始于令人信服的愿景。愿景会告诉每个人你是谁（你的宗旨）、你要去哪里（你的未来画面）以及什么将指导你的旅程（你的价值观）。

在以上3个关键要素中，对于高绩效的文化而言，最有影响力的要素是价值观，因为价值观会在每天指导人们的行为和决策。大多数高层领导团队不清楚其成员应当表现出哪些价值观和行为。实际上，大多数组织甚至都没有定义价值观，比如，告诉人们"在这里，一个好公民应当是什么样子"。然而，了解组织的核心价值观对于解读组织的文化至关重要。公司价值观（如果有）通常在新员工到岗时被传达，在年度报告中被描述，被展示在大厅或走廊的墙壁上，甚至被印在名片的背面。然而，这些被规定的价值观，可能没有像诸如美国西南航空公司、迪士尼乐园和诺德斯特龙等组织的价值观那样被很好地传达、被员工理解和被客户看到。

做一个小测试：询问一些一线员工是否可以背出自己所在公司的价值

观。在全世界的许多组织中，一线员工都不会自信地告诉你一个明确的关于这个问题的答案，你会看到他们一脸茫然！

即使组织的价值观非常明确，在检查组织成员在何种程度上践行了这些价值观方面，高层领导者通常也没有做到训练有素。如果践行的价值观与组织崇尚的价值观不匹配，那么你不会在组织中看到你想要的那些行为。实际上，你会看到不良的行为，这些行为会导致对组织成功与诚信的破坏。安然（Enron）公司就是一个例子。这家组织践行的价值观与之崇尚的价值观不一致。它们将"诚信"价值观展示给所有人看，甚至在行为方面也做出了定义。但是，正如我们了解到的那样，这至少不是高管们践行的价值观。

## 成功管理文化转型

如果高层领导者要有效地转型组织的文化，则需要为明确的绩效预期、价值观在行为方面的定义，以及展现这两者的责任感奠定基础。为了实现这一目标，高层领导者必须是文化变革的倡导者，他们本身就有权力定义想要的文化，并创建或完善系统、政策和程序，旨在增强组织想要的文化。他们必须"言行一致"，率先垂范所有组织成员期待的行为。

仅靠培训计划或快速解决方案无法产生实现长期文化变革想要的动力。真正的变革需要更深层次的承诺。

任何组织文化都需要花费数年才能形成。如果领导者坚持并专注于文化改革，则有望花费 2 ～ 5 年的时间成功改变其组织文化。杰克·韦尔奇（Jack Welch）花了近 10 年的时间才在 20 世纪 80 年代中期扭转了通用电气的局面。

正如我们在上一章中讨论的那样，人们往往倾向于抵制变革。请记住这一点。即使现状不好，大多数人还是喜欢已知的局面，而不是未知的东西。耐心和毅力会有所回报。高层领导者需要不断地与组织成员交流对变革的需求，庆祝取得的进步，并强化预期的行为。

如果要成功实施文化变革，则每个人（高级领导、经理、主管、团队领导者、一线员工）都应为实现良好的业绩和组织价值负责。请记住，当个人改变行为时，组织文化就会转型。

不要随随便便地踏上文化转型之旅。对于文化变革的承诺会在员工心中点燃希望，他们会认为部门的隔阂、不道德的行为和冲突的政策就要消失。如果高层领导团队没有对文化变革的承诺坚持到底，那么自身信誉就会受到损害。如果你不确定文化变革是所在组织的正途，不愿意承诺涉及多年的变革计划，那就不要开始。

文化变革过程具有 4 个不同的阶段：发现、沉浸、调整和优化。这些阶段通常按时间顺序发生。但是，随着组织进入后期阶段，其文化变革过程会出现一些重叠的情况。这个过程在多年前就已被证实，我们已经看到，一些组织在创建文化变革团队并遵循这些步骤之后，就会持续取得成功。

在下面讨论这 4 个阶段时，我们将以 WD-40 公司为例。在第 7 章中，我们介绍了首席执行官 / 总裁盖瑞·瑞基如何实施其公司绩效审核系统的重大变革。但是，盖瑞谈道："要想对组织绩效评估系统的关键之处做出重大改变，我们首先必须关注文化……影响我接手的 WD-40 公司的文化变革并非一蹴而就。"

## 第一阶段：发现

在初始阶段，文化变革团队可以了解当前的组织文化，并了解高层领导者关心的问题和机遇。在此阶段，文化变革团队要专注于当前的现实，要从高层领导和被选出的一线员工那里找到预期的绩效结果。文化变革团队要发现哪些价值观（如果有的话）已经被定义、被了解、被践行，要与一线员工甚至是客户交谈，以评估现有员工的热情程度。最后，文化变革团队要确定采用哪种责任机制，以确保人们的行为与组织的价值观相符。

在发现阶段结束时，文化变革团队会提出具体的建议，目的是解决组织面临的问题。

在1997年盖瑞出任首席执行官时，WD-40公司的情况并不是很糟糕。当时，它是该行业的领导者，已经连续40多年盈利。公司的理念和文化很保守，这种谨慎的态度一直有利于公司。然而，这对于盖瑞来说还不够，他认为公司未来的潜力更大。

在被任命为首席执行官之前，盖瑞在WD-40公司的国际营销部门工作了将近10年。在发现阶段，对盖瑞来说，内部员工的身份是一个优势。他熟悉现有的组织文化，知道麻烦所在，还了解支持文化变革工作需要的关键人员。

## 第二阶段：沉浸

沉浸阶段的重点是，让高层领导者、经理和主管全面接触那些高绩效的、拥有统一价值观的组织文化最佳实践。高层领导者是该计划的主要参与者，并且将始终是拥护者和支持者，因此，让他们自己沉浸在文化变革过程中非常重要。他们应该进行评估，将那些高绩效的、拥有统一价值观的组织文化最佳实践与自己的组织文化实践进行比较。评估结果可作为识别关键问题和文化差距的基础。

评估的下一步是制订行动计划，以正式确定组织的新愿景、宗旨和价值观。高层领导者必须制订一个沟通计划，清楚地说明文化变革的原因，以及预期的价值观和行为。正如我们在第2章中讨论的那样，当新的组织构想、目标和价值观得到发展时，高层领导者必须邀请所有人提供想法和见解。

当高层领导团队专注于这些行动步骤时，整个管理层应当通过会议讨论文化变革过程。在这些会议中，经理们将获得有关其团队应如何根据最佳实践案例进行运作的反馈，还可以就高层领导团队的初步工作提供反馈。与高层领导者的行动计划相比，经理的行动计划通常更具战术性和日常性，而高层领导者的行动计划在本质上通常具有战略性和跨组织性。

在沉浸阶段，当WD-40公司制定新的愿景、宗旨和价值观时，盖瑞鼓励每个人以超越商业案例的陈述进行描述。公司最终创造了一个易于掌握的、鼓舞人心的愿景，具体如下。

> 我们的产品消除了吱吱声、异味和污垢。本质上，我们做的是品质生活的事业。通过魔力般的方式消除吱吱声、异味和污垢，我们为全世界的车间、工厂和家庭解决问题，为人们创造积极而持久的记忆。

一旦设定了愿景，盖瑞和团队便制定了一套价值观，指导WD-40公司的发展之路，具体如下。

- 做正确的事。

- 在我们所有的关系中创造积极而持久的回忆。

- 做得比今天更好。

- 团队合作成功，个人成就卓越。

- 负起责任，热情投入行动。

- 使 WD-40 公司的经济持续发展。

## 第三阶段：调整

在调整阶段，领导者要重新调整组织结构和系统，使其与新愿景、宗旨和价值观所表达的理想文化相一致。在调整阶段，人们将学会言行一致，并对新的愿景和渴望的变化负责。责任只有在预期明确时才能被承担。每个人都必须了解他们在绩效和价值观方面被赋予怎样的预期。只有在定义了这些预期并与组织成员达成共识之后，领导者才能进行教练活动、为组织成员取得的进步或成果进行庆祝或进行再指导。

在调整阶段，高层领导团队必须确定文化变革计划的关键指标，例如绩效、效率、增长以及员工敬业度或热情度。领导者要定期测量这些指标，并在整个组织中公布结果，这将确保人们知道目标是什么，以及目标的实现程度如何。

领导者需要评估组织的系统，以确保它们支持绩效预期和想要的价值观。如果系统无法提供支持，人们就会感到困惑。无法支持愿景、目标和价值观的系统会使员工感到沮丧，并降低员工的热情。

高层领导者必须对调整阶段保持民主，并邀请全员提供意见和见解。邀请所有人参与有利于获得人们的支持。确定价值观调查所基于的价值观和行为的最初版本，通常需要 2～3 个月的时间。[3]

盖瑞·瑞基在 WD-40 公司担任领导职务时知道，人们惯于"私藏"知识，以为这会赋予他们权力，这与"团队合作成功，个人成就卓越"的新价值观相悖。在文化变革过程的调整阶段，盖瑞开展了打破"知识隔阂"的工作，代之以"学习领域"的说法。于是，受到激励的人们开始乐于分享知识并不断学习。错误被人们重新认知为"学习时刻"，"私藏"知识的行为也不见了踪影。

为了支持新的文化，领导者要求整个组织的员工都将 WD-40 公司视为一个部落，而不是一个团队。员工们对"与其忙着打分，不如助我做到优"的绩效考核新思想敞开了胸怀，从总体上开放沟通。

### 员工调查

为了确保组织文化与愿景、目标和价值观保持协调一致，领导者可以采用员工调查工具。员工调查是一个非常宝贵的工具，领导者可以根据组织的独特文化进行定制。

收到调查答复后，高层领导团队成员必须分析结果，发现员工在价值观一致性方面的差距，并制定战术以快速解决差距问题。领导者要共享调查数据，完善其行为，并尽快修复损坏的组织系统，这一点至关重要。

在每一轮调查之后，领导者应发布关于取得成功和存在差距的总结报告，并使员工知道为解决这些差距组织正在采取哪些措施。

WD-40 公司每年会对其全球员工进行调查，并将结果发布在其官方网站上。对于诸如"我觉得自己是 WD-40 公司的重要成员"和"我会推荐 WD-40 公司作为最佳工作场所给我的朋友"之类陈述的回应会被记录下来。在本书英文版印刷时，该公司所有员工的敬业度都高于 92 分位（100 分位制）。

## 第四阶段：优化

优化阶段是一个持续的过程。为了强化预期的行为和价值观，高层领导者必须继续完善系统和政策，有时甚至需要"优化"员工，或者正如盖瑞·瑞基所说的那样："开除与组织文化不符的员工。"在优化的过程中，领导者应继续监督通过调查获得的关键指标并提供反馈。在理想的情况下，领导者应当对员工取得的成就进行隆重的庆祝，并安排额外的领导力培训，以完善保持文化变革所必需的技能。组织应创建一个新员工培训流程，在培训中向新员工介绍新近阐明的宗旨、价值观和绩效预期。

在 WD-40 公司，"不断进化"被确定为新部落文化的重要方面。部落成员不想停滞不前。用他们的话说：

> 如果我们的湖干涸了，换句话说，如果出现的新技术或创新的竞争性产品导致我们的产品销售量下降，那么作为部落成员，我们的职责是确保大家转移至另一个池塘。

自从实施新文化变革以来，WD-40 公司的营业额从 1 亿美元（仅占国内销售额的 30%）增长到 2017 年的 3.8 亿多美元，其中 53% 的销售额来自美国以外的地区。值得注意的是，WD-40 公司能够在保持出色的员工敬业度指标的同时实现这些商业成果。

## 文化转型成功的关键因素

正如我们在对有效的文化变革过程四阶段的讨论中揭示的那样（并在 WD-40 公司案例研究中得到了强调），利于高绩效的、与价值观一致的文化具有以下 5 个至关重要的因素。

- **高层领导团队表现出对长期过程的承诺**。文化变革过程必须得到高层领导团队的拥护和支持。在定义和传达这些价值观时，高层领导团队必须遵循高标准。文化转型是一个持续进行的项目，永远不会结束。

- **价值观是用行为来定义的**。这是使预期的行为可觉察、有形、可衡量的唯一方法。

- **要负责完成承诺的绩效并示范有价值的行为，这至关重要**。结果必须快速得出并与预期保持一致性。达成绩效和符合预期价值观的积极结果必须得到描述和展现。当实际绩效低于标准或没有表现出符合价值观的行为时，之前约定的处理方式必须得到落实。

- **所有员工在每个阶段都要参与并支持文化变革**。这个过程不是"通过公告进行管理"的，即领导者告诉每个人新的预期是什么，但不征求人们的想法，或不要求人们（包括他们自己）为此始终负责。为了使每个人都能接受想要的文化，领导者必须让人们参与到文化变革的过程中。人们必须帮助定义并致力于满足新文化对他们角色的要求。

- **"大象是被一口一口吃掉的。"**首先要找到变革计划的可管理范围。

不要尝试一次变革所有内容。在每一次从文化变革的一个方面入手，并观察其发展趋势。然后，随着经验的增加，你可以选择文化变革的另一个方面继续进行，直到你"消化掉整头大象"（完成整个变革过程）。

快乐的组织文化会使人们变得快乐，而快乐的人会正确地对待客户，从而带来快乐的客户和健康的盈利。在下一章中，我们将深入探讨如何通过提供传奇式服务正确地对待客户。

第三部分

# 正确对待客户

# 第 17 章
# 更高层次的客户服务

肯·布兰佳　杰西·斯托纳　凯茜·卡夫　薇姬·哈尔西

发挥高境界领导力的第三步是正确地对待客户。虽然这个道理似乎人尽皆知，但是真正提供卓越服务的组织却很少。人们似乎忘记了客户可以推动业务发展的事实。当组织提供始终如一的优质服务，在服务方面的声誉成为其竞争优势时，这种服务就是传奇式服务。

## 从客户那里得到传奇式 SCORES

在第 1 章中，我们讨论了 HPO SCORES® 模型，其中的关键要素之一是不断关注客户成效。从客户的角度来看，在高绩效的组织中，每个人都始终坚持并保持最高的工作质量和服务标准。这些组织利用客户体验评估成员在组织各个方面的表现，在工作流程设计时会将客户的感受纳入其中。

在高绩效的组织中，与客户直接联系的员工会被赋予权力，并且可以做出工作决策。相比很多组织使客户处于链条末端的业务设计，这种做法带来了根本性的转变。例如，在著名的金门水疗中心（Golden Door Spa），所有系统都为吸引客户而设置。每个人都知道他们的工作就是超出预期，并随时支持一线关键人员。

正如我们在第 13 章中指出的那样，在高绩效的组织中，客户的需求和发展趋势驱动着创新、新产品和服务。这些组织从客户的角度出发设计工作流程，旨在确保工作流程从客户的角度来说合情合理。内部跨职能关系和组织结构围绕客户需求进行安排。高绩效的组织会确保它们可以快速响应客户的需求并适应市场变化。他们预见趋势并领先于趋势，开发创新流程，使客户可以更轻松地与之开展业务。这又会帮助他们在运营实践、市场战略、产品和服务方面不断创新。

在高绩效的组织中，管理层会经常与客户进行面对面的交流。这些客户不仅包括忠诚的客户，而且包括那些沮丧、愤怒或不买其产品和服务的客户。领导者热衷于积累关于客户的丰富知识，并在整个组织范围内广泛地共享这些信息。与服务对象一起努力并专心倾听，使高绩效的组织能够快速、灵活地应对不断变化的情况。

康涅狄格州有个乔氏超市，它们在确保客户得到最想要的、最好的东西方面总是超出客户的预期。HPO SCORES® 研究人员之一费伊·坎达里安对此有所体验。当费伊·坎达里安拿着红色的郁金香走到收银台时，店员在收费之前检查了郁金香，并建议她去找一束更新鲜的郁金香。店员陪着她一起去看郁金香，在询问了顾客的颜色偏好之后，店员挑选了看起来最为新鲜的粉白色郁金香。在为新选的郁金香结账后，店员说："现在我要扔掉这些红色的郁金香，我干脆把它们送给你吧，它们至少还有几天花期。"这是另一个例子，体现了高绩效的组织如何鼓励一线员工创造最佳客户体验并按照自己的想法行事。

诺德斯特龙公司的核心思想是"客户服务高于一切"，早在客户服务的概念变得流行之前，它就已经成为该公司的一种行事方式。[1]它们的工作计划始于客户，工作实施聚焦于客户。例如，他们对销售环境的计划工作投入度超出了对销售广告的计划工作投入度。为了确保客户的舒适体验，销售计划中可能涉及代客泊车、增加试衣间和销售人员。新员工入职培训的一个关键方面是教他们如何说"没问题"并且说到做到。为了确保一线员工全心全意地为客户服务，诺德斯特龙公司的经验法则和员工主要的指导原则是，员工应始终运用其最佳判断力。实际上，这是唯一真正被实施的原则。将服务伦理与最佳判断力结合在一起，就产生了传奇式服务的故事：客户的衣服被烫得平平整整；梅西百货为客户打包好商品；客户的套装被工作人员亲手送到家；两只不同尺码的鞋子被成对出售，就是为了适应客户不同尺码的脚。他们这样做的结果如何呢？客户对诺德斯特龙的热情几乎与诺德斯特龙公司的老员工对公司的感情一样。在这里，老员工每年享受着公司的利润分成。

## 打造传奇式服务

不断关注客户成效的高绩效组织提供了传奇式服务。正如肯·布兰佳、凯茜·卡夫、薇姬·哈尔西在他们合著的《传奇式服务》（*Legendary Service*）一书中说的那样，这不仅是提供优质的客户服务，而且并非偶尔为之。这首先始于认为杰出服务是重中之重的领导者，我们称他们为"服务冠军""鼓舞人心的领导者"。他们在众人之中激发员工的工作热情和动力，更好地为客户服务。他们通过行动兑现激励人心的话语，创建出支持服务至上信念的工作系统和工作流程。

肯·布兰佳公司传奇式服务计划的设计师凯茜·卡夫和薇姬·哈尔西认为，卓越的服务始于领导者为员工提供最高水平的服务。相应地，一线员工又会为客户提供最高水平的服务。创建传奇式服务是每个人的工作，而不仅仅是站在收银台或直接与客户打交道的人的工作。

传奇式服务模式包含以下 4 个基本元素，如图 17-1 所示。

**C 承诺（committed）：** 创建一个专注于为内外部客户服务的环境，你便可以实现服务客户的愿景。

**A 专心（attentive）：** 以能识别客户的需求和欲望的方式聆听。

**R 响应（responsive）：** 展示为他人服务的诚意，通过行动表达你的关心。

**E 授权（empowered）：** 共享信息和工具，充分发挥你的力量，以满足客户的需求。

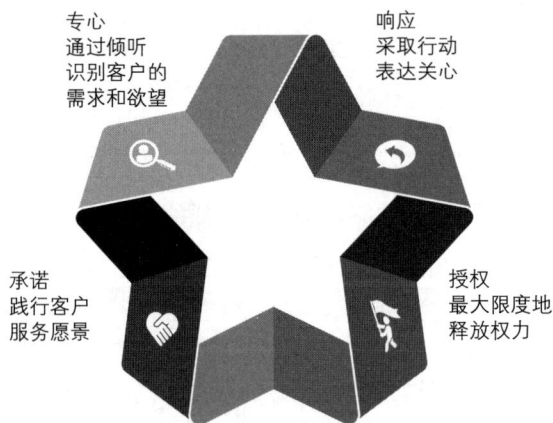

专心
通过倾听
识别客户的
需求和欲望

响应
采取行动
表达关心

承诺
践行客户
服务愿景

授权
最大限度地
释放权力

**图 17-1　传奇式服务模式**

这些要素的英文首字母刚好共同构成了一个合适的单词——CARE（关心），因为出色的客户服务会在情感上打动人们并与人们建立联系。我们都体验过柜台服务员在收银和装东西时给人带来的冷冰冰的感觉。我们的一位咨询合作伙伴是这样描述的：

"我当时在一家小型家庭宠物商店里为我的小狗买项圈。你也不知道柜台后面的女士是不是打算把生意做好，她一直苦着脸。我说：'我想支持一下社区宠物店，所以不去连锁商店购买项圈。'她没有笑，反而皱着眉说：'嗯，他们会用便宜的食物吸引你，但他们留不住你。'我的想法是，'嘿，女士，你也没有留住我'。"

下面，我们把这个经历与米尔特·加勒特（Milt Garrett）接受的传奇式服务进行比较，他是多年来与我们合作的资源培训师。在结束了一周的培训后的一个周五的晚上，米尔特和他的妻子简（Jane）出去散步。简对他说："亲爱的，你这周错过了我的周年纪念日。"

米尔特感到惊讶，问道："什么周年纪念日？"

简说："5年没得癌症纪念日啊。"5年前，简做过乳房切除术。之后，她和米尔特每年都会庆祝自己没得癌症。

米尔特感觉很糟糕，不敢相信自己真的忘记了这么重要的日子。前一周，当他和简午夜谈心时，他们决定为简买一辆新车。在此之前，因为他们的儿子还在澳大利亚上大学，所以他们想再等一年，也就是等到孩子毕业后再买。那天晚上，米尔特自言自语地说："为什么还要等呢？简还在我身边，这就是幸运啊。"

第二天早上，米尔特给位于阿尔伯克基的土星汽车经销店打电话，并与

281

一位名叫比利·格雷厄姆（Billy Graham）的销售员进行了交谈。米尔特向比利解释了情况，说简特别想要一辆白色的汽车。"你能在下周六之前我培训回家时给我备一辆白色的土星汽车吗？"米尔特问道。

比利告诉米尔特现在很难买到白色的土星汽车。他还说："但是如果你下个星期六来，我会为你准备好的。"

第二个星期六的早晨，米尔特告诉简，他正在办一堆事，想邀请她一起去，这样他们就可以一起出去吃午饭。途中，他们路过了土星汽车经销店。米尔特告诉简，他需要停下来买一些材料，因为他正在为商会准备一个有关土星汽车的演讲。随后他们进入店里，只看到在陈列室的中央，一辆纯白色的土星汽车就在那里。

简说："米尔特，那就是我想要的那种车！"她跑到土星汽车边，面带笑容地上了车。当她下车走到车前时，她发出尖叫声并开始哭泣。米尔特不知道发生了什么事，于是走过去。他看到在引擎盖上有一块漂亮的标牌，上面写着：

> 是的，简，这是你的车！
> 祝贺你 5 年没有得癌症。
> 爱你的
> 米尔特、比利和全土星汽车员工

当比利看到他们到来时，他把所有人从展厅带到停车场回避，这样，米尔特和简就可以单独待在一起了。当简在米尔特的怀里哭泣时，掌声突然响起。他们抬头一看，只见所有人都在向他们挥手致意。

阿尔伯克基土星经销店的工作人员真心对待传奇式服务，并不断践行这种服务，他们因这类动人的故事而闻名。例如，一名孕妇从圣迭戈的经销店购买了土星汽车，她超爱这款车。但是3个月后，她得知自己怀了一对双胞胎，对她来说，这款汽车不够大了，所以她致电经销店并告诉他们这个情况。这名孕妇得到的答复是，工作人员将马上退款，并且再帮她找另一辆更能满足她的需求的车。

传奇式服务会鼓舞客户去讲述与你们有关的故事。当客户讲述有关你们和你们服务水准的积极故事时，再没有比这更好的宣传了。

知错快改的做法也会使客户禁不住赞美你的服务。如果你对客户犯了错，请采取一切必要的措施解决问题，努力创造或赢得忠实的客户。传奇式服务不在于争论孰是孰非，也不在于推诿责任，而在于为客户解决问题。研究表明，如果你能立即解决客户的顾虑，那么95%的客户会继续与你开展业务合作。[2]

例如，加利福尼亚州南部的一家酒店曾经得到太多客人的差评。后来，外国业主在接管酒店时认为，客人评分较低主要是因为酒店的设施老化残旧，于是决定投入数百万美元翻新酒店。管理层决定不告诉客户有关装修的信息，装修将花费9个月到1年的时间。他们认为，如果客户知道如此大规模的装修，可能就会将会议转移到其他地点。考虑到要实施弥补策略，总经理将酒店所有员工召集在一起，并告诉他们：

"在接下来12个月左右的时间里，我们将迈出艰难的一步。噪声和不便之处可能不会受到客人的欢迎。请尽一切努力弥补装修为客户造成的任何不便。在工作时，如果你认为需要向某位客户送一瓶香槟，那么请这样做。如果你想为他们雇用保姆，那就去做吧。总之，要尽一切努力渡过难关。"

实施该弥补策略后，酒店进入了装修阶段。令管理层感到惊讶的是，在重新装修期间，他们的客人评分是有史以来最高的。尽管酒店装修的现状对客人不利，但他们对酒店体验的印象好坏取决于面向客户的员工，而实际上，这些员工在客人遇到问题时迅速应对。这一切始于管理层赋能一线员工，使之成为全面的"弥补专家"。结果表明，客户满意度相当高。

如果你能够赋能员工，让他们能够采取必要的行动，以此满足客户的最大利益，那么你更有可能超越客户的预期，并最大限度地减少事后弥补的需求。大多数企业认为，只有一小部分客户会占小便宜，而绝大多数客户基本上都是诚信的。基于这样的观点，诺德斯特龙公司决定培训客户服务员，让他们使用"没问题"这3个字作为对客户顾虑的第一反应。然而，许多企业通过制定政策、程序和惯例试图抓住一小部分不道德的客户，他们因此错过了为诚实的大多数人提供服务的机会。你是否试过安全防护品太多以至于几乎穿不了的衣服呢？提供"传奇式服务"确实存在风险，但其收益远远大于损失，尤其是当客户开始变成你们的销售员时，那就是证明你正确对待客户的时刻。正如谢尔登·鲍尔斯和肯·布兰佳所讨论的那样，你的客户现在是你的"疯狂粉丝"。

## 更高层次的客户服务

在《顾客也疯狂：客户服务的革命性方法》一书中，谢尔登和肯写道，正确对待客户并将其转变为"疯狂粉丝"有 3 个秘诀：决定、发掘、完善加一。[3]

## 决定你想让客户得到什么样的体验

如果你真的想打造传奇式服务，那就不只是宣布一下而已。你必须为此认真规划，并决定你要做什么。你希望客户在与组织各层面互动时获得什么样的体验？对此，有人会争辩说应该首先问你的客户。虽然你确实希望客户提供意见，但他们通常仅限于说出自己喜欢和不喜欢的体验，并不知道在自己的经验之外，体验形式还有什么可能性，他们不了解全局。所以，请务必从一开始就确定你希望客户得到什么样的体验，这不意味着客户的意见不重要。肯·布兰佳和杰西·斯托纳在《全速前进：实现公司和个人的远景目标》中描述了客户的需求如何决定情境法则（the Law of the Situation）——你真正从事的是什么事业。了解客户真正想要的是什么，可以帮助你确定应该提供给他们什么服务。

由谢尔登·鲍尔斯联合创立的多莫燃料（Domo Gas）公司就是一个很好的例子。这是加拿大西部一家提供 24 小时加油服务的连锁店。谢尔登和联合创始人想象的客户服务愿景，是让加油站达到能够为印第安纳波利斯 500 英里比赛提供服务的水平。他们让所有服务员穿着红色连身裤。顾客在开车进入谢尔登的车站后，两三个人会从小屋里迅速跑向汽车、查看引擎盖下的情况、清洁风窗玻璃，然后给车加油。加利福尼亚州的一家加油站受到这个概念的启发，在提供常规加油服务的基础上，还为顾客提供一杯咖啡和一份报纸，并为客户汽车的内饰吸尘。客户离开时会收到一张传单，上面写着：

"附言：我们也顺便卖汽油。"

在确定希望客户获得什么样的体验时，你就是在创建一幅画面，一副描绘一切按计划进行的画面。许多世界级运动员会经常想象自己打破世界纪录、在比赛中完美投球，或者做了一个 99 码的弃踢回攻（橄榄球运动用语）。他们的力量来源于对自己最佳潜在表现的心理画面。清晰地梳理你想如何为客户服务，就像在脑海中拍电影一样。

福莱纳（Freightliner）公司是大型卡车的领先制造商，我们曾有机会与其高层管理人员和经销负责人合作。当时的总裁吉姆·希贝（Jim Hibe）率先为经销商建立了新的服务愿景——一个让他们超越竞争的愿景。在筹备重要的年度会议时，福莱纳制作了一个 30 分钟的视频，演示了两个假想的经销商。第一个叫作"伟大的斯科特卡车"，代表了许多经销店目前的运营模式：有限的工作时间（周一至周五的工作时间为 8:00-17:00，周六为 9:00-12:00）；不敬业的员工；几乎没有或很少提供附加服务（例如为等待的卡车司机提供甜甜圈和咖啡），等等。当你进入经销店时，似乎一切都是为了服务于政策、规则和法规，而不是为了服务客户。例如，假设经理在星期六 11:45 来上班，看到配件部排着长队，他说："确保在 12:00 关店，今天排的队意味着下星期一业绩很棒。"

另一个假想的经销商被称为**"戴利福莱纳"**，代表了以客户为中心的运营模式：提供每周 7 天，每天 24 小时的服务；有责任心且训练有素的员工愿意加倍努力，为卡车司机提供各种服务。他们设置了一个配备躺椅和一台用于播放电影的大电视的休息室，还设置了一个安静的暗光房间，里面有双层床，可作为卡车司机的休息场所。员工会将修理好的卡车开到前台，而不是让司机从后厂取车。

比起"戴利福莱纳"模式，许多经销商其实更接近"伟大的斯科特卡车"模式。因此，当福莱纳公司在年度会议开场播放那个视频时，一些人感到不安。但是，视频完美地描绘了新的服务愿景，供所有人观看和体验。在整个会议期间，最接近正面形象的经销商分享了他们的成功故事。他们的计划是传达客户服务愿景的绝佳方式。

扬·卡尔松（Jan Carlzon）担任北欧航空公司（the Scandinavian Airlines System, SAS）总裁时曾用"关键时刻"的概念创造以客户为中心的文化，这对于决定你希望客户得到何种体验大有帮助。关键时刻可以被描述为以下内容。

> 每当客户以某种方式与我们组织中的任何人联系时，我们都能给他们留下一种印象。我们如何接电话？如何办理登机手续？如何在飞机上打招呼？在飞行过程中如何与他们互动？如何处理行李认领？发生问题时，我们会怎样？

对于卡尔松和其他出色服务的提供者而言，"关键时刻"可以涵盖每个细节，甚至包括咖啡渍。唐纳德·伯尔（Donald Burr）担任人民快线航空公司（People Express Airlines）董事长时曾主张，如果翻转式托盘脏了，客户就会认为飞机的发动机也没有得到很好的维护。[4] 在经历了一天漫长的驾驶后寻找住处时，有多少人会选择一家灯泡坏了的汽车旅馆呢？

尽管我们的大多数案例都是针对外部客户的，但重要的是要认识到每个人都有客户。外部客户是你服务组织之外的人员。在快餐店点菜的人就是为外部顾客服务的一个很好的例子。内部客户指的是你组织中的人员，他们可能会为外部客户提供服务。

例如，在人力资源领域工作的人主要是服务内部客户。有些人，例如会计部门的人，既有外部客户，也有内部客户；他们要向外部客户发送账单和发票，并向内部客户提供报告和信息。关键是，每个人都有客户。

优秀的客户服务组织会分析他们与内外部客户之间的每一次关键互动，并决定他们在那个场景中应如何行动。思考这一点的方法之一，就是假设你们对客户的服务有口皆碑，到处都是对你们的服务感到欣喜若狂的客户，他们热衷于宣传你们的故事。一家知名的电视台听闻后决定派摄制组来现场采访。你希望他们与谁交谈？你的员工会告诉他们什么？这些人会看到什么？

创造"疯狂粉丝"始于一个画面，一个你希望客户拥有什么样体验的画面。对此，你可以先分析每个部门的"关键时刻"，并确定你希望它们如何发挥作用，这是一个不错的切入点。当你面对新客户并适应不断变化的环境时，这将成为你的指南。

## 发掘客户想要什么

在确定你想要什么样的事情发生之后，重要的是发掘客户可能提出的任何建议，这些建议将改善他们对你们服务／产品的体验。什么会使客户体验更好？你不妨直接问他们这个问题，但是需要以激发答案产生的方式提问。例如，在就餐时，你有多少次看到餐厅经理走过来说："今晚一切都好吗？"你通常的回答是"好"吗？那等于没有向餐厅经理提供任何信息。更好的提问方法是这样："对不起。我是餐厅经理，不知道能否问您一个问题。您觉得今晚有什么我们可以做得不一样的、可以使你在这里体验更好的事情吗？"

这个问题会引发很多答案。如果客户说"没有"，你可以真诚地跟问一句："您确定吗？"

**高绩效的组织会定期征集客户和市场的反馈。**

提供传奇式服务的组织堪称聆听客户意见的大师。当客户告诉你一些信息时，你必须不带防御心理地倾听。一般人听客户说话时会紧张，原因之一是他们认为必须按照客户想要的去做，他们不明白其实倾听有两个部分。第一部分正如史蒂夫·科维（Steve Covey）所说的"首先尝试理解他人"。换句话说，你要为了理解而倾听。因此，你可以试着说："那很有意思，多告诉我一些，可以再讲详细一点吗？"

倾听的第二个部分，是决定是否要为听到的做些什么。你必须将其与倾听的第一部分（理解他人）分开来。此时，重要的是意识到在理解了对方的建议后，你不必立即做出决定。你可以在以后有时间时再考虑，或者与他人讨论后再做出决定。意识到你有时间考虑将会让你卸下心防，并改善你的思维能力。总之，你首先要在倾听中尝试理解他人，然后根据听到的决定要去做什么。

我们有一位同事曾在商场里偶然碰到一个防御性倾听的事例。当时，他正走在一个带着八九岁儿子的女士后面。在路过体育用品商店时，孩子环顾四周，看到一辆漂亮的红色自行车摆放在商店外面，他停下脚步对妈妈说："哇，我想要那样的自行车。"那位妈妈歇斯底里地说："我真不敢相信！圣诞节的时候，我刚给你买了一辆新自行车啊！这才 3 月，你又想要另一辆了！我不会再给你买一些莫名其妙的东西了！"她暴怒的样子让我们的同事以为她会揍孩子一顿。非常可悲的是，她没有将聆听的理解和决定部分区分开来。如果她对孩子说："亲爱的，你喜欢那辆自行车的哪里啊？"他可能会说："看到车把手上的彩带了吗？我真的很喜欢它们。"那些便宜的彩带本来可以作为生日礼物。听懂他究竟喜欢自行车的哪里之后，妈妈可能会说："亲爱的，为什么你觉得我不能给你买那辆自行车呢？"这个孩子并不傻，他可能会说："因为你在圣诞节刚给我买了一辆。"

如果你对客户犯了一个错误，那么不带防御心理地倾听就会对你大有帮助。为自己所做的事情辩护只会激怒客户。当客户不高兴时，他们想要的只是被倾听。实际上，我们发现，如果人们以一种非防御性的、专心的方式听取客户的抱怨，然后问："有什么方法可以挽回您对我们的忠诚吗？"客户常常会说："你已经做到了，因为你倾听了我说的话。"

如果客户提出了很好的建议，或者对某些变化感到不满，那么你可以将建议添加到客户服务画面中。例如，我们收到了一封信，寄信人是美国中西部3家快餐店的老板。餐厅的一些老年顾客建议，在一天中的某些时段，餐厅应当使用桌布，请工作人员在餐桌旁下订单，然后在餐桌旁将食物交付给顾客。经过考虑，寄信人意识到这是一个不错的主意。现在，服务员会在14:00-17:30为餐桌铺上桌布并摆上蜡烛，柜台后面的人会出来等候顾客。在那段时间里，餐厅里常常坐满了老年顾客。

当你将希望客户体验到的事情与他们想要体验的事情结合在一起时，你就会对你们所追求的客户服务体验有一个相当完整的理解。

## 完善并交付理想的客户服务体验

现在，对于希望客户获得的体验，你已经有了清晰的理解。这些体验将使客户感到满意、高兴，并给他们带来微笑。接下来，你必须使员工对提供这种体验感到兴奋，并且要再兴奋一些。

正如我们在第2章中所强调的那样，建立共同愿景的责任在于高层领导，其责任还包括对优质客户服务进行定义。一旦确定了想要的客户体验并投入了心血，领导者就开始了践行领导力的过程。

大多数组织在践行领导力的过程中遇到麻烦。传统组织等级金字塔结构仍然存在，组织把客户留在组织等级金字塔最底部不予关注。组织中的所有能量都向上移动，人们忙于取悦领导者、听令行事，而不是将精力集中在满足客户的需求上。因此，在这种组织中，官僚机构的规章制度、政策和程序完胜，这使不负责任的客服人员不知所措，他们只能像鸭子一样嘎嘎叫唤。

伟大的个人成长老师韦恩·戴尔（Wayne Dyer）几年前说过，在人群中有两种人："鸭子"和"老鹰"。"鸭子"像受害者一样行事，遇事只会"嘎嘎"直叫；而"老鹰"则会主动出击，高飞在众人之上。作为客户，如果你遇到问题并且遇到客服人员胡乱叫嚷，那么，你可以确定这就是一个官僚机构，客服人员就像在说："这就是我们的政策。我没有制定规则。我只是在这里工作。你想和我的主管说话吗？嘎嘎！嘎嘎！嘎嘎！"

践行领导力就是使组织全员行动起来并感觉自己是愿景的主人，要允许人们在执行组织的愿景和方向时扮演积极的角色，以便他们像老鹰一样飞翔，并提供出色的客户服务，而不是像鸭子一样聒噪地叫嚷。

我们的同事在纽约州尝试租车的经历完美地例证了这种现象。他是康奈尔大学的名誉董事。不久前，他去纽约州伊萨卡市开会，那是康奈尔大学所在的北部小镇。他想租一辆车，并且可以在锡拉丘兹还车，车程约 1.5 小时。旅行的行家都知道，如果你要异地还车，公司会收取高昂的交车费。如果你租的车来自你要去的地方，则可以减免交车费。明白这一点的同事问柜台后面的女士："你有来自锡拉丘兹的车吗？"

女士说："你真幸运。"说完，她用计算机准备了合同。

这位同事不是特别注重细节的人，但是当他签署合同时，注意到要交 75 美元的交车费。他说："那 75 美元的交车费是怎么回事？"

女士说："那不是我的问题。嘎嘎！嘎嘎！"

同事说："那是谁的问题？"

女士说："计算机。嘎嘎！嘎嘎！"

同事说："我们如何告诉计算机这是错的呢？"

女士说："我不知道。嘎嘎！嘎嘎！"

同事说："为什么不能把它划掉呢？"

女士说："我不能，否则老板会责怪我的。嘎嘎！嘎嘎！"

同事问："你是说就因为你有一个差劲的老板，所以我必须支付 75 美元吗？"

女士说："我记得有一次，嘎嘎！老板让我把它删掉了。"

同事问："那是什么时候？"

女士回答："当客户在康奈尔大学工作时。嘎嘎！嘎嘎！"

同事说："太好了。我是康奈尔大学董事会的成员！"

女士问："董事会是做什么？嘎嘎！嘎嘎！"

同事回答："我们可以解雇校长。"

女士问："你的员工号码是多少？嘎嘎！嘎嘎！"

同事回答："我没有。"

女士说："那我就无能为力了。嘎嘎！嘎嘎！"

同事后来花了 20 分钟进行心理咨询，才摆脱了这笔交车费的困扰。他曾经对这些一线人员恼火，但现在他不再生气了，因为他意识到这并不是他们的错。

你认为这位女士在为谁工作，"鸭子"还是"老鹰"？显然是"鸭子"。如果她为"老鹰"工作，"老鹰"会吃掉"鸭子"。我们称那只"监督鸭"为"头鸭"，因为这个人只是在官僚机构中大喊大叫。"监督鸭"会告诉你适用于你面临情况的所有规则和法规。你认为"监督鸭"在为谁工作？另一只"鸭子"。谁站在组织等级金字塔的塔尖？一只伟大的"鸭子"。你有没有被"鹰粪"砸中？显然没有，因为"雄鹰"在众人之上高飞，而"鸭子"会搞得一团糟。

你如何创建一个组织，将"鸭子"打败，让"老鹰"高飞？正如我们在第 2 章中讨论的那样。

> **必须将传统的组织等级金字塔结构颠倒过来，让最接近客户的一线员工处于最高的位置。**

如图 17-2 所示，现在，一线员工可以自主负责，能够及时回应他们的客户。在这种情况下，领导者会为员工的需求服务并做出响应，对员工进行培训，使其像鹰一样飞翔并能够实现既定目标，员工将按照领导者对于客户体验的美好愿景去行事。

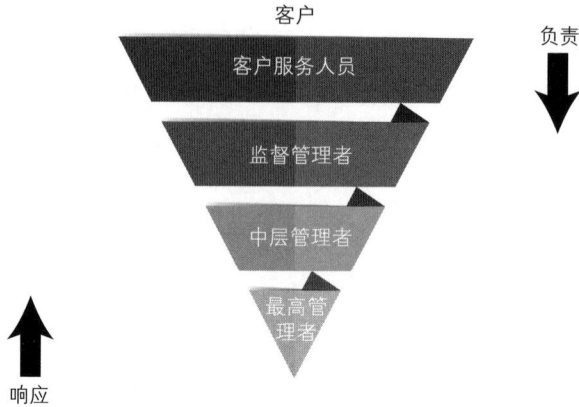

**图 17-2　领导力的执行作用**

如果组织的领导者不响应员工的需求和渴望，那么员工将不会善待客户。但是，一线客户服务人员若被视为愿景的主人，则可以像鹰一样一飞冲天，可以创造"疯狂粉丝"，而不是像鸭子一样乱叫。

## 允许人们高飞

我们的一位咨询合伙人曾遇到一次"老鹰事件"。那天，他去诺德斯特龙商场为妻子买香水。女店员说："很抱歉，我们店里没有这款香水。但是我知道您在哪个店里可以买到。您在我们店里能待多久？"

"大约 30 分钟，"他说。

"好的。我现在就去买，我会拿回来包装好，在您离开时给您。"女店员离开了诺德斯特龙商场，去了另一家商店，买到了我们合伙人想要的香水，然后回到诺德斯特龙商场，还送了免费包装。你知道我们的合伙人为此支付了她多少钱吗？居然与支付给另一家商店的价格完全相同。所以，诺德斯特龙商场没有在这笔交易中赚钱，但是他们赚到了什么呢？一个"疯狂粉丝"。

肯有一个完美的例子，说明了人们在组织中获得完全不同的经验，具体取决于组织是鸭塘还是鹰巢。几年前，他曾在一周内要去4个不同的城市旅行。快到机场时，他意识到自己忘带了驾照和护照。因为要赶飞机，所以他来不及回家取，没办法，他只能靠自己的创造力了。

在肯写的那么多的书中，只有与传奇足球教练唐·舒拉合著的《每个人都是教练》的封面上有他的照片。[5] 因此，当肯到达机场时，他立即跑进了书店。幸运的是，那里有那本书。更幸运的是，他乘坐的是美国西南航空公司的航班。正当肯在一边检查他的行李时，乘务员提出要查验他的证件。他说："太糟糕了，我忘带驾照或者护照。"然后肯给乘务员看了那本书的封面。

那位乘务员喊道："这个人认识舒拉耶！让他进头等舱！"（当然，美国西南航空当时没有头等舱，甚至没有公务舱。）听到这些，在一旁办理登机手续的每一个人都开始向肯击掌，他俨然成为一个英雄。后来，一位行李处理员说："我和你一起去趟航站楼吧，我认识安保人员。我想我也可以带你过去。"

为什么事情会变成这样呢？原因是，美国西南航空联合创始人赫布·凯莱赫（Herb Kelleher）和同事科琳·巴雷特（Colleen Barrett）、盖里·凯利（Gary Kelly，在执行委员会与之共事）不仅希望为客户提供最低价格的服务，还希望为他们提供最佳的服务。他们打造了一个使每个人（包括一线行李托运人员）有权决策、开动脑筋、成为"客户狂人"的组织，因此，他们能够创造"疯狂粉丝"。这些以客户为中心的领导者认为员工应当遵循政策，但也认为员工可以开动脑筋解释这些政策。员工为什么要在机场要求乘客进行身份证明？因为他们要确保登机人的姓名与机票上的姓名相同。对于美国西南航空一线人员来说，这个政策不难理解，因此，他们能很容易决定让肯登机。

## "在鸭塘里打滚"

在办公室能连夜快递给他驾照之前，肯必须搭乘下一家航空公司的飞机，这家航空公司似乎总是陷入财务困境。值机柜台的行李处理员看着肯展示的书上的照片说："你一定是在和我开玩笑吧，你最好去售票处。"

当肯向售票处的女士展示这本书时，那个女士说："你最好和我的上司谈谈。"肯被迅速地推到了组织等级金字塔中，他想也许很快会去见市长，然后是州长。嘎嘎！嘎嘎！嘎嘎！在这家陷入困境的航空公司中，等级制度依然存在。员工的所有精力都从满足客户需求转向了在组织等级金字塔结构的生存之道——遵循政策、程序、规则和法规。

## "给人们插上翅膀"

正如我们在第 3 章中提到的那样，在丽思卡尔顿酒店的创始人之一——霍斯特·舒尔茨（Horst Schulze）管理期间，在对丽思卡尔顿酒店的每一处物业都进行了介绍和广泛培训之后，每位员工都会获得 2 000 美元的全权支配金，用于解决客户提出的问题，而无须与任何人确认。他们甚至不必告诉上司。霍斯特·舒尔茨喜欢收集有关利用这种力量（授权／"给人们插上翅膀"

的力量）创造奇迹的故事。他最爱说的是一位商人住在亚特兰大的丽思卡尔顿酒店的故事。那天，那位商人不得不从亚特兰大飞往洛杉矶，然后从洛杉矶再飞往夏威夷，因为他将在第二天 13:00 向所在的国际公司发表重要讲话。离开酒店时，他有点忙乱。在去机场的途中，他发现自己忘带了笔记本电脑，笔记本电脑中储存了发表讲话时需要的所有演示文稿。他试图更改航班，但是行不通。于是他给自己曾下榻的丽思卡尔顿酒店打电话说："这是我当时所在的房间，这是我的笔记本电脑所在的位置。请让客房服务员将笔记本电脑连夜寄给我，必须保证明天 10:00 之前交付，因为我在明天 13:00 演讲时需要它。"

第二天，霍斯特·舒尔茨像往常一样巡店。到了客房部，他问："玛丽在哪里？"玛丽的同事说："她在夏威夷。"霍斯特·舒尔茨说："夏威夷？她去那儿做什么？"

同事回答："一位客人将笔记本电脑落在了房间里，今天他需要在演讲中用到它，而玛丽不能保证连夜快递肯定能送到。"现在，你可能会认为玛丽去了一个度假胜地，但是，她搭下一班飞机回来了。你觉得是什么在等着她呢？霍斯特的表扬信和酒店同事的击掌庆祝。这个故事真正地体现了授权以及"给人们插上翅膀"的力量。

你可能想知道这是不是真事，答案是肯定的。如果你创建了一个客户至上、员工开动脑筋照顾客户需求的环境，那么类似的故事将变得司空见惯，甚至成为传奇。传播这些故事的人（包括你的客户）有时喜欢添油加醋。例如，一个关于诺德斯特龙商店"无理由"退货政策的故事就是在人们的渲染和修饰下传开的。传言说，有人把雪地轮胎退货给诺德斯特龙商店，虽然它们不卖雪地轮胎，但还是把雪地轮胎收回了。当联合创始人布鲁斯·诺德斯特龙（Bruce Nordstrom）被问到这一点时，他笑了，诺德斯特龙实际上在其阿拉斯加分店中销售雪地轮胎。

正如我们所论证的那样，如果领导者授权、培训并爱护他们的员工，那么员工将会很好地照顾客户，然后客户将成为"疯狂粉丝"，从而促成高绩效、高利润的组织。正如你将在下一部分中了解的那样，此类组织拥有正确的领导力。

第四部分

# 拥有正确的领导力

## 第 18 章

# 服务型领导力

肯·布兰佳　斯科特·布兰佳　德瑞·茨格米

　　如果领导者能发挥高境界领导力，就能使世界变得更美好，因为他们的目标会集中于创造更高的福祉。这需要一种特殊的领导者：服务型领导者。

　　罗伯特·格林利夫于 1970 年首次提出了"服务型领导力"概念，并在随后的 20 年中广泛地传播了这一概念。[1] 然而，这其实是一个古老的概念。包括马丁·路德·金和特雷莎修女在内的许多领导者也都体现了这样的领导理念。

## 何谓"服务型领导力"

　　人们在听到"服务型领导力"一词时常常会感到困惑，立即联想到喧宾夺主或讨好别人的做法。另一些人则认为，服务型领导力只适合教会的领导者。这些看法反映了一个问题，就是他们不了解领导力，认为领导者不能同时领导和服务。但是，如果你可以理解（正如我们多次强调的那样）**领导力包括两个部分——愿景和践行**，你就可以理解服务型领导力。在制定愿景的过程中，领导者要帮助组织确定方向。明确方向后，领导者有责任传达组织的立场以及想要实现的目标。

赫曼·米勒公司的传奇董事长，《领导力是一门艺术》一书的作者马克斯·德普雷将这个角色与反复讲授基础知识的三年级老师进行了比较。他说："作为高层管理人员，在愿景和价值观这两方面，你必须一遍又一遍地讲出来，直到人们能够正确、正确、正确地理解！"

现在你知道了，组织等级金字塔中的领导层应负责制定愿景。孩子仰望父母，球员仰望教练，员工仰望组织的负责人。制定愿景的任务是服务型领导力在领导方面的体现。（请参阅第 2 章图 2-1。）

一旦员工明确了前进的方向，领导者的任务就会转变为以服务思维带领员工执行任务，这是领导力的另一方面。

你如何实现愿景？愿景实现阶段是服务型领导力发挥作用的地方。

正如我们在第 17 章中所强调的那样，大多数组织和领导者在愿景实现阶段都会遇到麻烦。在自私的领导者的掌控下，传统的组织等级金字塔岿然不动。当这种情况发生时，员工认为自己在为谁工作呢？他们的上司。在你认为自己是为上司工作的那一刻，你就是在假设你的上司应该为工作负责，你的工作就是响应上司异想天开的想法或一厢情愿的要求。现在在许多组织中，"向上看"已成为一种流行的趋势，"向上"的影响力使人们得到晋升。于是，结果就是组织的所有精力都在"向上"移动，却远离了最接近客户服务的一线人员。这样做的话，你得到的只是一个"鸭塘"。

在这种组织中，当客户想要的东西与上司想要的东西发生冲突时，上司肯定会赢。组织中到处都有像鸭子一样聒噪的人，人们叫嚷着："你想让我叫我的上司来吗？"而服务型领导者知道如何纠正这种情况，在实现愿景的过程中，他们会通过他们的哲学把组织等级金字塔颠倒过来。

当服务型领导者将组织等级金字塔颠倒过来时，谁在组织的最高层呢？答案是一线客户服务人员。谁是公司的最高领导者？答案是客户。谁在最底层？答案是最高管理者。（请参阅第 2 章图 2-2。）

因此，在愿景实现时谁为谁工作？答案是你，你就是领导者，你要为你的员工工作。这一变化虽然看起来没那么重要，却有很大的不同，体现了"谁负责"和"谁响应"的区别。

当你颠倒组织等级金字塔时，员工就不再向你负责，而是开始自主负责。他们能够主动响应客户的需求，而你作为领导者 / 经理的工作，就是对员工做出响应；这为实现愿景创建了一个大不同的环境。如果你像服务型领导者一样为员工工作，那么你的目标是什么？我们认为，你的目标就是帮助员工成为老鹰，而不是鸭子；让他们高飞、完成目标、解决问题、遵从愿景。

为了着重激发员工的才华，我们提出了两个最著名的领导方法——一分钟经理人®和布兰佳 SLII®领导力模型，这些都是实践服务型领导力所需的技能。

说了半天，一分钟经理人的第一个秘诀究竟是什么？答案是"一分钟目标"。所有良好的表现都始于明确的目标，这显然是服务型领导者的领导部分。一旦员工确定了目标，富有成效的"一分钟经理人"就会四处转悠，试图发现员工在做的正确的事，以便对员工进行"一分钟赞美"，这是第二个秘诀。如果某位员工做错了某件事或表现不佳，则应选择"一分钟再指导"，这是第三个秘诀。当富有成效的"一分钟经理人"给出赞美和再指导时，他们就开始运用服务型领导力的服务部分（为员工工作，帮助他们赢）实现目标。

布兰佳 SLII® 领导力模型具有 3 个可以同时产生良好关系和结果的方面：目标设定、分析诊断和适当匹配。一旦设定了明确的目标，一位富有成效的布兰佳 SLII® 领导力领导者就会将重点放在服务型领导力的服务部分。他们会诊断组织成员在每个特定目标或任务上的发展水平（胜任力和投入度），然后与组织成员共同确定与发展水平相匹配的合适的领导风格（指导性行为和支持性行为的次数），以便帮助组织成员实现目标。

因此，一分钟经理人®和布兰佳 SLII® 领导力都是将服务型领导力付诸实践的明确例证。两种方法都认识到，确定"愿景"和"方向"（服务型领导力的领导部分）是传统组织等级制的责任，而"践行"（服务型领导力的服务部分）则必须颠倒组织等级制度，并帮助员工打造一个高绩效的组织。

为了强调在工作中使用服务型领导力的巨大作用，肯·布兰佳和勒妮·布罗德威尔（Renee Broadwell）编辑了《行动中的服务型领导力：如何获得良好的关系和成果》（*Servant Leadship in Acticn: How You Can Achieve Great Relationships and Results*）文集。这本文集由 44 位著名的服务型领导力专家和从业者撰写，他们大多都是杰出的企业高管、作家和精神领袖。正如约翰·麦克赛尔（John Maxell）在这本书的前言中写道的：

> 建立良好关系和取得成果的唯一方法是服务型领导，就是把别人放在第一位。

## 运用服务型领导力

为了理解在任何组织中均可出现服务型领导力，你可以思考下面这个来自机动车辆管理局的案例。机动车辆管理局实在有太多的人需要被服务。基本上，每个拥有驾照的人都需要被服务，因此，有时工作人员视你为一个数字而不是一个人也不足为奇。在美国的大多数州，通过初始测试后，如果你按规定填好表格并将其邮寄，则可以几年都不必与机动车辆管理局打交道。

肯·布兰佳一直像躲瘟疫一样躲着当地的机动车辆管理局。但是几年前，他在原定去欧洲旅行的 3 周前丢失了驾照。这下子，他必须去机动车辆管理局获得新的驾照以作为护照的补充证件。于是，他对助理说："达娜（Dana），我要去机动车辆管理局，你能在下周的日程上帮我安排 3 小时吗？"根据肯的经验，在这种地方做什么事都需要很长的时间，势必会等很久，他可能会被告知排错队了、表格填错了，或者因为什么其他的错事又必须重新排队。

因此，肯对机动车辆管理局没抱任何期望。（记住，他已经好几年没来过了。）在走进机动车辆管理局前门时，肯立即意识到有些事情发生了变化，因为一个女人向他走过来，说道："欢迎来到机动车辆管理局！您是说英语还是西班牙语？"

"英语。"肯回答。

她说："服务台就在那里。"紧接着，柜台后面的男士笑着说："欢迎来到机动车辆管理局！我可以帮您做点什么？"于是，肯只花了 9 分钟的时间就获得了他的新驾照，其中包括照相的时间。他对拍照片的女士说："你们究竟做了什么？我的意思是，这不是我曾经认识和喜欢的机动车辆管理局啊。"

那个女人问："您还没有遇到我们的新局长吗？"

"没有，"他说。

于是，她指着所有柜台后面的一张桌子，那张桌子就在大开间里。显然，局长没有私人办公室，完全开放式办公。肯走过去做了自我介绍，并问道："作为机动车辆管理局局长，您的工作是什么？"

局长说的话是我们听过的关于管理最好的定义。

> "我的工作就是基于满足公民（客户）需求时刻重组局务工作。"

对于机动车辆管理局，局长显然制定了令人信服的愿景。机动车辆管理局业务的重点是服务于公民并满足他们的需求。

这位局长具体做了什么呢？他在每项工作上对所有人进行了交叉培训，每个人都可以在前台做接待工作，也可以拍照。你随便说一项工作吧，每个人都可以做到！即使是通常不在一线的后勤人员也可以做所有工作。为什么局长要这样安排呢？因为如果突然有大量的市民前来办理业务，在他们需要帮助的时候，为什么还要让后勤人员做簿记、会计或秘书工作呢？因此，局长会在需要时将后勤人员调到前台来。

机动车辆管理局局长还坚持让员工在 11:30—14:00 这个时段不要去吃午餐，因为那正是大多数客户前来办理业务的时段。肯在一次研讨会上讲了这个故事，一位女士在休息时走到他的身边说："您说的是哪一家机动车辆管理局？我最近在我们那里的机动车辆管理局排队等了大约 45 分钟，因为就在我几乎都站在队伍的最前面时，女业务员突然宣布他们该休息了。于是业务员们都去喝咖啡、伸懒腰了，我们不得不站着又等了 15 分钟。"

在那所"新"机动车辆管理局里，没有发生这样的事情。局长在那里打造了一个激励人心的环境，团队成员都很投入。肯甚至看到那些过去他认识的、曾经以虐待客户为乐的员工现在也对服务客户感到兴奋。

你经常会看到人们在某一时刻对工作感到兴奋。然而 3 个月后，你再看他们，他们通常会变得灰心丧气。其中90%的情况的唯一原因是，他们有了新的上司，并且是耍弄员工、不会倾听、不让员工参与决策的上司，真的视他们为"下属"的上司。反之亦然。当突然有一位新的领导者加入团队时，员工会眼睛发亮、精力旺盛，他们真的准备好表现出色并有所作为。

当领导者发挥积极作用的时候，员工的行为就体现了他们是这个地方的主人翁，他们会在工作中发挥聪明才智。领导者也会鼓励员工发挥自主性。来自"新"机动车辆管理局的另一个案例很好地说明了这一点。

## 伟大的领导者鼓励人们开动脑筋工作

大约在肯经历机动车辆管理局鼓舞人心的服务之时，他当时的执行助理达娜也决定购买一辆大型摩托车并在加利福尼亚州南部附近驾驶。当达娜得到漂亮的机车时，有人告诉她："你必须申请驾照。"她从不知道还要为摩托车申请驾照。因此，她前往机动车辆管理局办理申请手续。柜台后面的女职员从计算机中查到达娜的名字和驾驶记录。事实证明，达纳拥有完美的驾驶记录。她从来没有违反交通法规。

这位女士说："达娜，我注意到你必须在3个月内重新参加笔试。你为什么不在今天先参加两项考试呢？"

达娜感到出乎意料，问道："考试？我不知道应该参加任何考试。"她开始有些惊慌。

女职员鼓励地笑着说道："哦，达娜，别担心。根据你的驾驶记录，我确定你可以通过这些考试。而且如果你今天不参加考试，以后可以随时来参加。"

达娜参加了考试，然后回到那位女职员那里查看分数。达娜在每项考试中都有一个错误答案，因此严格来讲，她参加的两项考试都没通过。但是，女职员善意地说："哦，达娜。你的分数已经很接近分数线了，让我试一下从每次测试中重新抽取一个问题来问你，看你是否可以答对。如果能答对，我就可以让你通过。"这是一个很好的主意，事实上，每个问题只有两个可能的答案。于是女职员说："达娜，你选择了 B。你认为正确的答案是什么？"

当达娜说"A"时，这位乐于助人的女职员说："你说对了！你过关了！"

肯在一次研讨会上讲了这个故事，在休息期间，一位官僚主义者冲上讲台大喊道："你为什么要讲这个故事？那个女职员违法了！你的助手未通过这两项考试！"

因此，肯又去见他的机动车辆管理局局长朋友，告诉了他这个官僚主义者的事。局长说："让我告诉你另一件事。在决策方面，我希望我的员工更多地使用大脑，而不是规则、法规或法律。这个女职员认为，你的助手达娜拥有完美的驾驶记录，并且只错了一道题，要让这样的人再来参加一次考试就太愚蠢了。我向你保证，如果她错过了 4 个或 5 个问题，那么我们的员工不会给她同样的优待。为了向你展示我认为这有多么重要，我会以我的工作支持那个职员的决定。"

你想为这样的领导者工作吗？你最好相信他们的工作能力。为什么？因为这样的领导者是服务型领导者。在里克·沃伦（Rick Warren）的畅销书《有意义的生活》（*The Purpose Driven Life*）中，第一句话是："这不是关于你自己的。"[2] 就像机动车辆管理局的局长一样，服务型领导者意识到领导力不是关于他们自己的，而是关于他们提供的服务和服务对象的。愿景是什么？客户是谁？愿景回答了马特·海耶斯和杰夫·史蒂文斯的问题："意义何在？"正如《商业的核心》的作者所坚持的那样，"利润可能是追求更高目标的副产品，甚至是追求目标的计划过程的一部分，但是它不应当成为目标。如果逐利是你们成立组织的理由，那么它最终将使你的员工和客户服务于自身。"[3] 正如我们在第17章中讨论的那样，每个人都有一个客户。谁是经理的客户？是向那个经理汇报的人。一旦设定了愿景和方向，经理们便会为员工工作。

## 哪种领导力最能影响绩效

为了找出哪种领导力才能对绩效产生最大的影响，斯科特·布兰佳、德瑞·茨格米与薇姬·艾萨利（Vicky Essary）合作研究了组织成功、员工成功、客户忠诚度和领导力之间的相互作用。[4] 他们在长达一年的研究中，参考了对 1980—2005 年数百项研究进行的详尽文献综述，考查了两种领导力：**战略领导力**和**运营领导力**。

战略领导力是确保所有人都朝着同一个方向前进的"要素"。它能帮助你找到"你的业务目标"。战略领导力包括建立清晰的愿景、维持与该愿景一致的一套价值观的文化，以及宣布组织必须执行的举措或战略要务等活动。愿景和价值观具有长期性；而战略要务是短期的优先事项，可能持续一两个月或一两年。百胜集团前董事长兼首席执行官大卫·诺瓦克（David Novak）是擅长实施战略要务的一个典型。他曾宣布公司在全球所有餐厅聚焦实施"疯狂客户"战略。战略领导力完全是关于领导力的愿景和方向方面，即服务型领导力的领导部分。

运营领导力为组织提供了"方法"，包括从高级管理层到一线员工的规范、程序、系统和领导者行为。这些管理实践创造了员工和客户每天互动和响应的环境。运营领导力完全是领导力的践行部分，即服务型领导力的服务部分。

肯·布兰佳和茨格米发现，员工的成就包括员工满意度（我很高兴），员工忠诚度（我会继续工作），员工生产力（我的表现），对自己与经理的关系、团队合作环境以及更切实的措施（例如旷工、拖延和故意破坏）的认知。他们认为所有这些因素是"员工激情"所在。

当涉及客户对组织环境的反应时，一般有 3 个研究主体：满意度（我对该组织为我服务的方式感到满意）、忠诚度（我将继续与该组织开展业务）和拥护性（我愿意积极评价我在这个组织中的体验）。这 3 个因素的最终结果就是"客户忠诚度"的结果。

肯·布兰佳和茨格米将组织成功的所有硬性指标（盈利能力、增长和经济稳定性）和软性指标（对公司的信任以及诚信感）结合在一起，称之为"组织活力"。在许多方面，组织活力描绘了四重绩效（即最佳雇主、最佳客户选择、最佳投资选择、最佳企业公民），我们在第 1 章中已对此进行了讨论。

如果领导力是驱动高绩效组织的引擎，那么肯·布兰佳和茨格米对于领导力两个方面（战略领导力和运营领导力）的互动及其对员工激情、客户忠诚度和组织活力的影响倍感兴趣。图 18-1 显示了领导力—利润链。

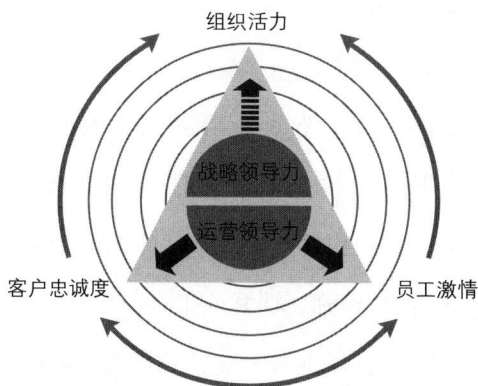

图 18-1 领导力—利润链

有趣的是，肯·布兰佳和茨格米发现，战略领导力是设定基调和方向的关键组成部分，但它仅对组织活力具有间接的影响。对组织活力产生关键影响的是运营领导力。如果运营领导力得到有效实施，那么员工激情和客户忠诚度将从人们关于组织的积极体验和整体满意度中产生。

同样有趣的是，正面的员工激情会产生正面的客户忠诚度。同时，客户对公司充满激情并保持忠诚，会对工作环境和员工激情产生积极影响。人们喜欢在能让客户变成"疯狂粉丝"的公司工作，这使他们达成"共好"，客户和员工会一起携手直接影响组织活力。[5]

肯·布兰佳和茨格米的研究得出的总体结论是，服务型领导的领导部分（战略领导力）固然重要，因为愿景和方向会推动业务发展，但真正的行动在于服务型领导的服务部分（运营领导力）。如果愿景和方向具有吸引力和激励性，并且在员工和客户看来，领导者很好地推动了业务按照这些愿景和方向发展，则可以确保组织的活力及成功。

为了做好一项工作，富有成效的服务型领导者必须是"环保主义者"，其工作是创造和维持一种打动员工的文化环境，以便员工能够打动客户。这些领导者会关注传统组织等级金字塔结构的底层人员，会问这些人"我能为你做些什么"，而不是员工反过来问领导者"我们能为您做些什么"。

正如约翰·麦克斯韦尔（John Maxwell）在《行动中的服务型领导力》文集前言中所写："当听到人们说'高处不胜寒'的时候，我觉得很有意思。依我看，如果你在山顶感到孤独，那就意味着没有人在追随你。如果的确如此，那么你最好走下来，走到人们中间，然后把人们带到山顶。"

当管理者只关注组织活力的指标（例如利润）时，他们会关注"计分板"，而不是关注"球"。利润是创造组织活力的关键因素，是服务客户的副产品，只有通过服务于员工才能实现。利润其实是组织为员工创造激励环境而得到的"掌声"，员工会受到这种环境的激励并照顾好组织的客户。

如果服务型领导力的服务部分对组织活力具有更大的影响，那么领导者应当如何提高他们的服务质量呢？

## 成为服务型领导者是内心的选择

正如罗伯特·格林利夫经常被引述的名言："服务型领导者首先是服务者，其次才是领导者。"[6] 然而，过去我们的大部分工作都集中在领导行为以及如何改善领导风格和方法上。我们所做的是尝试从外在改变领导者。但是，近年来，我们发现，成为富有成效的领导者是一项内在的工作，**是关于内心的问题**，一切都与领导者的个性和意图有关。你为什么要领导？是服务他人还是被他人服务？如实回答这个问题至关重要。你不能假装自己是服务型领导者。肯·布兰佳和菲尔·霍奇斯（Phil Hodges）在《服务型领导者》（*The Servant Leader*）中主张，如果领导者不能发自内心进行领导，就永远不会成为服务型领导者。

成为服务型领导者最大的障碍是自利之心，是"付出一点，得到很多"的私欲。出于自身利益而领导的人，会将自己的日程、安全、地位和满足感排在受其思想和行动影响的人们之前。

从某种意义上讲，所有人都是以自我关注的方式来到这个世界的。还有什么比婴儿更以自我为中心呢？一个婴儿从医院出生回到家的时候不会说："我能为家里帮什么忙？"正如所有父母所证明的那样，所有孩子天生都是"自私"的。因此，父母必须教孩子如何学会分享。

**你只有意识到生活在于服务而不在于被服务，你才会真正地成为一个成年人。**

从服务自我的领导者转变为服务他人的领导者，这种转变的动力来自内心的变化。

## 被驱使与被召唤的领导者

当我们谈论服务型领导力，询问人们是服务型领导者还是自利式领导者时，没有人承认他们是自利式领导者。然而，我们一直都在观察自利式领导者与其他领导者有何不同。

戈登·麦克唐纳（Gordon MacDonald）在他的《订购私人世界》（*Ordering Your Private World*）一书中讨论了一个有意思的区别，可以帮助我们区分服务型领导者和自利式领导者。[7]麦克唐纳认为，一般来讲，人分为两种："被驱使的人"和"被召唤的人"。被驱使的领导者认为他们拥有一切，拥有自己的人际关系、财产、职位。他们自私自利，把大部分时间都花在保护自己的财产上。他们以官僚主义作风行事，并相信绵羊是牧羊人的利益。他们希望确保所有资金增值、知名度上升和权力扩大，希望远离一线人员和客户，他们擅长创建"鸭塘"。

被召唤的领导者则有很大的不同，他们认为一切都是借来的，包括他们的人际关系、财产和职位。你知道你的关系是借来的吗？如果你知道明天可能再也看不到某个重要的人，那么你今天会如何对待这个人呢？玛吉·布兰佳有一个明智的说法："让'我爱你'3个字日日常新。"

被召唤的领导者知道他们只是暂时拥有财产。在经济困难时期，很多人为失去玩具感到沮丧，他们认为"死的时候玩具最多的人就是人生赢家"。但现实是，"玩具最多的人也会死"。当一切顺利时，拥有美好的事物真是太好了，但在困难时期，你可能不得不放弃其中的一些。财产其实是借来的。

被召唤的领导者还知道，他们的职位是从组织中利益相关方那里借来的，特别是那些向他们汇报的人。被召唤的领导者一无所有，因此他们认为自己在生活中的作用，就是管理遇到的每个人、每件事。

自利式领导者可能会因两种方式丧失自我。第一种方式是消灭反馈。你是否遇到过这样的事：本来想向某个官僚机构的领导者提供反馈，领导者却先把反馈者开除了？如果这确实发生过，那么你就是在与一个自利式领导者打交道。他们讨厌反馈。为什么？因为如果你给他们任何负面反馈，他们就会认为你不希望他们继续领导，那对他们来说无异于噩梦一场，因为他们就等同于手中的职位。自利式领导者的第二种丧失自我的方式是，不愿培养周围的其他人成为领导者，因为他们担心自身的领导地位会受到威胁。

被召唤的领导者拥有一颗服务者般的心。他们喜欢反馈，知道领导的唯一目的就是服务。如果有人对如何更好地服务提出建议，他们会希望听到这样的声音，他们将反馈视为礼物。收到反馈时，他们的第一个回答是："谢谢。这真的对我很有帮助。你能告诉我更多吗？我还需要和谁聊聊吗？"

被召唤的领导者也愿意培养他人。他们认为领导力不仅是正式领导者才有的专利，每个团队成员应当具有领导力。他们认为自己在人生中的角色是服务者而不是被服务者，因此，他们希望充分发掘其他人的优势。如果一个好的领导者出现，那么服务型领导者会愿意与这个人成为伙伴，甚至愿意走到一边，并在必要时扮演不同的角色。他们以培养他人为荣，并相信具有专业能力的个人将在整个组织中根据需要挺身而出。

罗伯特·格林利夫说得很好："考查服务型领导者最好的测试是，在仆人式领导者周围的人们是否变得更睿智、更自由、更自治、更健康、更能够成为服务型领导者。"[8]

## 自大的困境

是什么阻碍人们成为服务型领导者？答案是人类的自大心理。自大是将自己置于中心，从那时起，我们开始对自己的重要性产生扭曲的印象，并把自己视为宇宙的中心，认为人类更高的福祉与自己无关。

自大以两种方式阻碍我们成为服务型领导者。第一种方式是妄自尊大。

妄自尊大始于你开始过分看高自己。你会开始竭尽全力争取名望。你会认为领导都是关于你自己，不是关于被领导的人，你会为了提升自己而投入大把的时间。第二种方式是自我怀疑或恐惧。自我怀疑始于你开始过分看低自己。你被自己的缺点所消耗，你会为了保护自己而投入大把的时间。你一方面妄自尊大，另一方面又自我怀疑，你很难相信自己确实很好。借用一首老歌的标题来说，你就是"在所有错误的地方寻找爱情"。正如罗伯特·麦吉（Robert McGee）警告说的那样，现在你认为"你的自我价值取决于自己的表现加上他人的意见"。[9]你的表现每天都在变化，并且别人的意见也会变化无常，因此，你每天都会纠结你的自我价值是什么。

自我怀疑源于自尊心的缺乏，这一点很容易理解，因为患有自尊心缺乏症的人的价值每天看起来似乎比别人的价值都要低。对那些拥有虚假自豪感的人来说，这并不那么明显，因为他们会伪装得比别人更有价值。根据托马斯·哈里斯（Thomas Harris）《我好，你好：了解自我、改变人生的人际沟通分析》（*I'm Ok, You're Ok*）书中的研究报告，那些假装自己是唯一感觉良好的、妄自尊大的人过度弥补了欠缺的自尊心，他们试图通过控制周围的一切和所有人补偿自己"不好"的感觉。因此，他们在周围的人群中不受欢迎。

让我们来看看管理者是如何表现出妄自尊大和自我怀疑的，这还蛮有趣。管理者沉迷于妄自尊大实际上都会削弱其管理的有效性。通常，妄自尊大的管理者被称为"控制者"，虽然他们不知道自己在做的是什么，但对权力和控制的需求仍很强。即使所有人都知道他们做错了，他们仍然坚持认为自己是对的。"控制者"也不支持自己的员工。如果每位员工都乐观、自信，他们反而很扫兴。因为他们支持的是上司，他们一心想在组织等级金字塔中晋升，并成为上司身边的人。

另外，恐惧驱动型管理者通常被形容为"无所事事的上司"。他们"总是不在，总是避免冲突，并且帮不上忙"。即使对那些没有安全感、不知道自己在做什么的人们，他们也是袖手旁观。"无所事事的上司"似乎不相信自己或自己的判断，他们重视别人的想法，而不重视自己的想法，尤其不重视下属的想法。因此，他们很少发声支持自己的下属。如果处于压力之下，他们就会屈服于权力最大的那个人。

如果这些听起来太耸人听闻，让你担心自己是以上类型的管理者，那么你大可放心。因为大多数人都存在妄自尊大和自我怀疑的情况，我们可能会被利益绑架，一心只想着自己。不过，这里有个好消息，那就是这两者都有"解药"。

## 自大的"解药"

妄自尊大的"解药"是谦卑。真正的领导力，即人们一心渴望和遵循的本质，意味着一定的谦卑，并且是能引起人们的最佳反应的适度谦卑。

吉姆·柯林斯（Jim Collins）在《从优秀到卓越》（*Good to Great*）一书中表达了这一观点。[10] 他发现了两种描述伟大领导者的特征：意志和谦卑。意志是实现愿景、使命、目标的决心。谦卑是意识到领导力不是关于领导者而是关于员工及其需求的能力。

根据柯林斯的说法，典型的自利式领导者在处境顺利时会照着镜子，拍一下胸膛，告诉自己他们有多棒。当事情出错时，他们会看着窗外，责怪其他人。而伟大的领导者会怎么样呢？当情况顺利时，他们会看着窗外，把荣誉让给大家。当事情出了问题时，作为服务型领导者，他们会先照着镜子扪心自问："我能做些什么让这些人尽可能做得更好？"这需要真正的谦卑。

因此，成为服务型领导者的关键之一就是谦卑。关于谦卑，我们找到了两个令人信服的定义。第一个出现在肯·布兰佳和诺曼·文森特·皮尔合著的《道德管理的力量》[11] 一书中。

> 谦卑的人不会少反思自己。他们只是很少为自己考虑。

谦虚的人拥有强大的自尊心。

谦卑的第二个定义来自弗雷德·史密斯（Fred Smith）《你和你的网络》（*You and Your Network*）[12] 一书。

> 谦卑的人不会否认自己能够行使权力。只是他们会意识到权力是由他们代行的，而不是他们拥有的。

太多的人认为自己的地位及手中的权力就是自身的体现，但这并不真实。你的权力从何而来？权力不是来自权位，而是来自你所影响的人。正如理查德·N. 鲍利斯在《你的降落伞是什么颜色？》（*What Color Is Your Parachute?*）中指出的那样，大多数人都希望使世界变得更美好。[13] 但是，实际上有多少人有过做到这一点的实际规划呢？很少。然而，在与同事、家庭成员以及社区中的人们互动时，我们可以通过时时做出的决策使世界变得更美好。

假设一天早上，你离开家门时，有人对你大喊大叫。你可以选择大声喊回去，或者你也可以抱抱对方，并祝他拥有美好的一天。假设在你开车上班路上，有人恶意超车，你会选择追上他并做一个警告的手势，还是为他祝福？在与他人互动时，我们其实一直都在做选择。谦卑会驯服你的主观评判，并促使你伸出援助之手、鼓励他人，那就是你力量的来源。

恐惧的"解药"是什么？答案是爱。你有孩子吗？你爱你的孩子吗？你对孩子的爱是否取决于他们的成功？如果他们成功了，你就爱他们；如果不成功，就不爱他们吗？很少有人会承认这一点。你是无条件地爱孩子，对吗？如果你接受对自己无条件的爱会怎么样？你知道的，"圣人无弃人"，他们会无条件地爱着每个人。你是否知道，你不可能通过足够的控制、购买足够多的东西、赚取足够多的财富、拥有足够高的职位而获得更多的爱？你已经拥有所需的全部的爱，你所要做的就是敞开心扉。

## 服务型领导者做什么

马克·米勒（Mark Miller）是著名作家，也是高绩效的福来鸡快餐连锁公司的副总裁。肯·布兰佳与他合著了《秘密：卓越领导者的五项修炼》（*The Secret: What Great Leaders Know and Do*）。[14] 他们在书中说明了伟大的领导者服务他人，并以首字母缩写"SERVE"为理论模型。实际上，该公司围绕卓越领导者服务的 5 种基本方式组织管理培训，其 1 100 多家餐厅的经理离职率不足 5% 的事实说明了培训计划成效卓著。

**S 代表看见未来（See the Future）**。这与我们在第 2 章中讨论的领导者负责确定愿景的作用有关。领导力会将人们从一个地方带到另一个地方。对于令人信服的愿景的重要性，无论如何强调都不为过。一旦建立了清晰的愿景，人们就可以根据愿景制定目标和策略。

**E 代表参与及培养他人（Engage and Develop People）。**这是本书第二部分"正确对待员工"的全部内容。我们带领你完成了从自我领导者到一对一领导者、团队领导者到组织领导者的转型历程。作为领导者，一旦设定了愿景和方向，你就必须颠倒组织等级金字塔，专注于与员工互动并发展他们的能力，让他们能够按照愿景工作。你还必须以创造"疯狂客户"和"疯狂粉丝"的方式去照顾客户。

**R 代表不断重塑（Reinvent Continuously）。**它包括 3 个方面。第一，伟大的领导者会不断地在个人层面上进行改造，始终对提高知识水平和技能水平的方式感兴趣。最好的领导者都是学习者。伟大的领导者会找到自己的学习方法——有些人选择阅读；有些人选择听有声读物或下载资料学习；有些人选择向导师学习。他们都会竭尽所能地继续学习。我们相信，如果你停止学习，就停止了领导。正如肯经常说的那样："如果你停止了学习，那就可以躺下来让人们把泥土撒在你的身上，因为你已经'死'了。"

我们认为，每个组织中的每个人每年都应该至少有一个学习目标。你希望明年的简历上出现什么今年没有的亮点？例如，也许你想今年学习西班牙语，因为越来越多的客户会说西班牙语。你可能需要学习一些新的计算机程序，因为这些程序可以使你的生活更便利，并帮助你检索做出有效决策所需的信息。无论学习内容是什么，你每年都要专注于学习新知识。

第二，领导者必须努力将追求上进心灌输给从事日常工作的人们。领导者可以拥护、支持某一事业，但能否让它最终实现取决于员工。

不断重塑的第三方面是组织结构重塑的想法。许多人认为，组织结构具有永久性。在许多情况下，组织结构不是在为业务服务，而是人们在为组织结构服务。优秀的领导者不会仅仅为了做某件事而改变组织结构，他们知道组织结构应该具有灵活性，这种信念是创建充满活力的高绩效组织的关键。效率低下的领导者倾向于让组织结构驱动决策，而不是通过调整结构满足企业不断变化的需求。

美国国家橄榄球联盟著名的教练唐·舒拉与肯·布兰佳合著了《每个人都是教练》一书，他对此深信不疑。他说，优秀的球队会"随机应变"。假设一个橄榄球四分卫喊"跑卫向右"，但到争球线时，他看到防守都在右侧，那么他不会对跑卫说"等等，我认为他们会干掉你"，而是会立即决定新的攻法，为什么呢？因为之前设置的组织人员结构已经不合时宜。舒拉始终认为，要意识到你不是漫无目的随机应变，这一点非常重要。有个计划是好的，有个合适的组织结构也是好的。但是，你要始终保持警醒，判断现有的结构是否对于你、客户和员工有益。如果不是这样，那就改了它。

**V 代表重视经营成果和关系（Value Results and Relationship）。** 伟大的领导者，是那些发挥高境界领导力并重视经营成果和人际关系的领导者。经营成果和人际关系对于长期生存发展都很重要，两者不是非此即彼的。长期以来，许多领导者都认为他们需要对两者进行二选一。大多数企业领导者认为，一切都和经营成果有关。实际上，领导者面临两项考验：第一，是否取得了经营成果；第二，他有追随者吗？顺便说一句，如果你没有追随者，你就很难获得长期的经营成果。

作为一个领导者，最大限度地提高绩效的方式，就是对经营结果和人际关系都设置高预期。如果领导者可以为员工创造良好的工作环境，以便他们照顾客户，那么利润和财务实力将会是做好工作而得到的"掌声"。你会看到，成功离不开优秀的经营成果和良好的人际关系，这是一个行之有效的定理。

**E 代表所体现的价值观（Embody the Values）**。正如我们在第 8 章中强调的，所有真正的领导地位都建立在信任之上。信任可以由多种方式建立。一种方式是持续以你所信奉的价值观行事。如果我说客户最重要，我的行为最好支持这种说法。如果我选择了不重视客户的做法，人们就会有理由质疑我的可信度。归根结底，如果员工认为我不值得信任，我就不会被信任或者被追随。体现价值观的方法就是说到做到。领导者首先必须是愿景的活榜样。"照我说的做，别照我做的做"，这样行事的领导者从长远来看是没有成效的。

SERVE 缩写模型为服务型领导者应如何经营提供了一个精彩的画面，但实现这个画面绝非易事。在这些领域持之以恒地追求做到最好是一项重大的任务，但也是值得的追求。服务型领导者会通过发挥高境界领导力，让人们向更高的层次发展。

## 服务型领导力：下命令，还是给选择

我们认为，服务型领导力从未像现在这样适用于领导领域。人们在迎接当今瞬息万变的挑战时，不仅在寻求更深远的目标和意义，而且在寻找切实可行的原则。而服务型领导力原则确实行得通。

正如肯·布兰佳和茨格米在研究中发现的那样，当"什么"（服务型领导力的领导部分）能使事情朝正确的方向开始运作，并且"如何"（服务型领导力的服务部分）能激励员工和客户时，组织活力和成功几乎可以保证。如果是这样，那么为什么不是每个人（包括那些关注财富、权力、认可和地位的自利式领导者）都想成为服务型领导者呢？践行服务型领导力不会满足他们的动机吗？

答案是不会，但这种状态不会长久。自私的动机不会被永远隐藏，他们的心思总会暴露出来。正如肯·布兰佳和茨格米所发现的那样，糟糕的高层领导者与组织失败直接相关。在安然公司、世界通讯（Worldcom）公司和其他公司发生的事情足以说明这一切。

服务型领导力不仅是另一种管理技术，对那些有服务之心的人来说，它还是一种生活方式。在由服务型领导者领导的组织中，服务型领导力成为一项命令，而不是一种选择，其副产品是更好的领导、更好的服务、更高绩效的组织以及更多的成功和意义。

**服务型领导者会提供更好的领导。** 由服务型领导者领导的组织不太可能经历糟糕的领导过程。在研究糟糕的领导者时，芭芭拉·凯勒曼（Barbara Kellerman）发现了 7 种不同的模式，涵盖无效领导者到不道德的领导者。因为无能、思想僵化、缺乏自制力或漠不关心，无效的领导者根本无法完成工作；相反，不道德的领导者存在的问题是关于对与错的问题。凯勒曼指出："不道德的领导者可能工作有效，就像无效的领导者可能符合道德一样。"[①]"但是，不道德的领导者甚至不能对正派、良好的行为提出最基本的主张，因此领导过程会脱离正道。"[15]

---

① 换句话说，不道德的领导者有可能完成工作。——编者注

由服务型领导者领导的组织会抵制不道德的领导者。当愿景和价值观得到明确界定时，道德困境就不太可能出现。《内在的领导者》(*The Leader Within*)[16]的合著者德瑞·茨格米主张，当没有决策方针时，道德困境就存在了，这迫使个人依靠自己的价值观和信念。当组织已经明确制定了行为准则，并且个人必须自觉地决定遵循或违反这些准则时，就会出现道德困境。

如果组织预先建立了清晰的愿景和价值观，并且由服务型领导者带领，则组织将更加有效地运作。组织中出现不道德的领导者，通常是由于组织缺乏令人信服的愿景所提供的明确准则，从而造成了道德混淆。

服务型领导力也为无效领导者提供了一剂"解药"。假设一个不合格的人接受了领导职务，那么这个人有效完成工作需要些什么？最关键的是谦虚。真正的服务型领导者会表现出谦虚的诚意，会激发出领导者和他们所服务的人的最佳品质。因为服务型领导者拥有强大的自尊心，所以他们愿意示弱或承认需要帮助。无论将他们置于什么位置，他们都可以向自己的员工求助。

我们的公司中就有一个很好的例子。由于领导危机，我们需要内部员工黛比·布兰佳（Debbie Blanchard）接管销售部的工作。她唯一的销售经验是在大学暑假期间在诺德斯特龙公司工作。当她第一次与销售人员会面时，其谦卑的态度就表现出来了。她告诉销售人员，自己要想发挥作用，就需要他们的帮助。她后来飞遍了全美国，与团队会面，了解他们的需求，并弄清楚自己可以如何帮助他们。销售人员伸出援手帮助这个谦卑的新人，以确保她掌握有用的知识。在黛比的领导下，销售部在那一年的销售额创造了公司历史上的最高销售纪录，远远超过了其年度目标。

**服务型领导者会提供更好的服务**。服务型领导者领导的组织更有可能更好地照顾他们的客户。正如我们指出的，如果你今天不照顾客户，那么会有人乐意随时效劳。再说一次，你的竞争对手唯一无法窃取的是你的员工与客户之间的关系。在服务型领导者的领导下，这些关系确实可以发展良好，因为离客户最近的人们被赋予了像鹰一样飞翔的能力，而不会像鸭子一样嘎嘎乱叫。正如我们在第17章中指出的那样，美国西南航空和丽思卡尔顿酒店创造的出色的客户服务体验是服务型领导力的直接结果。像赫布·凯莱赫和霍斯特·舒尔茨这样的领导者也成立了这样的组织。他们让所有人（包括一线员工）都有能力做出决策、开动脑筋，并成为可以实现高质量客户服务愿景的服务型领导者。

**服务型领导力有助于建立一个高绩效的组织。**在第1章中讨论HPO SCORES®模型时我们说过，如果要成为一个高绩效的组织，领导力就是引擎。我们想要的领导力是服务型领导力。在HPO SCORES®模型中，最能代表服务型领导力的一个要素是"共享权力与高度参与"。这意味着与员工齐头并进的是非自利式领导者。

成为服务型领导者就是为了友善而友善吗？不是的，因为它确实行得通。践行"共享权力与高度参与"会通过生产力、员工保留率和员工满意度极大地影响财务业绩。通过美国劳工部的数据和对来自不同行业的1 500多家公司的调查，休斯里德和贝克尔发现，参与性实践显著提升了员工保留率和财务绩效，并提高了生产力。事实上，他们有足够的信心量化参与性实践的财务影响。可以说，在使用参与式实践的条件下，每个标准变量都会使公司的市值增加35 000 ~ 78 000美元。[17]

高绩效组织中的服务型领导者明白，应该让最靠近行动、与客户直接相关的一线人员去做日常的决策。让员工参与影响他们行事的决策，可以减轻员工的压力，并创造更健康、更快乐的员工队伍。参与决策可以提高员工的主人翁意识、投入度和工作有效性。

例如，查普洛钢铁公司不设质量检查员岗位。工人对他们生产的产品和产品质量全权负责。有了决策的权力和责任，他们就可以按照预期的方式行事，成为真正的主人翁。

高绩效组织中的服务型领导者在制定具备复杂性与战略性的决策中，会倾听各级人员和多领域的业务人员的意见。研究表明，当需要做出承诺的人参与制订计划时，决策和行动计划会更有效。[18] 在质量、数量和实施方面的效能都得到提高的决策，通常是由团队做出的，每个参与者都会参与讨论、彼此启发、集思广益、迅速反应，获得"集体智慧"。W.L. 戈尔（W.L. Gore）公司的口号是"承诺，授权和创新"，他们认识到人际关系的重要性。公司甚至竭力限制其生产设施的规模，为的是防止员工之间失去紧密联系。如果不得不扩大规模，那么他们宁愿修建一个新的工厂，而不是盲目地扩大旧工厂的规模。

高绩效的组织并不依靠少数几个业务尖子来指导，而是会帮助大多数员工培养领导力。这赋予了员工自我管理、主人翁精神和按需迅速行动的权力。将决策权赋予最接近行动的人是一种赋能的实践。高绩效组织中的服务型领导者创造了人们可以自由选择自我赋能的环境。

服务型领导者与自利式领导者想法不同。如果领导者不相信只要给予员工适当的培训、信息和机遇，员工就可以负责任地管理权力和决策，那么就不可能分享权力。如果没有所有人的参与，就不可能建立高度参与的文化。

高绩效组织中的服务型领导者会赞赏并利用文化多样性、风格多样性、社会多样性、种族多样性、宗教多样性和年龄多样性。他们意识到，有效的决策、解决问题的能力和创新来自不同的观点。

**服务型领导者会带来更多的成功和意义。**大多数人在人生后半程都希望从追求成功转向追求意义，从追求获得转向追求给予。[19] 由服务型领导者领导的组织更有可能创造一种氛围，从而使各级人员都可以同时体验到成功和意义。

今天，太多的领导者只专注于成功，认为成功仅取决于积累了多少财富、获得多少认可以及他们拥有多么高的地位。只要你不将这些事物视为自身的象征，这些事物本身并没有错。你也可以做出另一种选择，在从追求成功走向追求意义的过程中，我们希望你专注于每件事的反面。积累财富的反面是什么？是慷慨利用你的时间、才能、财富和善良（伸出援手支持他人）。赞誉的反面是什么？是服务。权力和地位的反面呢？是亲密的人际关系。

多年来我们发现，当你仅专注于追求成功时，你就永远找不到追求的意义，这是自利式领导者的问题所在——他们永远找不到出路。相反，如果你专注于追求意义，即专注于慷慨、服务和友爱的人际关系，那么你会为一路获得的成就而感到惊讶。以特蕾莎修女为例，她对财富、知名度和地位毫不关心，她一生专注于追求意义。结果怎样呢？成功找上门来：她的事业得到了巨大的经济支持；她的个人声誉良好且举世闻名；无论走到哪里，她都享有最高的地位。她是终极的服务型领导者。如果你首先关注追求意义，那么你就会将重点放在人的身上。以人为本，成功和业绩将随之而来。

几年前，在华盛顿州斯波坎举行的特殊奥林匹克运动会上，百米冲刺期间发生了一个令人惊讶而有意义的故事。9 名参赛者当时正在焦急地等待着发令枪声。当枪声终于响起时，9 名参赛者虽然身有残疾，但都竭尽全力冲向终点线。在大约 1/3 赛道处，一个男孩跌倒了，他试图站起来，但又跌倒了，他躺在赛道上绝望地哭泣。其他 6 名选手此时正继续冲向终点线并可能取得胜利。而另外两名年轻人在听到对手的哭声后停下脚步，转身朝倒下的竞争对手跑过去，并帮助他站起来。3 个男孩牵着手沿着赛道走着，并在其他人完成比赛之后很长一段时间后一起越过终点线。观众们为此感到惊讶，在意识到发生了什么事之后，观众们不约而同地站起来向这几位年轻人鼓掌，而且掌声比他们给予比赛获胜者的掌声更为响亮。

生活其实就是我们彼此互动时所做出的选择。我们可以选择服务自己或服务他人。比赛中的大多数年轻人都选择专注于自己的成功（胜利），但是有两位年轻人抛弃了自己的梦想，转而为他人服务。人群的反应之所以如此热烈，是因为我们都渴望取得更高水平的成就，而这些年轻人示范了这样的精神，做出了不同的选择，他们是真正的服务型领导者。

我们希望你像那两位年轻人一样做出这些选择。生活不断为领导者提供选择爱和互相服务的机会。曾经有人对玛吉·布兰佳说："你与肯一起生活了50 多年。你认为领导力到底是什么？"她说：

**领导力不是关于爱，它就是爱。**

她继续说道："领导力就是爱你的使命，爱你的员工，爱你的客户，还有足够爱你自己。这样，你才能给别人让路，成就他们的辉煌。"

这就是玛吉关于领导力的观点。你的观点是什么呢？在下一章中，我们将帮助你解决这一问题。

# 第 19 章

# 明确你的领导力观点

玛吉·布兰佳　帕特·茨格米　肯·布兰佳

好的，你已经听我们说了不少。在本书中，我们与你分享了我们关于领导力的观点，即我们对领导力的信念和价值观。本书作者的核心信念是，作为领导者，我们需要专注于为他人服务，而不是享受服务。在每一章中，我们都向你提出了挑战——获得高境界领导力，以便让你激励你所领导的人们做到最好。

现在轮到你了。本章的目的是帮助你发展自己关于领导力的观点，这不仅可以帮助你阐明对领导力的看法，还可以帮助你与他人分享自己对于领导力的观点。从本质上讲，关于领导力的观点描绘的是今天和未来的画面，在此画面中，你作为领导者的价值观、言语和行为之间保持一致。你可以称之为"关于你的课程"！

为什么为领导力确立清晰的观点很重要？肯·布兰佳读了诺埃尔·蒂奇（Noel Tichy）的著作《领导力引擎》（*The Leadship Engine*）后得到了这个想法。诺埃尔广泛的研究表明，富有成效的领导者具有清晰的、可传授的关于领导力的观点，并愿意与一起工作的同事们分享。[1] 关于领导力的观点会教会人们理解对自己和他人的期望，这有助于你和组织一起获得成功。

建立关于领导力的观点的工作已经成为肯·布兰佳公司和圣迭戈大

学商学院共同提供的高管领导力理学硕士（Master of Science in Executive Leadship，MSEL）课程中的一门课。肯和玛吉·布兰佳（教授课程的导师）发现，如果你反思、写下并分享你关于领导力的观点，人们对领导力的目标就会有更清晰的了解。写下你对领导力的观点，可以使你深入思考自己的领导力"遗产"，以及你希望如何作为领导者被看到和被记住。反思本身可能不会改变你与组织成员之间的日常互动，但会改变你的目标，可以帮助你找到比尔·乔治（Bill George）所说的"真北"[1]——可以作为领导者用来使自己的行动与价值观保持一致的指南。

## 领导力观点的关键要素

在反思和写下你关于领导力的观点时，你需要做以下几件事。

- 找出塑造和影响你关于领导力的观点的关键人物和事件。
- 描述你的领导力价值观。
- 分享你对自己和他人的期望。

### 关键人物

在确定关键人物时，请你考虑生活中对你产生积极（或在某些情况下为消极）影响的因素，并自问以下问题。

- 谁指导过你？谁教诲过你？谁启发过你？谁帮助你相信自己的力量？
- 对于这些关键人物，你钦佩或不钦佩什么？

- 你从每一个塑造你领导行为的人那里学到了什么？

当被问到"谁对你们的生活影响最大"时，人们通常会首先提到与之共事的领导者。但是过了一段时间，人们就开始谈论父母、祖父母、朋友、教练和老师。当问到肯·布兰佳一生中的关键人物是谁时，他很快提到了他的父母。

"我妈妈是一位积极的思想家。她告诉所有人说，我在会哭之前就会笑了，在皱眉之前就会微笑了，在走路之前就会跳舞了。在这种说法的影响下，除了是一个积极的思想家，我怎么可能成为其他样子呢？此外，妈妈还帮助我正确地认识事物。她说：'肯，你别表现得好像总比别人强，但也不要好像比别人差。记住，每个人都有一颗向善之心。'

"我父亲是一位职业海军军官，退休时是海军上将。他是我身边强有力的领导榜样。他不认为发挥领导力就是要在团队成员和经营成果之间做出选择。我从他那里明白了领导力是一种'兼而有之'的关系——对他来说，团队成员和经营成果都很重要。他告诉我，依赖职位权力和'不听我的就滚蛋'不算什么领导方法。我永远都不会忘记我在七年级时因为当选班长而兴奋地跑回家后的场景，爸爸说，'很好，肯，你是班长了。你有了职位赋予的权力，但是不要用它。伟大的领导者并不是因为他们的领导地位或权力被追随的，而是因为他们被人尊重和信任。'他一贯支持并包容下属，但在他们的表现方面要求也是很高的。

"我从爸爸妈妈那里学到的一点一滴使我对生活和他人都抱着积极的看法。"

到这里，你应当明白了为什么在建立关于领导力的观点时，考虑谁影响了你的生活以及你自己对领导力的信念是一个很好的着手方法。

## 关键事件

找出生活中的关键事件（无论发生于童年、学生时代，还是职业早期），请考虑对你影响最大的事件，并问自己以下这些问题。

- 你还记得哪些事件就像在昨日发生的一样？

- 你人生的转折点是什么事情？

- 过去的哪些经历为你担任领导角色奠定了基础？

- 你从每一次经历中学到了什么？

当问到人们生活中对其影响最大的关键事件时，他们通常关注重要的里程碑事件。

最主要的转变是什么？命运之门在哪里？也就是在那一刻，你决定选择一条路，而不是另一条路。正如罗伯特·弗罗斯特（Robert Frost）所说的那样，"那使一切变得截然不同"。在选择影响自己人生的关键事件时，帕特·茨格米通过分享她关于领导力的观点讲述这件事。

"我的正义价值观受到民权运动、妇女权利和平等机会运动的影响，使我终生为之努力。我总是想让弱者获胜，希望人们相信他们潜力无限。只要有机会，我就会对偏见提出挑战。在大学里，作为南方女学生联合会的代表，我到一个全国大会抗议他们将非洲裔美国人排除在联合会之外。第二年秋天，我们坚决吸纳了一名非洲裔美国女生。1986年，我说服所在的布兰佳公司让我带着婴儿一起工作，我们称之为'带娃上班'（或更确切地说，是'无限的工作！'）。我不想在对孩子的热情和对工作的热情之间进行选择，也不想让别人为我选择。我相信，我知道什么对我而言是对的。我一直钦佩崇尚平等与正义的先锋人物，钦佩在我的父亲身上所体现出的慷慨大方的精神，我将其视为正义的一部分。"

有些人将关键事件与影响他们关于领导力的观点的关键人员结合在一起。例如，我们的一位同事这样写道：

"关于我生命中的关键事件和关键人物，我能给你带来的最好的故事就是这个。八年级的时候，我申请了年鉴委员会的工作。当时我的处境很艰难，我得到了老师们的同情和爱护。但是，当老师最终没有让我参加年鉴委员会的工作时，我感到非常震惊。我去找爸爸寻求安慰。当我哭泣时，他抱着我，我说：'肯定因为我是非洲裔美国人。'父亲镇静而实事求是地说：

'不，是因为你还不够好。你没有付出努力去实现自己的目标。总之，这是你的错。你没有优先考虑这个目标，现在你将不能进入年鉴委员会。'当我坐在父亲的膝盖上时，我学到了重要的一课：成功取决于你为实现目标而付出的努力。卓越的人不会为失败找借口。"

反思你生活中的关键人物和事件，可以为确定你关于领导力的观点提供条件：确定和定义你的价值观。

## 价值观

你持有的价值观将决定你作为领导者的行为方式。因此，价值观是你关于领导力的观点的重要组成部分。

价值观是你强烈感受到的核心信念。有人说：

**生活中最重要的事情是决定什么才是最重要的事情。**

生活中的关键人物和关键事件促使你形成了自己的价值观，这也是人们没有相同的价值观的原因。

以下是个人价值观的清单。在查看时，你可能会发现你最重视其中的大部分或全部，这就是为什么我们必须花一些时间来思考：对我们来说，什么才是真正最重要的。如果此处未列出你认为很重要的价值观，请随时添加。

| | |
|---|---|
| 真理 | 智慧 |
| 权力 | 承诺 |
| 勇气 | 赞誉 |
| 兴奋 | 学习 |
| 创造力 | 诚实 |
| 幸福 | 创意 |
| 服务 | 尊重 |
| 自由 | 秩序 |
| 诚信 | 灵性 |
| 和平 | 合作 |
| 忠诚 | 幽默 |
| 安全 | 资源 |
| 爱 | 卓越 |
| 乐趣 | 同情 |
| 人际关系 | 成功 |

在确定你的价值观时，你可以从一长串清单中开始选择。首先选择10～12项，然后开始减少选项。将每个价值观与其他价值观做对比，看看

是否可以挑选出 3 ～ 5 个最重要的价值观。你可能想回顾一下生活中的关键人物和关键事件，并思考这些故事所反映的价值观。如果你在选出最重要的价值观方面有困难，那么可以合并几项。例如，肯用两个词组合创造了"精神和平"作为他最重要的价值观，接着是"诚信""爱"和"成功"。

请记住，选择对你个人而言最重要的价值观，而不是你认为会让你看起来不错的那些价值观。

澄清价值观的下一步是定义它们。为了使你的行动能够与价值观保持一致，你必须能够解释该价值观对你的意义。例如，我们以"正义"的价值观为例。帕特记得一次对话，其中 3 个人对这个价值观的定义都不同。对帕特来说，正义意味着机会均等。对第二个人来说，它意味着公平的程序。对第三个人来说，它意味着"得到我应有的那份"。

除非生活中的人们确切地理解每个价值观的含义，否则价值观对他们来说意义不大。对于诸如"正义"之类的词，他们可以有很多种定义。

例如，让我们看看具有多重含义的价值观——"爱"。肯通过描述他的感觉以及向他人表达的方式定义这个价值观。下面是肯的说法。

> 我珍视爱。我知道，每当我感到对自己和他人的爱，每当我表达同情心，向别人表达爱意以及得到别人的爱时，我都在践行这个价值观。

下面是一位同事对"参与"这个价值观的描述。请在阅读时换位思考，你将看到分享"价值根源"的力量，为什么它如此重要，以及了解领导者如何定义它并希望它在日常互动中发挥作用的力量。请注意，价值观的定义如何开始影响"对自我和他人的期望"，这是关于领导力的观点表达的最后一部分。

　　我的下一个价值观是"参与"。当我们一家需要为妈妈的病做决定时，我了解到"参与感"对我来说的重要性。父亲确保了我的声音被听到、我的意见被重视，因为我一直想参与并影响那些会影响我的决策，我一直认为别人也希望参与其中并产生影响。当我领导时，我希望人们畅所欲言。对我而言，参与意味着建立伙伴关系，我们同舟共济。在我必须做出的每一个有意义的决定中，我都希望让受影响最多的人参与进来，确保我们在决策上意见一致。我承诺必要时我会做出艰难的决定，但我也要先听大家怎么说。我希望与我一起工作的人能说出他们的想法，并确保他们的声音被听到。

以下是帕特5个价值观中的3个，你可以由此了解扩展价值观定义的含义。

　　我非常重视"能力和创造力"。这意味着我非常欣赏那些对所做的事情非常精通的人，无论他们做什么。无论运动员、音乐家、厨师、艺术家、教练还是商业领导者，我都钦佩那些拥有精湛技艺、工匠精神和高超技巧的人。我尊重那些在工作上有才能的人，这通常意味着他们能不断地钻研并重塑自己的专业领域。

　　我重视"灵活性"，我将其定义为适应性、多功能性和韧性——随机应变的能力、面对新事物获得新知识的能力。灵活性还包括勇于尝试。我一直专注于尝试扩大人们的视野，并帮助他们找到尝试新事物的勇气。灵活性这个词让我想到的另一个画面是"灵动如柳"。柳树拥有内在的力量，但它总是弯着腰，随风摇曳，处于动态平衡。灵活性意味着拥有好奇心和开放的态度，这与刚性恰恰相反。当我愿意改变时，当我考虑备选方案时，当我懂得通往同一目标有多条道路时，我就处于最佳的状态。

我的另一个价值观是"快乐"。最了解我的人总是欣赏我的"喜悦"，他们甚至能从我的紧张状态中瞥见这一点。我认为喜悦意味着表现力。我的脸就是一本打开的书，你看着我的脸就知道我在想什么。我喜欢喜悦的感觉，它代表着我的温暖，这就是为什么我如此热爱圣诞节，因为它可以带来喜悦……我可以按照古老的家庭食谱制作美食，用珍贵的物品装饰圣诞树，尊重古老的传统或创造新的传统，找到合适的礼物，慷慨地分享食物和创造回忆。我一直擅长创造包含奇迹、欣赏、笑声和温柔元素在内的回忆。对我而言，喜悦的根源在于乐观。我从来不相信事情不会变得最好。

听了以上示例之后，我们现在准备好进入关于领导力观点的第三部分：对自己和他人的期望。

## 对自己和他人的期望

澄清对自己和他人的期望是制定关于领导力的观点的最后一步。这些期望应该自然而然地来自影响你的价值观的关键人物和事件。你的期望就是关于领导力的观点的本质。与他人分享你关于领导力的观点时，他们可能会爱听你讲述自己的故事，但是他们真正想知道的，是如何可以更轻松地与你合作共事。

### 你对自己的期望

让我们看看肯分享的他对自己的一些期望。

我相信，作为你们的经理，我的职责是帮助你们成为赢家，帮助你们实现目标。我希望你们都得"优"。如果按照自己的期望行事，我会为你们加油。如果你们的工作没有取得进展，那么我会提供指导或支持，或者以两者兼有的方式再指导你们的工作，帮助你们重回正轨。换句话说，你应当知道什么是"错误的答案"，以便我们讨论如何给出"正确的答案"。如果我不辜负自己对自己作为领导者的期望，我和你们所做的一切都将致力于帮助你们取得良好的业绩，并在这个过程中让你们自己感觉良好。

## 人们可以对你抱有什么期望

让人们知道可以对你抱有什么期望，这有助于强调优秀的领导力能构建一种伙伴关系，让人们了解与你一起工作时的样子。

例如，圣迭戈大学高管领导力理学课程的一名硕士生描述了人们可以对他抱有的期望。

我喜欢建造东西，知道这一点会帮助你了解可以对我有何期待。实际上，我会用构建的眼光看待许多不同的事物。我喜欢构建房子、构建家庭、构建业务，也喜欢"构建"和培养人才。我很喜欢主动帮忙构建很多东西，并且乐此不疲。因此，你可以期望我给你充裕的沟通时间。当你觉得我有必要听取反馈时，我会听你说，会通过问一些启发性问题帮你看到自身原本具备的资源和力量。

就在前一天，我注意到团队成员杰克熬夜工作，而且他看上去有些沮丧。当我问他怎么回事时，他说我们为新办公室准备的建筑许可证延迟下发，这将使整个项目被推迟。通过我们的交谈，他想到给另一个人打电话和解决问题的可行办法。其实，他心里一直都有答案，我只是帮他提出了几个启发性问题。

你关于领导力的观点还应当让其他人能知道你将如何为自己支持的价值观和行为树立榜样。大多数父母都知道，孩子从父母的行为中学习，而不是从父母的言语中学习，因此，父母必须言行一致。同样，领导者必须言行一致。

例如，高管领导力理学课程项目的另一位学生阐明了他将如何为自己的员工树立榜样。

> 大家都知道，大约 9 个月前，我开除了公司的销售冠军，因为他做出了不当的行为。他以为，因为自己是业绩最高的客户经理，所以没人敢惩罚他。但是，没有一个人（包括我在内）可以违反我们公司对员工所期望的道德标准。

## 你对员工的期望

因为我们相信富有成效的领导力能构建一种伙伴关系，并且富有成效的领导者会与团队成员并肩工作，所以你必须让你的下属知道你对他们的期望，这样，他们才会明白在你的领导下如何获得成功。

在分享你的期望时，你可以考虑说一个符合你期望的示例。真实的例子胜于雄辩。你可以用一两个例子说明谁做了哪些你期待的事情。

这是来自圣迭戈大学高管领导力理学课程项目的一名学生的示例。请注意，他如何特别关注一位满足人们对其道德行为期望的经理。

我对你的期望可以化成一句俗语，也是一个黄金法则：你希望别人怎样对待你，你就应怎样对待别人。我这么说是什么意思呢？我期望所有人在所做的每一件事上都要讲道德。你会有很多机会可以走捷径，做一些带来短期收益的事情，大量的商业案例多年来已经证明这可能是灾难性的选择。我希望你们在这个问题上站得住脚，不要让任何人认为你可以容忍欺诈或不道德的行为。你管理着数百名员工，尽管他们可能都不怎么了解你，但他们需要知道诚信对你而言有多么重要。例如，露丝，我喜欢你在你的部门中不断问"我们是在做正确的事吗"这个问题的方式。

## 形成你自己的领导力观点

现在，你可以创建自己关于领导力的观点了。

第一，不要在一夜之间就塑造出所谓的关于领导力的观点。你需要投入大量的时间思考关键人物、关键事件和你的价值观。因此，你需要沉下心来反思。

第二，你要写下或记录下你的想法，最好用故事的形式表达这些想法。相比一张关于高效领导原则的长清单，故事更能让人们记忆深刻并产生反应。故事能使你个性丰满，并让人们找到他们与你的共同点。故事可以帮助下属明白，为什么你会采取这样的领导风格。人们在知道你的故事后，就可以更轻松地理解你的意图。请记住，故事要有开头、中间和结尾；要确保故事包括细节，让关键人物和事件生动起来。同时，指出你在每个故事中学到的领导能力也很重要，这些学习示例可以体现你的价值观。

在撰写或记录你的价值观时，请确保足够清晰地定义那些价值观（如我们之前所讨论的那样），以便人们确切地了解其内在含义。

第三，拟定草稿后，请考虑和自己的教练或信任的某些人做个测试。请他们分享一些反馈，问他们一些问题。例如，对于你的价值观，他们有哪些共鸣、洞见或困惑？需要打磨哪里才能使故事讲述更具吸引力？教练或同事们是否认为你清楚地阐释了自己的价值观，以及你期望这些价值观如何在与团队和同事的互动中发挥作用？

第四，听取并评估你得到的反馈，坐下来再次重写。你应该考虑哪种方法最适合你。实际上，如何展示自己关于领导力的观点这方面并没有严格的规定。

- 有些人从简历开始突出关键人物和关键事件，然后从分享的故事中提炼他们关于领导力的价值观、对自己以及对他人的期望。
- 另一些人首先分享他们的价值观，然后展示关键人物和关键事件如何帮助他们形成了这些价值观。
- 有些人从对自己和他人的期望开始展示，然后分享他们的价值观。这些价值观植根于那些关键人物、关键事件的故事中。

对于表达关于领导力的观点，我们强烈建议你将长篇大论转换为简要提纲。这会使你的展示显得不那么正式，也更容易与他人进行对话，你也会发自内心地将故事讲出来。但是你也可以直接读出来，因为关于领导力观点的展示不一定是关于富有成效的领导者的演讲，而是一场深刻的个人表达。将观点写出来可以为你提供一种安全感，有助于你在展示的过程中得心应手地发挥。

在本章中，我们为你提供了一些关键人物、关键事件或价值观的描述示例。现在，我们要分享几个完整的关于领导力的观点的示例。

首先是关于领导力的观点的展示。称其为"展示"，是因为主人公与同事们做了介绍／分享。我们强烈建议你也这样做，因为虽然关于领导力的观点是由你提出的，但你不是为了你而提出的，而是为了你的员工而提出的，从而帮助他们与你更高效地合作。

请注意，在以下示例中，领导者设置了前提，解释了为什么她要分享自己关于领导力的观点。

你们都知道我参加了领导力方面的硕士学位课程，这使我不得不思考自己的背景、价值观以及什么样的经历成就了今天的我。我想与大家分享在我目前的人生经历中对我最有影响力的一些事件，希望这能帮助我们更好地开展团队合作，并且向你们阐明我作为教练、同事和合作者的期望。

有些同事可能了解我的背景。我是独生女，我的父母在高中时是一对情侣，后来他们结婚了，结婚几年后我就出生了。此后不久，父亲的工作发生调动，我们不得不远离了家庭的舒适感和亲密的友谊。搬家后，父母的婚姻关系开始变得糟糕，母亲开始变得沮丧。虽然父母没有吵架，但即使是一个小孩，也能感受到那种悲伤。当时的我明白了我的生存之道就是成为一个"好女孩"。

我会尽我所能不惹麻烦，不给他们造成更多的痛苦，所以我从小就学会了避免冲突和压抑自己的情感需求。我敢肯定，你们都记得"白雪公主和毒苹果"的童话故事——邪恶女王送给白雪公主一个毒苹果，想让她不再醒来。我的人生故事中没有邪恶的女王，只有我给自己喂了一口"毒苹果"，然后慢慢地让自己变得冷漠，并让自己"入睡"。

我年轻时就知道要想尽办法确保自己的生存。我需要成为一个成年人，需要安抚母亲并使一切都还过得去，所以我又咬了一口"毒苹果"。母亲离婚后，我和母亲还有她的男友三人一起生活。母亲的男友并不喜欢孩子（所以我遭到了两次不同的打击）。9 岁那年，我的母亲再婚并离开了乡下，于是，我去和父亲一起生活，父亲当时也正在重组家庭。在父亲结婚的前 9 个月，我在父亲家、他女友家和祖父母家之间穿梭。父亲再婚时，我加入了拥有 3 个继姊妹的新家庭。彼时，我已经非常擅长扮演一个好女孩，这意味着我没有对母亲的离去和加入新家庭产生恐惧，或者对任何人都不重视我的感觉表达过愤怒。遗憾的是我又咬了一口"毒苹果"。

避免情绪冲突，并试图通过成为别人期待的我取悦他人，这种模式在我成年后继续存在。我嫁给了一个品行尚可的男人，但他不太会沟通和处理冲突。他经常把冲突扯到个人层面上，并且会无视我的存在，一旦在生活中遇到不好的事情就责怪我。对此，我又多咬了一口"毒苹果"，直到我发现自己麻木了，过着梦游般的生活，但是现在我还拖着两个十几岁的女儿。我不确定是什么原因导致我醒来了……我的"白马王子"在故事的后面出现了，也许是生活的吻唤醒了我。

虽然我已经把孩子放在最重要的位置，但是我没能为她们树立健康、幸福的生活和相爱婚姻的榜样。最终，我离婚了（25 年后）。我仍然不确定当时的我为何有勇气那样做，但是我相信过上充实生活的愿望帮助我克服了停滞和恐惧。我正在学到的是，我需要将自己的内心与思想联系起来，并注意自己的需求、梦想和欲望，我们总是有选择的余地。从对个人发展历程的反思中，我逐渐看清了价值观。

价值观 1——真实。对我而言，真实意味着我的思想、心脏、身体和灵魂都在朝着同一个方向努力。我仍在学习说出自己的感受，尤其是当我感到害怕和害怕自己会因为诚实而失去一段恋情时。我的期望是：当你不赞同或者觉得我在做错的决定时，你应该挑战我。

拉切尔（Rachelle），我对你面对冲突的能力感到敬畏。当你对我完成的工作评估感到不满意时，你会正面询问我。你这样做可以指导我为员工和公司带来更好的结果。

价值观 2——负责。对我而言，负责意味着无论是否喜欢，我们都要对自己负责。你的生活以及你做了什么，都取决于你自己。我们不是受害者。我们可以做出选择，并且必须不断选择对我们的生活承担责任。对我来说，这还意味着你需要采取必要的行动获得想要的结果——花时间照顾自己，例如疗伤（在需要时）、锻炼、休息和自我发展。

莎拉（Sarah），我非常感谢你与我分享了出差对你的生活产生的负面影响，你需要一些改变。我相信这对你来说很难，但是，你给了我一个机会找到对你和公司都适用的解决方案。

价值观 3——幽默。和别人一起大笑和玩乐对我来说很重要。我喜欢大笑，幽默可以帮助我应对（或缓解）紧张的局面。幽默还可以帮助我感到与所有人的联结，它提供了一种缓解压力的方法。我很高兴有机会弥补小时候错过的开心时光。

乔安妮（Joanne）和罗克珊（Roxanne），我们的"菲克斯小鸡"（Fixie Chicks）幽默故事太好笑了。对我来说，玩得开心不是可有可无的，而是我期望的。

这些是我为自己人生故事的后半场选择的价值观……真实、负责和幽默……现在虽然是人生后半场，但也是一个新起点。我遇到了一个很棒的人（也许是我的"白马王子"？）。在他面前，我可以真正地做自己，不必伪装。我正在学习说出自己的想法而不必担心遭到报复，而且我很开心。我正在旅途中前进，我希望你们能说出真实想法，以便我们可以共同学习并在旅途中成长。

我想在结尾处引用布琳·布朗（Brené Brown）的话："如果你是故事真正的主人公，你就能把握结局。"每个人都有自己的故事，我期待与你们分享这个勇敢的、新的结局。

完整体现领导力的观点的最后一个例子来自科琳·巴雷特。科琳是美国西南航空公司的荣誉退休总裁，曾获得数十项商业奖项和荣誉，包括托尼·詹努斯奖（Tony Jannus Award）、圣玛丽学院和大峡谷大学荣誉博士学位，并荣登《福布斯》杂志"全球 100 位最有影响力的女性"和《快公司》杂志前 50 名领导者榜单。她与肯·布兰佳合著的《以爱领导：开启真正成功的另一个制胜之道》（*Lead With LUV: A Different Way to Create Real Success*）一书清晰地表达了她关于领导力的观点。

## 我的背景

我是在贫困家庭中长大的孩子，有一个酗酒的父亲和一个爱孩子的母亲。母亲是对我的一生最有影响力的人。她没有接受过文化教育，没有收入，但心胸宽广。她的努力和果断为我树立了榜样，她也是一个伟大的人。尽管她实际上没有使用"伟大"这种字眼儿，但她示范了为人处世的黄金法则。她在生活方面的指导信条是，只要你尊重他人，以你希望别人待你的方式对待他人，你就会得到同等的回报。我的酒鬼父亲不是一个好榜样，但我也从他的身上学到了很多。无论是好老师还是坏老师，你都可以从他们那里学到东西。

## 我学到了什么

我在人生中遭受的一系列挫折也帮助我塑造了关于领导力的观点。当我还是一名高中新生时，我的家被烧毁了。之后，我患上了乳腺癌，并遭受了许多人身攻击，然而我还是幸存了下来。这些挑战教会我要思考自己人生的头等大事，而不是去评判别人，因为你永远不知道他们的生活发生了什么。

高中时发生的一件事情告诉我，为什么评判别人不好。我当时在一家纸业公司做前台接待，上司告诉我要尽量减少与那些看上去笨拙的运送纸张的卡车司机交往，因为她认为这些卡车司机"太危险，衣着太脏、态度太强硬"。但是在我家房子被烧毁之后，卡车司机们集资一起给我买了一件冬季外套，他们比上司更了解我。这段经历也教会我，要在人们度过艰难时刻时向他们伸出援手。因此，每当员工遇到火灾或与癌症做斗争时，我都会发送爱心包裹或慰问便条。

## 我的价值观

　　我的人生意义是为美好的事业而奋斗，为自己带来积极的改变。例如，对我而言，在美国西南航空公司的工作是一项事业，我们做了一些其他航空公司没有做过的事情。1971 年，在乘坐飞机出行还属于精英人群所享有的权利的时代，我们想向所有人开放坐飞机遨游蓝天的机会。我们相信乘坐飞机出行会很有趣。刚开始时，只有 13％的美国人定期搭乘飞机出行，而今天这个数字已经高达 97％。在晚上和周末，我们让人们以低票价乘坐飞机出行。我的价值观实际上反映了美国西南航空的价值观。我每天都想表现出服务者般的内心、勇士般的精神，展现有趣、有爱的态度。勇士精神的价值观体现在我对事业和人的热情中。

　　正如我所说的，妈妈对我的价值观产生了巨大的影响，尤其是她的辛勤工作和与人相处的哲学。妈妈鼓励我相信自己可以做任何事，让我相信在这个过程中我会有所作为。她相信，只要我努力工作，就能成为我想要的人。从她的身上，我学到了辛勤工作、果断、耐心和宽容的价值观。

　　我相信，在领导和激励人们时，你应该尊重他们，实践黄金法则，搁置评判，爱护别人。我也相信团队合作的力量，这转化为我渴望包容和平等的愿望。

## 你能从我的身上期望什么

　　我将遵循我们在美国西南航空公司的领导理念，为你树立榜样。这种领导理念是：善待你的员工，美好的事情将会发生。我将竭尽所能成为一名服务型领导者，确保你拥有一个美好而强大的工作环境，并获得完成工作所需要的全部工具。我会尽力确保你感到被关爱、被欣赏和被支持，这样你就可以与我们的乘客分享同样的热情、关怀和乐趣。

我想，如果你要与我的任何员工交谈，他们都会告诉你："她是一个注重效益的人，她总是会告诉你她的想法。无论你是否喜欢她的想法，你都会听得到。"这不会让我烦恼，因为我希望人们期待我那样做。我确实有几个昵称，其中之一是"妈妈"。我想员工知道我全力支持他们；我是他们最大的支持者；我信任他们，不评判他们，而这也是双向的。

## 我对你们的期望

"己所不欲，勿施于人。"我期待平等互利的关系。我们都应当在别人需要时给予奉献。

我从导师赫布·凯莱赫那里了解到平等互利关系的美好。当我还是一个年轻的秘书时，我们有一个必须发出的邮寄广告。然而不知道怎么回事，所有能出错的地方都出错了。我们必须在第二天将广告邮寄出去，但是打印机坏了，邮票也贴得也不对。所有的信封都必须塞满并重新打印——这么多的事情不可能只按一个按钮就搞定。当时是 20:00，我们必须重新开始。赫布和我一起坐下来，工作到第二天的凌晨 4:00。因为我们没有邮寄机，所以她坐在地板上粘信封并在上面贴邮票。我永远不会忘记这件事，他本可以认为邮寄出错是我的问题，但是他没有那样做，而是和我一起面对。对我来说，这是关于领导和激励他人的宝贵经验，也说明了与你领导的人们并肩工作的重要性。

我也期待公开交流。我不喜欢坏消息的惊吓。我喜欢提前听到坏消息，这样我们也许能提前解决问题。如果我没有提前听到，可能就无法解决问题。我希望你看到问题，做出明智的判断并提出解决方案。我相信绝对的真实。我想拥有激情。我希望你相信自己的所作所为并关心他人。

我希望所有决定都是发自服务者般的内心。毕竟，美国西南航空公司从事的就是客户服务工作，只是恰好提供了航空运输服务。因此，如果员工不想为他人服务，那么这样的员工虽然不是坏人，但是就不属于美国西南航空公司。例如，有些乘客因为没有钱，所以不得不在夜宿目的地之外的其他城市下飞机。我们有一些飞行员会为这些乘客支付酒店房费，他们不会问："这能行吗？我能得到报销吗？"飞行员这样做是因为他们就是那种人，他们慷慨坦荡、乐于助人。

## 成为更高境界的领导者

提出关于领导力的观点，这种做法的意义在于发现你的个性声音、个性特征，主张并分享你对领导力的独特见解。你讲故事的方式可能看起来与上述示例的方式很像，也可能完全不同。提出关于领导力的观点的目的是，思考和分享你希望人们如何体验你的领导方式，以便你们更加紧密地联系并且更加有效地工作。

在撰写本书时，我们竭尽全力为你提供过去40年来不断发展的关于领导力的观点。因此，在发展自己关于领导力的观点时，请不要苛求自己。这可能是你第一次考虑关于领导力和激励他人的信念。你随时可以将从本书中学到的任何想法融入其中。

这个世界需要更多更高境界的领导者。正如我们在引言中所说的，我们的梦想是：总有一天，每个人都将与拥有高境界领导力的领导者一起工作，自私自利的领导者将不再存在。有一天，为他人服务的领导者将成为大多数，而不是少数。

你可以成为改变世界并带来积极影响的领导者。我们期望你挺身而出，勇往直前！

# 注 释
NOTES

## 引言

1. Matt Hayes and Jeff Stevens, *The Heart of Business* (Bloomington, IN: Author House, 2005).

2. Robert Greenleaf, *Servant Leadership: A Journey into the Nature of Legitimate Power and Greatness*, 25th Anniversary Edition (New Jersey: Paulist Press, 2002).

## 第 1 章

1. Ken Blanchard and Don Shula, *Everyone's a Coach* (Grand Rapids, MI: Zondervan 1995).

2. 约翰·埃尔金顿（John Elkington）在其 1998 年的著作《带叉子的"食人族"》（*Cannibals with Forks*）中使用了"三重底线会计"（triple bottom line accounting）一词。我们对"四重绩效"的使用有着不同的关注点：在客户、员工、投资人和企业社会责任方面取得成功。

3. Ken Blanchard and Sheldon Bowles, *Raving Fans: A Revolutionary Approach to Customer Service* (New York: William Morrow, 1993).

4. For more information on the HPO SCORES® model and the research conducted, see "High Performing Organizations: SCORES®" by Don Carew, Fay

351

Kandarian, Eunice Parisi-Carew, and Jesse Stoner, Ken Blanchard Companies, 2001.

5. HPO SCORES® 测验是一项基于心理测量的、可靠的组织评估工具，具有很强的效度和可信度，可以为你的组织与高绩效组织的实践相似度提供反馈。HPO SCORES®Profile 由唐·卡鲁、费伊·坎达里安、尤妮斯·帕里西-卡鲁、杰西·斯托纳开发，由肯·布兰佳公司® 发行。

6. 对 HPO SCORES® 测验的补充。

## 第 2 章

1. Jesse Stoner, *Visionary Leadership, Management, and High Performing Work Units* (doctoral dissertation, University of Massachusetts, 1988).

2. Jesse Stoner and Drea Zigarmi, "From Vision to Reality" (Escondido, CA: The Ken Blanchard Companies®, 1993). The elements of a compelling vision were also described by Stoner in"Realizing Your Vision" (Provo, UT: *Executive Excellence*, 1990).

3. Charles Garfield and Hal Bennett, *Peak Performance: Mental Training Techniques of the World's Greatest Athletes* (New York: Warner Books, 1989).

4. Ken Blanchard and Michael O'Connor, *Managing by Values*(San Francisco: Berrett-Koehler, 1997).

5. 福特汽车公司的文件显示，公司高管有数据表明，在福特汽车公司建议的胎压下，探险者越野车上安装的火石轮胎在高速行驶过程中的安全性几近全无。这些文件是国会调查员在第三轮国会听证会之前发布的一系列文件的一部分，听证会调查了福特和普利司通 / 火石公司处理轮胎故障的方法。

6. Jim Collins and Jerry Porras, *Built to Last: Successful Habits of Visionary Companies* (New York: HarperCollins, 1994).

7. 沃伦·本尼斯（Warren Bennis）于 1985 年在《领导者：成功谋略》

（*Leaders: The Strategies for Taking Charge*），以及库泽斯和波斯纳（Kouzes and Posner）在《领导力挑战》（*The Leadership Challenge*）一书中提及的有关研究。

8. *New York Times*, August 2, 1995.

9. Ken Blanchard and Jesse Stoner, *Full Steam Ahead: Unleash the Power of Vision in Your Work and Your Life* (San Francisco: Berrett-Koehler, 2003).

## 第 3 章

1. 2002 年《萨班斯—奥克斯利法案》是美国联邦法律，又称 2002 年《上市公司会计改革和投资者保护法》，通常称为 SOX 或 SarbOx。

2. Edward Lawler, *Creating High Performance Organizations:Practices and Results of Employee Involvement and Total Quality Management* (San Francisco: Jossey-Bass, 1995).

3. 在最近一项严谨的研究中，S. R. 希尔弗（S. R. Silver）调查了 50 个应用研究工程师团队的组织赋能与团队 "硬" 绩效度量之间的关系。研究发现，组织赋能对团队绩效的质量、时效性和财务结果具有积极的影响。

S.R. Silver, "Perceptions of Empowerment in Engineering Workgroups: The Linkage to Transformational Leadership and Performance," unpublished doctoral dissertation, 1999, Washington, D.C., George Washington University.

在一项极为严谨的研究中，S. E. 西伯特（S.E. Siebert）、S. R. 希尔弗和 W. A. 伦道夫（W.A. Randolph）分析了某《财富》100 强高科技办公和印刷设备制造商一个部门 50 个工作团队中 375 名员工的数据，证实了赋能氛围能在经理对工作单位绩效和工作满意度的评分过程中产生积极的影响。

S.E. Siebert, S.R. Silver, and W.A. Randolph, "Taking Empowerment to the Next Level: A Multiple-Level Model of Empowerment, Performance, and Satisfaction," *Academy of Management Journal* 47 (2004).

4. T. W. Malone, "Is Empowerment Just a Fad? Control, Decision Making, and IT," *Sloan Management Review*, Winter (1997): 23–35.

5. Ken Blanchard, John Carlos, and Alan Randolph, *Empowerment Takes More Than a Minute* (San Francisco: Berrett-Koehler, 1996).

6. 见第 1 章中关于 HPO SCORES® 模型的描述。

7. Jim Harris, "Five Principles to Revitalize Employee Loyalty and Commitment," R&D Innovator 5, No. 8 (August 1996).

8. Thomas H. Davenport and Laurence Prusak, *Working Knowledge* (Boston: Harvard Business School Press, 2000).

9. Jim Harris, Ibid.

10. Ken Blanchard, Alan Randolph, and Peter Grazier, *Go Team: Take Your Team to the Next Level* (San Francisco: Berrett-Koehler, 2005).

11. Ken Blanchard, Jim Ballard, and Fred Finch, *Customer Mania!: It's Never Too Late to Build a Customer-Focused Company* (New York: Simon & Schuster/ Free Press, 2004).

12. 2000 年，在布兰佳公司的客户会议上，两位轮班组长——巴尼·邦内尔和马塞利娜·吉列姆（Barney Bunnell and Marcelina Gilliam）与唐·卡鲁共同讲述了这个故事，赢得了大家热烈的鼓掌。

## 第 4 章

1. 肯·布兰佳、德瑞·茨格米、帕特·茨格米共同撰写的《领导力与一分钟经理人》（*Leadership and the One Minute Manager*），以寓言的形式展示了布兰佳 SLII® 领导力模型，使世界各地的经理人都可以轻松地了解它。

Susan Fowler and Laurie Hawkins championed Self Leadership; and Drea Zigarmi, Pat Zigarmi, and Judd Hoekstra focused energy on organizational leadership.

2. 源自"领导行为分析 II"（Leadership Behavior Analysis II, LBAII）模型。该工具旨在衡量自我和他人对领导者灵活性的看法以及领导者在选择合适的领导风格时的效能。

Drea Zigarmi, Carl Edeburn, and Ken Blanchard, *Getting to Know the LBAII: Research, Validity, and Reliability of the Self and Other Forms*, 4th Edition (Escondido, CA: The Ken Blanchard Companies®, 1997).

3. 当唐·卡鲁、尤妮斯·帕里西 - 卡鲁制订团队领导力计划时，初始版布兰佳 SLII® 领导力模型的应用得到了改进。苏珊·福勒和劳里·霍金斯（Laurie Hawkins）积极拥护"自我领导力"；德瑞·茨格米、帕特·茨格米和贾德·胡克斯特拉则尤为关注"组织领导力"。

## 第 5 章

1. Marques-Quinterio and Curral, "Goal Orientation and Work Role Performance: Predicting Adaptive and Proactive Work Role Performance Through Self-Leadership Strategies," *The Journal of Psychology* (2012).

2. 参阅第 1 章中的 HPO SCORES® 模型。

3. Ken Blanchard, Jim Ballard, and Fred Finch, *Customer Mania!: It's Never Too Late to Build a Customer Focused Company* (New York: Simon & Schuster/ Free Press, 2004).

4. Jim Belasco and Ralph Stayer, *Flight of the Buffalo: Soaring to Excellence, Learning to Let Employees Lead* (New York: Warner Books, 1994).

5. Robert Slater, *The New GE: How Jack Welch Revived an American Institution* (New York: McGraw-Hill, 1993).

6. 基于自我领导计划。这个计划旨在帮助下属和其他同事获得 SLII® 领导力技能。

7. Ken Blanchard, Susan Fowler, and Laurence Hawkins, *Self Leadership and The One Minute Manager* (New York: William Morrow, 2004).

8. Baltasar Gracian, *The Art of Worldly Wisdom*, 1647.

## 第 6 章

1. Ken Blanchard and Garry Ridge, *Helping People Win at Work: A Business Philosophy Called "Don't Mark My Paper, Help Me Get an A"* (Upper Saddle River, NJ: Pearson-Prentice Hall, 2009).

2. Jim Belasco and Ralph Stayer, *Flight of the Buffalo: Soaring to Excellence, Learning to Let Employees Lead* (New York: Warner Books, 1994).

3. 在互联网上搜索"处理绩效问题"，你就可以很好地了解文献和培训计划的内容。

4. Marjorie Blanchard and Garry Demarest, *One on One Conversations* (Escondido, CA: The Ken Blanchard Companies®, 2000).

## 第 7 章

1. Ken Blanchard and Spencer Johnson, *The One Minute Manager* (New York: William Morrow, 1982 and 2003).

2. E. A. Locke and G. P. Latham, *Goal Setting: A Motivational Tool That Works* (New Jersey: Prentice Hall, 1984).

Gary P. Latham, "The Motivational Benefits of Goal Setting" (New York: *Academy of Management Executive*, 2004, Vol. 18, No. 4, pp. 126–129).

Stephan Kerr and Landauer Steffen, "Using Stretch Goals to Promote Organizational Effectiveness and Personal Growth" (New York: *Academy of Management Executive*, 2004, Vol. 18, No. 4, pp. 134–138).

3. Scott Meyers, *Every Employee a Manager* (New York: McGraw-Hill, 1970).

4. Gerard Seijts and Gary Latham, "Learning Versus Performance Goals: When Should Each Be Used?" (New York: *Academy of Management Executive*, 2004, Vol. 18, No. 4, pp. 124–131).

5. David McClelland, J. W. Atkinson, R. A. Clark, and E. L. Lowell, *The Achievement Motive* (Princeton: Van Nostrand, 1953).

6. "走动式管理"（Management by Wandering Around）是 20 世纪 70 年代惠普公司高管们提出的管理方法。它在汤姆·彼得斯（Tom Peters）和罗伯特·沃特曼（Robert Waterman）于 20 世纪 80 年代初出版的《追求卓越》（*In Search of Excellence*）一书中得到了普及。他们的研究表明，美国最成功的公司的经理与客户和工作人员会保持密切的联系。他们参与而不是孤立于公司的日常工作。

7. Ken Blanchard and Margret McBride, *The Fourth Secret of the One Minute Manager: A Powerful Way to Make Things Better* (New York: William Morrow, 2008). William Morrow originally published this book in 2003 as *The One Minute Apology*.

## 第 8 章

1. "Employee Trust & Workplace Performance," *Journal of Economic Behavior and Organization*, Vol. 116, August 2015, pp. 361–378.

2. "Americans Still Lack Trust in Company Management Post Recession,", July 8, 2011.

3. Ken Blanchard, Cynthia Olmstead, and Martha Lawrence, *Trust Works: Four Keys to Building Lasting Relationships* (New York: William Morrow, 2013).

## 第 9 章

1. "Coaching: A Global Study of Successful Practices," American Management Association, 2008.

2. Goldsmith, "Retain Your Top Performers," Marshall Goldsmith Library online.

3. Madeleine Homan and Linda J. Miller, *Coaching in Organizations: Best Coaching Practices from The Ken Blanchard Companies*® (Hoboken, NJ: John Wiley & Sons, 2008).

## 第 10 章

1. *The Chronicle of Evidence-Based Mentoring*, June 2016.

2. Ken Blanchard and Claire Díaz-Ortiz, *One Minute Mentoring: How to Find and Work with a Mentor—and Why You'll Benefit from Being One* (New York: William Morrow, 2016).

3. 同上。

4. Ken Blanchard, *It Takes Less Than a Minute to Suit Up for the Lord* (Mechanicsburg, PA: Executive Books, 2004).

## 第 11 章

1. C. Southers, E. Parisi-Carew, and D. Carew, *Virtual Teams Handbook* (Escondido, CA: The Ken Blanchard Companies®, 2002).

2. J. V. Johnson, W. Stewart, and E. M. Hall, "Long Term Psychological Work Environment and Cardiovascular Mortality," *American Journal of Public Health* (March 1996).

3. J. Despain and J. B. Converse, *And Dignity for All* (New Jersey: Financial

Times/Prentice-Hall, 2003).

4. B. Tuckman, "Developmental Sequence in Small Groups," Psychological Bulletin, 1964; R. B. Lacoursiere, *The Life Cycle of Groups: Group Development Stage Theory* (New York: Human Science Press, 1980); J. Stoner and D. Carew, "Stages of Group Development and Indicators of Excellence" (unpublished manuscript, 1991); S. A. Whelan and J. M. Hochberger,"Validation Studies of Group Development Questionnaire" (Thousand Oaks, CA: Small Group Research, 1996).

5. 改编自 R.B. Lacoursiere，同上。

6. 这个故事被 ABC 影片公司拍成了电影——《你是否相信奇迹》(*Do You Believe in Miracles?*)。此外，迪士尼的《冰上奇迹》(*Miracle*)是 2004 年的一部电影，讲述了赫布·布鲁克斯（Herb Brooks）和 1980 年美国曲棍球队的故事。

## 第 12 章

1. Ken Blanchard and Garry Ridge, *Helping People Win at Work* (Upper Saddle River, NJ: Pearson, 2009).

## 第 13 章

1. M.A. Huselid, "The Impact of Human Resource Management Practices on Turnover, Productivity, and Corporate Financial Performance," *Academy of Management Journal*, Vol. 38 (1995).

## 第 14 章

1. International Consortium for Executive Development Research.

2. Gene E. Hall and Susan Loucks, "Teacher Concerns as a Basis for Facilitating and Personalizing Staff Development," Lieberman and Miller, eds., *Staff Development: New Demands, New Realities, New Perspectives* (New York: Teachers College Press, 1978).

3. SAP 是 Systems、Applications、Products 的首字母缩写。它是指一个集中式信息处理系统，可为用户提供软件实时业务应用程序。

4. 一个非常有趣的现象是，SBC 通信公司于 2005 年收购了 AT & T 公司，从而使这家古老的电话公司与三家后代公司重聚。[ SBC 通信公司由西南贝尔（ Southwestern Bell ）、太平洋电信（ Pacific Telesis ）和 Ameritech 组成。] 合并后的公司名为 AT & T 公司。

## 第 15 章

1. Warren Bennis, *Managing the Dream: Reflections on Leadership and Change* (New York: Perseus Book Group, 2000).

John Kotter, *Leading Change* (Boston: Harvard Business School Press, 1996).

Daryl R. Conner, *Managing at the Speed of Change* (New York: Random House, 1993).

2. John Maynard Keynes, *The General Theory of Employment, Interest, and Money* (New York, NY: Harcourt Brace, 1965).

## 第 16 章

1. Notable scholars who have contributed to our understanding of culture include Edgar Schein, Jim Collins, John Kotter, James Heskett, Max DePree, Richard Lieder, Stephen Covey, and Jim Kouzes.

2. Ken Blanchard and Sheldon Bowles, *Gung Ho!: Turn On the People in Any*

*Organization* (New York: William Morrow, 1998).

3. 初次公布的体现价值观的行为内容被称为"初始版"。因为随着文化变革开始占据主导地位，很可能会产生价值观或行为的"修订版"。在完善阶段，高层领导团队会不断地评估是否需要澄清或修改初始版内容，以更好地定义一个好公民在组织中的形象和行为。

## 第 17 章

1. Rick Sidorowicz, "Back to the Beginning—Core Values," *The CEO Refresher* (Ontario, Canada: Refresher Publications, Inc., 2002).

2. Marshall Goldsmith, "Retain Your Top Performers," Marshall Goldsmith Library online.

3. Ken Blanchard and Sheldon Bowles, *Raving Fans: A Revolutionary Approach to Customer Service* (New York: William Morrow, 1993).

4. Thomas Peters and Nancy Austin, *A Passion for Excellence* (New York: Random House, 1995).

5. Ken Blanchard and Don Shula, *Everyone's a Coach* (Grand Rapids, MI: Zondervan, 1995).

## 第 18 章

1. A collection of Greenleaf's most mature writings on the subject can be found in *The Power of Servant Leadership* (San Francisco: Berrett-Koehler, 1998). The Greenleaf Center for Servant Leadership is a source of all his writings.

2. Rick Warren, *The Purpose Driven Life: What on Earth Am I Here For?* (Grand Rapids, MI: Zondervan, 2002).

3. Matt Hayes and Jeff Stevens, *The Heart of Business* (Bloomington, IN:

Author House, 2005).

4. Scott Blanchard, Drea Zigarmi, and Vicky Essary, "The Leadership-Profit Chain," *Perspectives* (Escondido, CA: The Ken Blanchard Companies, 2006).

5. Ken Blanchard and Sheldon Bowles, *Gung Ho!: Turn On the People in Any Organization* (New York: William Morrow, 1998).

6. Robert K. Greenleaf, *Servant Leadership: A Journey into the Nature of Legitimate Power and Greatness* (Mahway, NJ: Paulist Press, 1977).

7. Gordon MacDonald, *Ordering Your Private World* (Nashville: Nelson Books, 2003).

8. Robert Greenleaf, *The International Journal of Servant Leadership*, Vol. 1, No. 1 (Spokane, WA: 2006).

9. Robert S. McGee, *The Search for Significance* (Nashville, TN: W. Publishing Group, 2003).

10. Jim Collins, *Good to Great: Why Some Companies Make the Leap—and Others Don't* (New York: Harper Collins, 2001).

11. Ken Blanchard and Norman Vincent Peale, *The Power of Ethical Management* (New York: William Morrow, 1988).

12. Fred Smith, *You and Your Network* (Mechanicsburg, PA: Executive Books, 1998).

13. Richard Bolles, *What Color Is Your Parachute?* (New York, NY: Ten Speed Press, 1970, 2018).

14. Ken Blanchard and Mark Miller, *The Secret: What Great Leaders Know and Do* (San Francisco: Berrett-Koehler, 2004 and 2009).

15. Barbara Gellerman, "How Bad Leadership Happens," *Leader to Leader*, No. 35 (Winter 2005).

16. Drea Zigarmi, et al., *The Leader Within: Learning Enough About Yourself to Lead Others* (Upper Saddle River, NJ: Prentice-Hall, 2004).

17. M. A. Huselid, "The Impact of Human Resource Management Practices on Turnover, Productivity, and Corporate Financial Performance," *Academy of Management Journal*, 38(1995).

18. E. Trist, "The Evolution of Socio-Technical Systems," Ontario Quality of Working Life Centre, 1981.

19. Bob Buford, *Halftime* (Grand Rapids, MI: Zondervan, 1997).

## 第 19 章

1. Noel Tichy, *The Leadership Engine: How Winning Companies Build Leaders at Every Level* (New York: HarperCollins, 1997).

## 版权声明